진보의 미래

노무현 전집 4

진보의 미래
다음 세대를 위한 민주주의 교과서

노무현 지음

2019년 5월 3일 초판 1쇄 발행
2023년 2월 15일 초판 7쇄 발행

펴낸이 ✳ 한철희
펴낸곳 ✳ (주)돌베개
등록 ✳ 1979년 8월 25일 제406-2003-000018호
주소 ✳ 10881 경기도 파주시 회동길 77-20 (문발동)
전화 ✳ 031-955-5020
팩스 ✳ 031-955-5050
홈페이지 ✳ www.dolbegae.co.kr
전자우편 ✳ book@dolbegae.co.kr
블로그 ✳ blog.naver.com/imdol79
트위터 ✳ @Dolbegae79

주간 ✳ 김수한
편집 ✳ 이경아
디자인 ✳ 김동신·이은정·이연경·김하얀
마케팅 ✳ 심찬식·고운성·조원형
제작·관리 ✳ 윤국중·이수민
인쇄·제본 ✳ 영신사

ISBN 978-89-7199-945-5 04080
ISBN 978-89-7199-948-6 세트

책값은 뒤표지에 있습니다.

✳ 이 책은 2009년 도서출판동녘에서 처음 출간되었습니다.

진보의 미래

다음 세대를 위한 민주주의 교과서

노무현 지음

노무현 대통령 전집을 발간하며

노무현 대통령 서거 10주기입니다. 노무현재단은 그 10년 동안 일어났던 우리 사회의 변화를 살피고 재단이 벌였던 사업을 돌아보았습니다. 이제는 애도와 추모를 넘어, '사람 사는 세상'을 열고자 했던 노무현 대통령의 생각과 뜻을 시민과 함께 더 깊고 더 넓게 펼쳐 나가는 일에 힘을 집중해야 할 것입니다. 노무현 대통령의 전집을 펴내는 것이 그 첫걸음입니다.

여러 출판사에서 펴냈던 노무현 대통령의 책을 전집으로 묶는 과정에서 관련 사료를 면밀히 검토해 착오와 오류를 바로잡음으로써 더 정확한 텍스트로 만들었습니다. 노무현 대통령의 생애와 철학을 이해하고 연구하고 평가해 보려는 시민에게 이 전집은 확실하게 믿고 의지할 수 있는 자료가 될 것입니다. 기존 저서로 엮이지 않은 노무현 대통령의 말과 글 가운데 널리 알릴 필요가 있는 것을 가려 모아 말글집을 만들었습니다. 1권 『여보, 나 좀 도와줘』와 2권 『노무현의 리더십 이야기』, 3권 『성공과 좌절』, 4권 『진보의 미래』, 5권 『운명이다』는 이미 나와 있던 책이지만, 노무현 대통령의 말과 글을 모은 6권은 새로 편찬한 것입니다. 전집 세트를 통해서만 만나실 수 있는 7권은 사진과 함께 보는 노무현 대통령의 연보입니다. 앞의 책들 곁에 함께 두고 보시면 노무현 대통령의 삶이 더 풍부하고 입체적으로 다가올 겁니다.

노무현 대통령은 대한민국에서 가장 큰 책임이 따르는 공직을 수행했지만, 한 인간으로서는 보기 드물 정도로 겸손하고 소탈했습니다. '사람 노무현'의 느낌을 전하기 위해 소박하지만 품격이 있고 독자가 편안하게 읽을 수 있도록 책을 만들었습니다. 성의를 다해 전집을 제작한 돌베개출판사와 지난 10년 동안 노무현재단을 만들고 키우신 9만여 후원 회원 여러분께 노무현 대통령을 대신하여 따뜻한 감사 인사를 드립니다. 노무현의 시대를 직접 경험하지 않은 젊은이들이《노무현 전집》에서 그분의 삶과 철학을 만나기를 기대합니다.

2019년 5월
사람사는세상 노무현재단 이사장 유시민

진보는 무엇을 해야 하는가?

『진보의 미래』는 노무현 대통령의 유작입니다. 이 책은 대통령이 돌연 세상을 떠난 2009년 가을, 세상에 나왔습니다. 대통령은 2008년 2월 퇴임하는 날 바로 고향인 봉하마을로 내려갔습니다. 정치인의 귀향은 외국에서는 흔히 있는 일이지만 모든 게 서울로 통하는 서울 공화국 한국에서는 대통령이 서울이 아닌 곳에서 산다는 것 자체가 신기한 일입니다. 대통령을 만나러 많은 사람들이 봉하마을을 찾았습니다.

방문객들의 외침, 성화에 못 이겨 대통령은 하루에도 몇 차례씩 손님을 맞이하러 밖으로 나갔고, 즉석에서 연설을 했습니다. 물론 사람들은 환호작약했지요. 가까이에서 대통령 얼굴을 뵙고, 연설까지 들으니 먼 길을 찾아온 보람을 느꼈을 것입니다. 그래서 방문객 숫자가 자꾸 불어났습니다. 그런데 한번 생각해 보십시오. 하루에도 몇 번씩 비슷한 연설을 반복해야 하는 괴로움을.

2008년 연말이 되자 대통령은 밖에 나가서 방문객들을 맞는 행사를 봄까지 중단하겠다고 선언했습니다. 그리고 책 집필에 들어갔지요. 그래서 나온 책이 바로 『진보의 미래』입니다. 이 책은 방문객들에게 매일 똑같이 평범한 이야기만 할 게 아니라, 뭔가 깊이 있는 이야기를 해 주고 싶다는 희망이 바탕이 되었습니다.

사실 이런 희망은 대통령 임기 중에도 늘 가지고 있던 생각이었지요. 국민이 잘 살아가도록 하려면 국가는 어떻게 해야 하는가? 이것은 대통령 때부터 늘 노무현 대통령의 머릿속을 떠나지 않았던 질문이었습니다.

노무현 대통령은 여러모로 여느 대통령과 달랐습니다. 역대 대통령들은 호화찬란한 행사에 참석해서 연설하고 박수 받는 걸 좋아했는데, 노무현 대통령은 그렇지 않았지요. 대통령의 외부 행사 참석을 최소화하라고 지시했습니다. 그런 행사도 이런저런 이유로 국민이 바라는 것이고, 대통령이 참석하는 게 좋겠다고 참모들이 건의해도 대통령은 고개를 저었습니다.

'그렇게 하는 것이 국민들 살아가는 데 무슨 도움을 주느냐', '차라리 그 시간에 국민들 살림에 보탬이 될 정책을 하나라도 더 만들어 내는 게 더 도움이 되지 않겠느냐' 하는 식이었지요. 형식적인 것을 싫어하고 실질적으로 국민에게 도움이 되는 정책이 무엇인가, 그걸 위해서 국가는 무엇을 해야 하는가, 이것이 노무현 대통령이 끊임없이 던진 질문이었습니다.

박근혜-최순실 게이트가 터지고, 대통령 탄핵 소추와 더불어 박근혜 대통령의 청와대 생활이 낱낱이 밝혀져 사람들의 입에 오르내렸습니다. 이 사태를 통해 노무현과 박근혜, 두 대통령의 하루 일과는 천양지차임이 드러났습니다. 노무현 대통령은 아침부터 저녁까지 집무실로 출근해서 종일 국정을 챙기고 사람을 만났습니다. 퇴근 후에도 관저에서 사람을 만나거나 보고서를 읽었지요.

노무현 대통령은 워낙 학구적이라서 평생 독서를 많이 했지만, 대통령이 되고 난 뒤에는 독서할 시간이 나지 않는 것을 안타까워했습니다. 청와대에서 일할 때 가끔 읽고 있던 책을 옆구리에 끼고 들어가서 대통령에게 보고를 하면, 노무현 대통령은 보고가 끝난 뒤 반드시 그 책에 관심을 갖고 질문을 했습니다.

노무현 대통령은 탄핵 기간 두 달 동안, 달리 할 일이 없으니 특별히 더 열심히 독서를 하고 학자들을 만나 토론했습니다. 그 기간에 여러 차례 학자들과 함께 들어가 대통령과 학술적 토론을 했던 기억이 생생합니다.

이처럼 학구적 대통령이니 스스로의 경험을 살려 좋은 책을 쓰고 싶지 않았겠습니까. 그 열매가 바로『진보의 미래』입니다. 이 책을 쓰게 된 데는 진보파가 쓴 두 권의 책이 큰 영향을 미쳤습니다.

제러미 리프킨의『유러피언 드림』, 그리고 폴 크루그먼의『미래를 말하다』.『유러피언 드림』은 유럽과 미국을 비교하면서 유럽이 더 살기 좋은 체제라는 것을 주장하는 책인데, 대통령 임기 중에 그 요지가 보고된 적이 있습니다. 노무현 대통령은 이 책에 상당히 깊은 관심을 표시했지요. 임기 중에는 바빠서 못 읽다가 퇴임 후 봉하마을에서 이 책을 읽고는 크게 감명을 받아 여러 차례 읽었다고 들었습니다.

『미래를 말하다』는 노벨경제학상을 받은 진보파 경제학자 크루그먼이 쓴 책으로, 미국 자본주의와 양당정치의 문제점을 밝히고 미국 정치가 어떻게 돈에 오염되고 있는가를 비판한 책입니다. 노무현 대통령은 퇴임 후 이 책을 열독했습니다.

2009년 초 대통령의 부름을 받고 몇 명의 학자들이『진보의 미래』책 집필을 의논하기 위해 봉하마을을 찾았을 때, 노무현 대통령은 이 두 권의 책을 극찬하면서 거의 매 페이지마다 밑줄을 그어 가면서 정독했노라고 말씀하셨지요. 이 책들과 비슷한, 그리고 한국에 필요하고 우리 실정에 맞는 진보 교과서를 꼭 한번 써 보고 싶다고 하셨습니다.

그때 이미 『진보의 미래』 책의 골격과 주요 내용이 완성되어 있었습니다. 이제 학자들과의 토론을 거쳐 완성도를 높이고 세부 내용을 다듬는 일만 남아 있었는데, 아뿔싸! 뜻밖의 사건이 터져 대통령의 꿈은 물거품이 되고 말았습니다.

그래서 이 책은 미완성입니다. 그러나 슈베르트의 〈미완성 교향곡〉처럼 이 책은 역작입니다. 이 책을 읽으며 독자들이 학자의 면모를 갖춘 노무현 생각의 발자취를 따라갔으면 좋겠습니다.

또한 일편단심 국민을 편하고 잘살게 하려는 생각으로 불철주야 노력했던 정직한 정치인 노무현의 진면목을 발견하기 바랍니다. 노무현이 만들고 싶었던 나라를 완성하는 게 남은 사람들이 해야 할 일이 아니겠습니까.

광장을 메운 촛불의 물결에서 터져 나오는 국민들의 염원도 바로 이것일 것입니다.

2017년 2월
탄핵의 격랑 속에서
이정우

서울대학교 경제학과와 대학원을 졸업하고 미국 하버드대학교에서 경제학 박사학위를 받았다. 1977년부터 2015년 정년 퇴임할 때까지 경북대학교 경제통상학부 교수로 재직했고, 현재는 명예교수로 있다. 참여정부에서 대통령 정책실장, 정책기획위원장을 지냈고, 한국미래발전연구원 이사장을 역임했다.

이 책을 당신께 바칩니다

지난해 10월 어느 날.

노무현 대통령이 몇 명의 참모들을 부릅니다. 좋은 책을 내 보자고 말합니다. 사람들의 생각을 바꿀 책, 우리 사회 공론의 수준을 높일 책, 민주주의 발전사에 길이 남을 책을 한번 만들어 보자고 제안합니다.

구상을 설명하는 동안 대통령의 눈빛은 형형했고, 진지했습니다. 물러난 권력자가 아니라 한 사람의 시민으로서 뭔가 뜻있는 일에 책임 있게 헌신해야 한다는 역사의식과 소명 의식 같은 것이 느껴졌습니다.

이 책의 연구는 그렇게 시작되었습니다.

청와대에서 대통령을 모셨던 참모 몇 사람이 아예 봉하로 거처를 옮겨 대통령의 연구 작업을 돕기 시작했습니다. 참여정부 보좌진 출신의 학자들과 진보 진영 일부 학자 등 30여 명이 처음에 함께 했습니다.

대통령이 제안한 연구 방식은 비공개 연구 카페를 활용한 인터넷 집단 협업이었습니다.

대통령은 먼저, 수없이 많은 밤을 지새우며 인터넷 집단 협업에 필요한 시스템을 몸소 개발하고 다듬어 나갔습니다. 다들 바쁠

테니, 학자들이 대개 시스템을 잘 모를 테니, 그들이 이용하기에 편리한 공동 연구 시스템을 직접 만들겠다며 공을 들였습니다.

시스템을 구축한 후, 당신 스스로 연구자의 한 사람으로서 사색하고 독서하고 연구하고 글을 쓰며 참여했습니다.

때로는 밤잠을 잊고, 때로는 새벽잠을 설치고, 어떨 때엔 만사를 제쳐 두고, 오는 손님들을 물리치면서까지 연구에 매달렸습니다. 정리한 생각을 참모들에게 진지하게 설명하던 모습이 눈에 선합니다.

서재엔 전문 서적이 쌓여 갔고, 책갈피마다엔 대통령의 친필 메모가 노랗게 더덕더덕 붙었습니다.

대통령은 어느 학자들보다 많은 구상을 내놓았고, 어느 전문가들보다 많은 문제 제기를 했습니다. 또 어느 연구자보다 많은 글로 연구를 주도했습니다.

중진 학자들조차 혀를 내두를 정도의 전문성과 예리한 통찰력으로 공동 연구자들을 부끄럽게 만들었습니다.

이 책의 연구는 그렇게 진행됐습니다.

지난해 12월, 대통령의 연구에 시련이 닥쳤습니다.

집단 광기와도 같았던 당시 현실은 대통령을 내버려 두지 않았습니다.

그해 겨울, 방문객들과의 만남을 끊었습니다. 사저로 찾아오려는 사람들의 접견도 끊었습니다. 대신 연구에 더 몰두했습니다. 이 책의 많은 분량은 그 시기에 집필된 것입니다.

아무도 그분의 고통을 가늠하기 힘들 그 시기, 대통령은 독서와 사색과 글쓰기에 침잠하는 것으로 묵묵히 고통을 감내했습니다. 비정한 상황을 혼자 다 감당해야 했던 대통령이, '진보의 미래'를 연구하고 고민하는 것으로 '현실'의 고통을 이겨 냈습니다. 비극적 모순은 오래가지 않았습니다.

책을 읽고 글을 쓰는 것조차 힘들어진 상황. 대통령은 모든 짐을 혼자 끌어안고 우리 곁을 떠났습니다.

이 책의 연구는 그렇게 중단됐습니다.

연구에 참여했던 사람들은 오열하며 반성했습니다. 죄인 된 심정으로 대통령의 고뇌의 흔적을 다시 따라가 봤습니다.

대통령이 서거 직전까지 깊이 몰입했던 주제는 '국민의 행복한 삶을 위해 국가는 무엇을 해야 하며, 국민 삶과 직결되는 국가의 적극적 역할을 위해 진보주의는 어떻게 해야 하는가?'였습니다.

'국민들이 먹고살기에 어떤 나라가 좋은 나라일까? 특히 힘없는 보통 사람이 살기 좋은 나라는 어떤 나라일까?'

고통스런 상황 속에서도, 마지막 떠나시기 전까지도 그분은 그 주제에 끊임없이 매달렸습니다.

대통령이 정리한 글 구석구석엔 그런 고민이 치열하게 담겨 있습니다.

연구 결과가 나오면 그 결과물을 책으로 출간해 국민들과 소통하기를 원했던 대통령의 구상은, 안타깝게도 미완의 연구가 돼 버렸습니다.

모두들 유업이라 생각했습니다.

미완의 연구로 중단하기엔 대통령이 너무도 절박하게 매달린 주제, 몇 사람만의 유업으로 이어 가기엔 대통령이 너무도 원대하게 펼친 거대 담론.

다시 이어 가기로 했습니다. 많은 학자들이 더 가세했습니다.

이 책의 연구는 그렇게 재개됐습니다.

먼저 대통령의 육필 원고와 말씀을 바탕으로 이 책을 냅니다. 이 책의 1부는 대통령이 기초를 잡으신 구성과 원고를 그대로 엮었습니다. 2부는 대통령이 봉하에 있던 참모들과 나눈 말씀을 주제별로 재구성했습니다.

대통령의 생생한 고뇌와 느낌을 살리기 위해 가급적 원본을 손대지 않았습니다.

그리고 2권과 3권을 준비하고 있습니다. 대통령님이 제기하신 문제의식을 이어받아 많은 학자들이 공동 연구로 내용을 보완하고 풍성하게 발전시킨 형태가 될 것입니다.

이 책을 참회의 마음으로 냅니다. 대통령 생전에 '좋은 책, 사람들의 생각을 바꿀 책, 우리 사회 공론의 수준을 높일 책, 민주주의 발전사에 길이 남을 책'으로 펴내는 일을 보필하지 못한 속죄의 마음으로 냅니다.

이 책을 노무현 대통령 영전에 감히 바칩니다.

2009년 11월
사람사는세상 노무현재단
한국미래발전연구원

차례

1부

진보의 미래

노무현 대통령은 2008년 10월 참모진과 주변의 학자들에게 '진보주의 연구 모임'을 제안하고 비공개 연구 카페를 개설했다. 이 글은 노무현 대통령이 연구 카페에 다섯 차례에 걸쳐 올린 원고 구성안과 줄거리를 재정리해 수록한 것이다.

진보의 미래는 국민이 생각하는 것만큼 갑니다

좋은 책을 만들어 보자는 것입니다

2009.03.09.

사람들은 열심히 시민운동을 하고, 촛불을 들고, 정권을 잡기 위해 노력합니다. 세상을 바꾸자는 것이지요.

그러나 민주주의든 진보든 국민이 생각하고 행동하는 만큼만 가는 것 같습니다. 시민운동도, 촛불도, 정권도, 이 한계를 넘어설 수는 없는 것 같습니다. 1980년대 반독재 투쟁이 성공한 것은 국민이 생각하는 만큼이었기 때문일 것입니다. 우리는 두 번이나 정권을 잡고 노력했지만 그동안의 민주주의와 진보의 성취 또한 국민이 생각하고 있는 수준 그 이상을 넘어서지는 못한 것 같습니다.

민주주의든 진보든 국민이 생각하는 것만큼만 간다

국민의 생각을 바꾸는 데는 미디어가 중요합니다. 그런데 불행하게도 영향력 있는 미디어는 돈의 지배를 받습니다. 돈이 없는 쪽은 돈이 들지 않거나 적게 드는 매체에 의존할 수밖에 없습니다.

많은 사람들은 인터넷에 새로운 기대를 걸고 있습니다. 그러나 인터넷에 들어가 보면 정보는 넘쳐 나지만, 내용이 부실합니다. 분노와 증오는 넘쳐 나지만, 사실과 논리는 부족하고 깊이도 모자라고, 비슷한 생각끼리도 서로 앞뒤가 맞지 않고 충돌합니다. 이렇게 해서는 사람들의 생각을 움직일 수가 없습니다. 인터넷만으로는 이런 한계를 넘어서기가 어렵습니다.

좋은 책이 필요합니다. 지난날의 역사를 보면 책이 사람들의 생각을 바꾸었습니다. 앞으로도 그럴 것입니다. 그래서 책을 만들어 보자는 것입니다. 물론 인터넷에서 이뤄지는 노력을 포기하자는 것은 아닙니다. 병행하자는 것입니다.

진보와 보수가 사회적 논쟁의 중심에 있어야 합니다

어떤 책을 만들 것인가?

진보주의에 관한 책을 만들어 보자는 것입니다. 앞으로도 상당 기간 세계의 역사는 진보와 보수의 갈등을 중심으로 전개될 것입니다. 그리고 미래의 역사는 진보주의가 제시하는 방향으로 가게 될 것입니다. 한국에서는 진보와 보수의 문제가 사회적 논쟁의 중심 자리를 차지해야 지역주의를 넘어설 수 있을 것입니다. 그래서 진보주의에 관한 이야기를 하자는 것입니다.

대중적 교양서가 될 만한 책을 만들어 보자는 것입니다

앞에서 말한 국민의 생각이라는 것은 앞서가는 사람들의 생각이 아니라, 보통 사람들이 일반적으로 그렇게 생각하여 사회적 통념을 이루고 있는 상태를 말합니다. 그러므로 대중적 교양서로 읽힐 만한 책이 필요한 것입니다.

그러자면 조건이 까다로울 것입니다. 우선 읽기 쉽고, 재미있고, 읽은 내용을 남에게 옮기기 쉬워야 할 것입니다. 그리고 분량이 많지 않아야 할 것입니다. 말해 놓고 보니 불가능한 조건일 것 같기도 합니다.

그래서 협업으로 역량을 확대하고, 토론과 검증을 통하여 완성도를 높여 보자는 것입니다.

미디어든, 인터넷이든, 연구소든, 출판이든, 어디를 보아도 우리가 열세입니다. 그냥 열세가 아니라 형편없는 열세입니다. 이런 열세를 딛고 세상을 바꾼다는 것은 역사의 진운이 함께할 때에만 가능할 것입니다.

우리는 역사가 돈의 편이 아니라 사람의 편으로 가고 있다는 믿음을 가지고 이 길을 가는 것입니다. 다만, 그 막강한 돈의 지배력을 이기기 위해서는 우리가 가진 모든 힘을 다 짜내고 이를 지혜롭게 조직해야 할 것입니다.

인터넷으로 하는 협업, 우리가 좋은 성공의 본보기를 만들어 낼 수 있기를 바랍니다.

주제를 진보주의 연구로 가는 것이 좋겠습니다

2009.03.16.

대통령 임기가 끝나 갈 무렵 저는 임기를 마치면 이제 한 사람의 시민으로 돌아가서 '시민 주권 운동'에 한몫을 해 보고 싶다는 생각을 가졌습니다.

민권 변론, 시민운동, 야당 정치, 그리고 정권의 운영, 이런 경험을 하는 동안 저는 모두가 다 중요하지만, '민주주의든 진보주의든, 궁극적으로는 시민들이 생각하고 행동하는 만큼만 간다'는 이치를 거듭 확인했기 때문입니다.

그래서 처음에는 민주주의 이야기를 해 보려고 했습니다. 그것도 민주주의 2.0이라는 사이트를 열어서 해 보려고 했습니다. 그러나 이것은 성공하지 못했습니다. 성공하지 못한 이유는 여러 가지일 것입니다. 이 점은 좀 더 분석하고 준비를 한 다음에 다시 시작하려고 합니다. 시간이 좀 걸릴 것입니다.

한편으로는 생가 마당에서 만나는 사람들과 대화를 하게 되었습니다. 처음에는 제 고향 내력, 제 고향에서 앞으로 하고자 하는 일, 이런 이야기를 했습니다. 그런데 사람들은 먹고사는 이야기를 하라고 합니다. 먹고사는 이야기도 여러 종류일 것입니다. 사업 이야기, 직장 이야기, 투자 이야기, 끝도 없겠지만, 제가 할 수 있는 이야기는 '국민들의 행복한 삶을 위하여 국가는 무엇을 해야 하는가?' 하는 것밖에 없습니다.

결국 정책에 관한 이야기를 해야 하는데, 이것은 진보의 정책과 보수의 정책을 비교하는 이야기가 핵심이 될 수밖에 없습니다.

사람들은 생각보다 반응이 진지했습니다. 시민 주권 이야기, 교육 이야기도 관심은 높았으나 일부 사람들의 반응이었고, 연령 계층에 구분 없이 관심을 보이는 주제는 경제와 복지에 관한 정책이었습니다.

그래서 '국가의 역할'을 주제로 해 보자는 제안을 드렸던 것입니다. 그런데 이렇게 해 놓고 줄거리를 구상해 보니, 진보의 시대와 보수의 시대, 보수의 시대와 진보주의의 대응, 진보의 나라와 보수의 나라, 보수주의 시대의 결산, 신자유주의 정책에 대한 평가, 진보주의의 국가 전략, 인류의 미래와 진보주의 등으로 주제를 확대하는 것이 좋겠다는 생각이 듭니다.

그런데 국가의 역할이라는 주제를 가지고 이들 주제를 모두 담기에는 좀 버거울 것입니다.

한편으로는 조사를 해 보니 '국가의 역할'이라는 관점으로는 상당히 많은 연구가 있었고, 저술도 나와 있어서, 같은 방향으로 접근하는 것이 뒷북이 될 가능성이 있다는 사실을 확인할 수 있었습니다.

그러므로 주제를 진보와 보수, 진보의 나라와 보수의 나라, 또는 진보주의의 미래, 이런 방향으로 가는 것이 좋을 것 같습니다.

1 국가의 역할을 고민하자

우리 아이들은 성공할 것인가

아이들에게 한마디

아이들을 데리고 온다. 경선 때부터 생긴 현상이다. 눈을 마주치게 하려고 노력한다. 사인을 해 주고 사진을 같이 찍으면 좋아한다. 정겨운 모습이다. 덩달아 마음이 따뜻해진다.

아이들에게 한마디 해 달란다. 무슨 말을 할까? 갑자기 마음이 무거워진다.

내가 무슨 말을 할 수 있을까? 아이 키우는 부모들, 그리고 우리 아이들이 처한 오늘의 처지를 생각하면 마음이 무거워진다. 대답이 쉽지 않다.

부모들은 아이들에게 온 정성을 다한다. 아이들도 쫓긴다. 아이들 교육에 인생을 다 바치는 부모들의 이야기, 경쟁에 쫓기는 아이들의 이야기. 모두들 힘들다. 고통스럽기까지 하다.

과연 우리 아이들은 성공할 것인가?

전략은 '교육'이다. 그것도 경쟁 일변도의 교육이다. 과연 적절한 성공 전략인가?

두 가지 문제를 생각할 수 있을 것이다.

하나는 과연 경쟁만으로 성공할 수 있는가 하는 문제이고, 하나는 경쟁주의 교육으로 성공할 수 있을 것인가 하는 문제이다. 후자도 심각한 문제이나 여기서는 경쟁으로 성공할 수 있는가에 관한 문제만 생각해 보도록 하자.

경쟁은 성공을 보장할 것인가?

모두가 승자가 될 수는 없다. 최고가 될 확률은 얼마나 되는가? 패자가 될 확률은 얼마나 될까? 우리가 어릴 때에는 확률이 높았다. 그러나 지금은 확률이 낮다.

그리고 한 길에 너무 몰린다. 차를 운전할 때에는 막히면 돌아가라고 한다. 그러나 아이들을 교육할 때에는 돌아가려고 하지 않는다. 사실 우회하려고 해도 우회할 길이 없는 것이 현실이다.

패자는 어떻게 해야 하는가?

승자도 영원할 수는 없다

승자도 혼자 성공할 수는 없다. 사회가 안정되지 않으면 성공할 수 없다. 격차는 갈등을 낳고, 갈등은 사회불안을 낳는다. 지나친 경쟁은 인간성을 황폐하게 하고 결국은 사회를 파괴할 것이다.

이탈하기도 어렵다. 경쟁을 거부하거나 경쟁의 대열에서 이탈하고자 하는 노력은 성공할 수 있는가?
환경이 개인적인 결단으로는 이탈하기가 어렵다. 신선이 되는 것도, 해탈을 하는 것도 결국은 극소수의 사람만 가능한 일이다. 여기서도 실패가 있다.

우리 아이들은 어떻게 해야 하는가?

이런 상황을 생각하면 대답이 쉽지 않다. 그러나 대답을 거절하기는 어려운 상황이다. 대답을 한다.

'세상이 달라졌다. 우리 아이들은 하고 싶은 일을 하며 살 수 있을 것이다. 투명하고 공정한 세상이 될 것이다. 성공하고 난 후가 중요하다. 출세한 사람이 아니라 훌륭한 사람이 되도록 키우자. 작은 일에 정성을 다하라. 뒷날의 큰일보다 당장의 작은 일에 성공하는 것이 중요하다. 학교에서 열심히 하라. 스스로 알아서 할 줄 아는 사람이 성공할 것이다.'

말을 하고 돌아서면 마음이 답답하다. 정말 대답이 된 것일까? 현실을 말한 것일까? 가능한 희망을 말한 것일까?

정말 우리 아이들은 그렇게 할 수 있는 것일까?

정말 세상은 내가 말한 그런 세상이 되는 것일까?

국가의 역할이 중요하다

개인적 노력은 중요하다. 경쟁도 불가피하다. 옛날에도 그랬고 앞으로도 그럴 것이다. 그러나 한계가 있다. 국가의 역할이 중요하다.

어느 나라에 태어나는가에 따라 삶이 달라진다. 가난한 나라에 태어난 사람들은 빈곤과 질병의 고통을 벗어나지 못하고 있다. 이것은 옛날에 그 국가가 어떻게 했는가에 따라 사람의 운명이 달라진 것이라고 말할 수 있을 것이다.

비슷한 부자 나라라 할지라도, 나라가 어떤 일을 하는가에 따라 삶이 달라진다. 부자 나라라 할지라도 나라가 민생에 얼마나 깊이 관여하는가? 어떤 가치관을 가지고 어떤 제도를 운영하는가? 교육의 환경, 경쟁의 환경, 삶의 환경을 어떻게 조성하는가? 경쟁에 불리한 사람, 경쟁에서 낙오한 사람에게 어떤 태도를 가지고 있는가에 따라 사람들의 삶이 달라진다.

그 밖에도 전쟁, 점령과 지배, 질서, 분열, 국가적 상황은 개인의 삶을 지배한다. 미래에 대한 대비를 어떻게 하는가에 따라 후손들의 삶이 달라질 것이다.

국가의 역할을 제대로 하게 하자

무엇을 할 것인가? 나라를 바꾸자? 가능한 일이 아니다. 그것이 안되면 정권을 바꾸자? 정권을 바꾸면 세상이 달라지는가? 정책을 바꾸자. 문제는 정책이다.

부모와 아이들이 감당할 수 있는 경쟁, 성공할 수 있는 교육, 패자에게도 가혹하지 않은 사회, 승자와 패자가 더불어 사는 사회, 이런 사회를 만들면 된다.

우선 알아야 한다. 국가의 역할이 무엇인지, 국가는 무엇을 해야 하는 것인지를 먼저 알고 보자. 그다음에는 어떻게 해야 세상을 바꿀 수 있는 것인지를 알고 실천해야 할 것이다.

이 책에서는 우선 국가가 무엇을 해야 하는지를 알아보자. 어떻게 할 것인지는 따로 이야기하려고 한다.

경쟁을 폐기하자는 것은 아니다. 경쟁은 중요하다. 사회적 생산력을 위해서도 그렇고, 개인의 성공을 위해서도 그렇다. 옳고 그름을 떠나서 역사적으로도 그랬다. 열심히 노력하는 사람, 그리고 경쟁에 승리한 사람들에게는 격려의 박수를 보낸다. 그러나 더불어 사회를 바꾸려는 노력이 더욱 중요하다는 것을 말하고자 하는 것이다.

국가의 역할이 달라지면 사람들의 삶이 달라진다

지난날 민주주의 국가의 등장과 함께 국가의 역할이 바뀌었다. 민주주의가 성립한 이후에도 국가의 역할은 변천했다. 오늘날 정치적 논쟁의 보편적인 주제인 진보와 보수의 논쟁도 그 핵심 소재가 국가의 역할에 관한 것이다. 지난날에도 그랬고, 앞으로도 그럴 것이다.

결국 국가의 역할에 관한 문제는 누가 어떻게 통치할 것인가 하는 문제와 더불어 우리들의 구체적인 삶을 지배하는 문제이자 정치와 민주주의의 핵심적인 의제이다. 그러므로 이 주제는 민주주의 시민이 알아야 할 가장 중요한 주제이고 순서에 있어서 가장 먼저 접근해야 할 주제이다.

그래서 나는 이 주제를 가지고 민주주의 시민의 교양서를 쓰려고 하는 것이다.

오늘날 진보와 보수의 논쟁은 국가의 역할, 또는 시장과 국가의 역할에 관한 것이다. 성장과 분배, 감세와 복지를 둘러싼 논쟁, 민영화, 탈규제, 노동의 유연화, 개방, 작은 정부 이런 논쟁이 전부 정부의 역할에 관한 논쟁이다. 그런데 최종적으로 정책을 선택할 권리를 가진 국민들에게 그 내용과 의미가 정확하게 전달이 되지 않고 있다.

'국가가 무엇을 할 것인가?' 하는 문제는 국가와 정치가 생긴 이래 오늘날에 이르기까지 정치 논쟁의 중심 주제였다. 그리고 국가가 무슨 일을 하는가에 따라 국민의 삶이 달라졌고, 역사가 바뀌었다.

그럼에도 오늘날 우리의 현실을 보면, 진보와 보수의 정책과 노선은 여론의 형성과 국민의 정치적 선택에 이렇다 할 영향을 미치지 못하고 있다. 그래서 국민의 관심을 모으기도 어려운 주제인 것은 사실이다. 그러나 그렇다고 역사의 중심 주제를 버릴 수는 없는 노릇이다.

오늘날 왜곡되어 있는 정치 구도를 바로잡는 일도, 정치 논쟁의 주제를 지역감정 기타의 비합리적인 주제가 아니라 진보와 보수의 정책 논쟁으로 돌려야 가능한 일이다. 끈기를 가지고 연구하고 여론의 마당에 논의를 제기해 나가야 할 것이다.

그래서 지금도 시민들과 삶과 정치, 그리고 역사에 관한 이야기를 하려면 국가의 역할에 관한 이야기를 해야 할 것이다. 그리고 그 이야기에서 시작하여 진보와 보수가 무엇인지를 이야기해 나가야 할 것이다.

국가는 무슨 일을 해야 하는가?

경제 이야기로 시작하자

경제 이야기라야 화제가 된다

경제가 중요하기 때문이다. 경제는 개인의 삶에서 모든 성공의 기초이고, 국가의 운명에서 독립과 패권의 기초이다. 그리고 정치의 마당에서는 승부를 가르는 결정적인 요소이다. 많은 정권이 경제 문제로 무너졌다. 따라서 정치 공방도 경제 문제로 집중이 된다. (여기에는 많은 사례를 이야기할 수 있을 것입니다.)

나는 국정 목표에 경제 문제를 걸지 않았다. 너무 당연한 이야기라서, 그리고 여론이 경제 문제에 소리를 높일수록 경제정책이 왜곡되고, 국민에게 부메랑이 되었던 지난날의 경험 때문에, 경제는 경제만으로 성공하는 것이 아니기 때문에 경제 문제가 다른 모든 가치를 덮어 버리지 않도록 하기 위해서, 그렇게 한 것이다. 그러나 결과는 나의 의도와는 관계없이 나는 경제 문제에 파묻혀 버렸다. 정치의 공방은 경제를 중심으로 벌어졌고, 사람들의 관심은 경제에만 쏠렸다. 나의 외람된 시도는 아무런 의미가 없었다.

물론 경제만 가치가 있는 것은 아니다. 그리고 경제는 경제만으로 성공하는 것이 아니다. 다른 가치와 경제 문제는 함께 가는 것이다. 그리고 경제가 모든 가치의 정점에 있는 것이 아니다. 그러나 사람들은 경제에만 관심을 보인다. 그러므로 다른 가치를 이야기하고

자 할 경우에도 경제 이야기로 들어가야 시선을 모을 수 있고, 대화를 열 수 있다.

보수주의의 주제를 가지고 이야기를 하자는 것이다

지난 역사 어느 시기라도 돈 문제가 중요하지 않은 때는 없었다. 그러나 모든 가치와 이야기의 중심에 돈이 있지는 않았다. 그러나 자본주의 시대가 열리고부터는 모든 가치가 돈으로 모아졌다. 민주주의 이론에는 돈 이야기보다 인권의 이야기가 중심에 있다. 그러나 실제 권력은 자본주의를 중심으로 운영되었다. 그 결과가 참혹하여 많은 반란과 각성이 있었고, 그 결과로 한때 진보의 가치를 이야기할 수 있는 시대가 있었다. 그러나 1980년대 이후 보수의 시대가 세계를 지배하고 있다.

보수주의는 돈을 가치의 중심에 두고 있다. 보수주의는 모든 이야기를 경제 이야기로 시작한다. 지금은 모든 이야기를 경제 이야기로 시작해야 하는 시대에 살고 있다. 진보의 가치를 이야기하고자 할 경우에도 경제 이야기로 시작해야 말이 통하는 시대가 된 것이다.

한국의 경우, 독재정치와 민주주의 투쟁으로 한때 다른 이야기를 할 수 있었다. 그러나 이런 시기도 끝이 났다. 선거 때만 해도 잠시 다른 가치를 말할 수 있었는데, 내가 대통령이 되고 나자 민주주의에 대한 사람들의 관심은 완전히 사라져 버렸다. 모든 사람들의 관심은 경제다. 더욱이 경제 위기로 인하여 더욱 그럴 것이다.

그래서 나는 경제 문제를 주제로 하여 연구하고 이야기하자는 것이다. 이것은 보수 진영이 깔아 놓은 무대 위에서 보수주의가 제기한 주제를 가지고 이야기를 하자는 것이다.

사람의 가치, 인간의 존엄, 평등의 가치, 역사의 진보, 이런 이야기가 아니라 돈 이야기를 중심에 놓고 이야기를 한다는 것이 마음이 썩 내키는 일은 아닐 것이다. 그러나 마음이 내키고 아니고의 문제가 아니다. 그들만 경제 이야기를 하는 것이 아니라 많은 사람들이 경제 문제에 귀를 기울이고 있으니 경제 이야기를 할 수밖에 없는 것이다. 지금 우리는 보수주의가 득세한 시대를 살고 있다. 많은 연구자들도 이미 그렇게 하고 있다. 학계의 논쟁도, 연구도 모두 오늘날 보수주의가 제기한 문제를 중심으로 진행이 되고 있다. 나와 있는 책들도 그렇다. 오늘날은 진보의 이야기도 경제 이야기에서 시작해야 하는 시대이다.

우리는 보수주의의 주장을 비판적으로 분석할 것이다

우리는 보수주의의 가치를 지지하지 않는 사람들이다. 보수주의의 논리에 수긍하지 않는 사람들이다. 우리는 이 연구를 통하여 보수주의가 주장하는 논리의 허구와 모순을 밝혀 낼 것이다. 그러나 우리의 이 연구 결과를 이미 보수주의에 대하여 비판적인 사람들에게 이야기하려고 하는 것이 아니다. 중립에 있거나 보수주의 논리를 믿고 있는 사람들에게 이야기하기 위하여 하는 것이다. 그러므로 객관적인 자세로, 철저히 실증적인 자료를 근거로 연구를 해야 할 것이다. 진보 진영의 주장이나 비판에 대하여도 엄격한 검증을 해야 할 것이다.

보수주의가 제기한 주제는 중요한 쟁점이다

우리는 보수주의가 주장하는 논리에 찬성하지 않는다. 그러나 오늘날 그들이 제기한 논쟁은 민주주의 발전에 중요한 계기가 될 수 있다.

오늘날 우리 국민은 정책이 아니라 감정적 판단으로 선택을 한다. 이해관계를 생각해도 인과관계는 생각하지 않는다. 경제를 이야기할 때에도 그냥 경제를 살리라는 외마디 소리만 있고, 무엇이 경제를 살리는 정책인지에 대하여는 관심이 없다. 거꾸로 생각하고 있는 경우도 많다.

형편이 이러하니 우리나라 보수 진영은 굳이 정책을 내놓지 않아도 선거를 하는 데는 별 지장이 없을 것이다. 그럼에도 보수 진영은 정통적인 정책을 들고나온다. 결과가 나쁠 때 면피를 하기 위한 것일까? 어떻든 그나마 고마운 일이다. 그들이 내놓은 주장은 진보와 보수 간에 벌어지고 있는 정책 논쟁의 중요한 쟁점들이다. 그냥 경제가 중요하다는 것이 아니라 어떻게 해야 경제가 성공할 수 있는지에 대한 구체적인 정책이다. 이것은 진일보이다. 이 쟁점들을 가지고 토론을 한다는 것은 정책 토론을 한다는 것이다. 정책 토론이 여론의 주제가 되고, 선택의 기준이 되기만 하면 민주주의가 발전할 것이다.

지금은 이것이 중요하다. 보수주의의 주제는 연구하고 토론할 가치가 있다.

2 보수의 시대, 진보의 시대

진보와 보수, 결국 먹고사는 이야기

귀향 후 얼마 동안 생가 마당에서 손님들을 만났다. 사람들은 악수하고 사진 찍기를 원한다. 하지만 손님이 많을 때는 다 감당할 수가 없다. 그래서 부득이 마이크를 들고 이야기로 인사를 드린다. 그런데 이야기가 궁하다. 동네 이야기, 주변 산과 하천에 묻어 있는 옛날이야기, 어릴 적 이야기 몇 번 하고 나면 바닥이 난다. 같은 이야기 자꾸 하자니 멋쩍기도 하다. 그래서 물어본다. '무슨 말씀을 드릴까요?'

대답은 '우리 아이들에게 꿈과 용기를 심어 주는 이야기', 그리고 '먹고사는 이야기'이다. 그런데 막상 아이들 교육 이야기를 해 보면 자기는 해당이 없다는 표정을 짓는 사람이 많다. 더 많은 사람들이 관심을 가지고 듣고, 반응을 보이는 이야기는 '먹고사는 이야기'이다. 그래서 먹고사는 이야기를 한다.

'먹고산다'는 말이 무엇을 뜻하는가? 그야말로 글자 그대로 '먹고사는 것'을 말하는 것일까? 우리 헌법이 말하는 '인간다운 생활'을 말하는 것일까? 여기서는 모두를 다 포함하는 말일 것이다. 인간답게 산다는 것은 어떻게 사는 것을 말하는 것인가? 이렇게 계속 들어갈 수도 있을 것이다. 그러나 이쯤에서 멈추자. 이런 이야기로 들어가다 보면 '행복이란 무엇인가? 가치란 무엇인가?' 이런 개념과 정의의 세계로 빠져서 헤어나기 어렵다. 그리고 꼭 필요한 이야기도 아니다. 우리가 여기에서 먹고사는 이야기를 하는 데는 앞에서 말한 정도의 정의로도 아무 지장이 없을 것이다.

다만 여기서 한마디 짚고 넘어가자. 글자 그대로 '먹고산다'는 말은 '인간다운 삶'이라거나 '인간으로서의 존엄과 가치'라는 이런 수식어가 붙은 삶에 비하여 결코 그 무게가 가볍지 않다. 그것은 누구도 비켜 갈 수 없고, 어떤 고상하고 의미 있는 삶도 여기에서 출발하지 않으면 안 되는 기초적인 삶이기 때문이다.

국가의 역할 이야기는 보수와 진보 논쟁의 핵심 주제이다

먹고사는 이야기 중에는 공부를 하고, 직장을 구하고, 성공하고, 사업을 잘하는 이야기, 그러기 위하여 공부를 잘하고, 사람 관계를 잘 맺고, 리더십을 기르는 방법 등등 많은 이야기가 있을 것이다. 그러나 나에게 이런 이야기를 하라고 한 것은 아닐 것이다. 나의 소관 밖이고 역량을 넘는 일이다. 내가 할 수 있는 이야기는 '국민들의 삶을 위하여 국가는 어떤 일을 해야 하는가?' 하는 문제일 것이다. 그래서 국가의 역할에 관한 이야기를 한다.

일반적으로 나라가 하는 일은 국방, 치안, 경제, 복지, 조정, 통합, 위기관리, 목표와 전략의 제시, 이런 것들이다. 이런 일을 잘해야 한다는 데 이의를 다는 사람은 없다. 그러나 이런 일들을 잘하기 위하여 구체적으로 어떤 일을 해야 하는가? 이 문제에 관하여는 역사적으로 많은 논쟁이 있었다. 오늘날에도 많은 논쟁이 있다. 흔히 말하는 보수와 진보 진영 간의 논쟁도 이 문제를 둘러싸고 전개되고 있다.

국가의 역할 중에서도 논쟁의 핵심이 되는 주제는 '성장과 분배에 관하여 정부가 어떤 역할을 할 것인가?' 하는 것이다. 정부는 시장에서 국민의 경제활동에 얼마나 개입할 것인가? 어떤 목적으로 어떤 규제를 얼마나 하고, 돈을 얼마나 걷어서 어디에 얼마나 써야 하는가? 이런 문제를 둘러싼 싸움이다.

보수주의는 시장에 맡기고 정부는 손을 떼라고 하고, 진보주의는 시장의 실패, 한계를 주장하고 정부의 역할을 강조한다. 그래서 오늘날 논쟁은 '국가냐? 시장이냐?' 또는 '작은 정부인가? 할 일을 하는 정부인가?' 이런 명제로 전개되기도 한다.

보수와 진보, 숲을 둘러보듯이 한 바퀴 둘러보자

보수와 진보에 관한 이야기는 결국 먹고사는 이야기이다. 오늘날 국회에서 사생결단하듯 싸우고 있는 주제도 깊이 들여다보면 보수와 진보가 갈등하는 주제 안에 있다.

그런데 보수는 무엇이고 진보는 무엇인가? 개념에서 시작하여 주장과 논리, 역사, 누구의 사상인가? 이렇게 설명하자면 이야기가 길고 복잡하다. 이런 이야기와 국민들이 먹고사는 일이 어떻게 서로 연결되어 있는지를 설명하는 일은 더욱 어렵다. 보수와 진보가 서로 어떻게 다른지 한마디, 아니면 몇 마디로 선명하게 비교하여 보여 주는 방법은 없을까?

나는 제러미 리프킨이라는 사람이 쓴 『유러피언 드림』[1]이라는 책과 폴 크루그먼이라는 사람이 쓴 『미래를 말하다』[2]라는 책을 읽고 '보수의 나라와 진보의 나라', '보수의 시대와 진보의 시대', 이런 관점을 발견하였다.

살아 있는 현실로서 미국과 유럽을 비교해 보고, 살아 있는 역사로서 진보의 시대와 보수의 시대를 비교해 보는 것이다. 이렇게 보면 나무가 아니라 숲을 둘러보듯이 큰 틀에서 보수와 진보의 실상을 이해할 수 있겠다는 생각이 들었다.

---

1. 『유러피언 드림』
   미국의 미래학자 제러미 리프킨이 쓴 이 책은 지난 아메리칸 드림과 유러피언 드림을 비교하며, 보편적 인권과 평화 공존, 문화적 다양성, 지속 가능한 발전, 시민 참여의 새로운 문화를 중시하는 '유러피언 드림'이 미래 문명을 결정할 것이라고 주장하고 있다.
2. 『미래를 말하다』
   노벨경제학상을 수상한 미국 경제학자 폴 크루그먼이 쓴 이 책은 중산층 몰락, 소득 양극화, 의료보험 체계의 모순 등 미국 사회가 안고 있는 문제점을 분석하고 불평등과 맞서기 위한 구체적 진보주의 운동을 제안한다. 원제는 '진보주의자의 양심'(The conscience of Liberal)이다.

보수의 시대와 보수 시대의 진보주의

보수의 시대

진보의 시대에서 보수의 시대로.

> — 어느 시점을 시작으로 보아야 할지는 좀 더 검토를 해 보아야 할
> 것이지만, 1970년대 중반 이전의 시대를 진보의 시대라고 말할
> 수 있을 것이다.

1980년을 전후하여 대처, 레이건의 집권 이후 보수주의 바람이 세
계 정치의 대세가 되었고, 오늘까지 득세하고 있다.

보수주의 시대의 논쟁

정부는 시장에서 손을 떼라. 오늘날 보수 진영의 주장은 나라마다
사람마다 주장하고 있는 정책에는 다소 차이가 있으나 정리해 보
면 복지의 축소, 감세, 작은 정부, 민영화, 규제 철폐, 노동의 유연
화, 개방 등을 내용으로 하고 있다. 핵심 사상은 '정부는 시장에서
손을 떼라'는 것이다. 정부가 불신을 받고 있으니 '작은 정부론'이
맞다고 주장을 하기도 한다.

신자유주의라고 불리기도 한다. 나는 이 이름이 혼돈스러워서 잘

쓰지 않는다. 개념이 정확한 것인지, 확인해 보자.

이에 대하여 진보 진영에서는 제3의 길[3]이라는 새로운 노선으로 대응한다. 블레어, 클린턴, 슈뢰더 등이 제3의 길을 주창했고, 진보 정치지도자회의[4]를 운영하기도 했다. 지난날 진보 진영의 주장을 상당히 수정한 것이다. 보기에 따라서는 한발 물러선 것이라고 말할 수도 있다. 그래서 이에 반발하는 사람들과 균열이 생기기도 했다. 독일에서는 라퐁텐과 슈뢰더가 분열했다.[5] 대체적으로는 제3의 길이 대세인 것 같다.(이런 관점에 관해서는 좀 더 확실한 사실의 확인과 분석이 필요할 것이다.)

논쟁의 양상을 보면, 보수 진영은 경제의 활력과 경쟁력을 내세워 노동과 복지, 그리고 정부의 역할을 적극적으로 공격하고 있는 데

3. 제3의 길(Third Way)
영국의 사회학자 앤서니 기든스가 1998년 동명의 책을 발표하면서 주창한 이론. 사회주의의 경직성과 자본주의의 불평등을 극복하는 '사회민주주의의 부활'을 제시했다. 이후 이 이론은 영국 노동당의 토니 블레어 수상이 집권하면서 정책이 구체화되기 시작했다. 일반적으로 우파 신자유주의에 대응하는 좌파의 새로운 이념으로 평가 받고 있다.

4. 진보정치지도자회의
세계 진보 정치인들의 비공식 정상회담으로 1997년 빌 클린턴 미국 대통령과 토니 블레어 영국 총리가 '진보적 통치를 위한 국제 네트워크'(Network for Progressive Governance)라는 이름으로 조직했으며, 2000년 베를린에서 정상회담을 개최했다.

5. 라퐁텐과 슈뢰더가 분열했다
라퐁텐은 독일 사회민주당의 원론적 입장을, 슈뢰더는 제3의 길로 불리는 새로운 경향을 대변한다. 이들은 1998년 총선에서 콜 총리가 이끄는 보수 연합의 장기 집권을 물리치고 진보 연합 세력(사회민주당+녹색당)이 집권하는 데 결정적인 역할을 했다. 그러나 이념과 노선의 갈등이 지속되면서 결국 2005년 5월 라퐁텐이 사민당에서 탈당하고 좌파당을 출범시킨다.

반하여, 진보 진영은 노동과 복지, 진보의 가치 자체의 정당성을 적극적으로 주장하기보다는 그것이 경제에 지장을 주지 않는다거나 지속 가능한 경제에 도움이 된다는 식의 방어적 수세적 논리로 대응하고 있다.(이런 진단과 논리 구성은 나의 정보 부족에서 비롯된 편견일 수 있다. 확인이 필요한 대목이다.)

방어적 수세적 논리가 아니더라도, 어떻든 논쟁은 경제의 효율성 논리, 시장의 논리 안에서 벌어지고 있다. 이것은 보수 진영이 깔아 놓은 멍석에서 그들이 내놓은 주제를 가지고 논쟁을 하고 있는 형국이다. 그러나 우리가 주제를 바꿀 수 있는 상황은 아니다. 경제, 성장, 활력, 경쟁력, 이런 논리들이 이미 국민들을 사로잡고 있기 때문이다.

이렇게 진보 진영의 태도가 지난날과 달리 수세적으로 변한 이유는 무엇일까? 복지병과 대처리즘,[6] 레이거노믹스,[7] 동구의 해체,

---

6. 대처리즘
   제2차 세계대전 후 복지국가 체제를 확립하고 자본주의를 선도했던 영국은 노동당 집권 이후 심각한 경제 위기에 직면한다. 과다 복지, 공공 부문 비효율, 파업의 빈발 등 소위 영국병을 겪게 되었다. 1979년에 집권한 대처 수상은 소위 대처리즘을 기반으로 복지 비용 삭감, 공공 지출 억제, 노동시장 유연화, 금융 산업 자유화, 규제 완화, 민영화, 감세 등을 추진한다. 그 결과 1980년 중반 이후 4% 이상의 성장을 달성했으나, 집권 기간 동안 10%에 달하는 실업률, 불평등 심화, 제조업 쇠퇴 등 중·장기적 성장 기반이 잠식되었다는 비판을 받았다.

7. 레이거노믹스
   대폭적인 감세로 근로 의욕과 기업의 투자 의욕을 고취시켜 공급 경기를 활성화하자는 공급경제학을 주요 골자로 하고 있다. 세부적으로는 엄격한 통화 공급과 세출 억제에 의한 재정 적자의 축소, 규제 완화 등을 내용으로 하고 있다. 이 조치의 일환으로 소득세 최고 세율을 70%에서 28%로 대폭 인하하고, 법인세율도 48%에서 34%로 인하했다. 그 결과, 강한 달러의 영향 등으로 경기가 일부

기술 혁신, 그로 인한 산업 구조의 변화와 노동의 변화, 세계화 등의 많은 변화가 있었다. 이런 달라진 상황이 진보 진영을 조심스럽게 만든 것일까? 보수의 시대이기 때문일 것이다.(이 논리에 대하여도 좀 더 분석적인 접근과 사실의 확인이 필요하다.)

보수의 시대는 막을 내릴 것인가?

그러나 근래에 미국에서는 중산층의 붕괴, 서민들의 불안과 위기 등의 문제가 누적되면서 보수주의의 논리에 대한 진보주의의 공세가 강화되고 있다.

사실일까? 내가 가지고 있는 근거는 빈약하다. 내가 말할 수 있는 것은 학계의 주장으로 로버트 라이시의 『슈퍼 자본주의』, 폴 크루그먼의 『미래를 말하다』, 제러미 리프킨의 『유러피언 드림』, 최근에 본 데이비드 캘러헌의 『치팅 컬처』 정도이고, 정계의 움직임으로는 민주당과 싱크탱크, 『해밀턴 프로젝트』[8] 정도를 말할 수 있을 뿐이다.(좀 더 조사를 해 보자. 그리고 유럽의 상황도 좀 알아보자.)

회복되기도 했으나, 공급경제학자들의 주장과는 달리 재정 적자와 정부 부채가 급속히 증가하여, 이후 미국의 소위 쌍둥이 적자의 원인이 되었다.

8. 해밀턴 프로젝트(The Hamilton Project)
미국 초대 재무장관을 역임한 알렉산더 해밀턴의 이름을 딴 보고서로, 2006년 4월 5일에 브루킹스 연구소에서 발표했다. 참여정부 당시 국정 비전과 유사해 청와대에서 적극 벤치마킹하겠다고 밝혀 화제가 되었다. 주요 내용으로는 경제적·사회적 양극화 해소를 위한 정부의 적극적인 책임을 강조하고, 저소득층 의료보험 혜택의 확대를 주장하고 있다. 개인의 자유와 책임을 강조하는 부시 대통령의 오너십 소사이어티(Ownership Society)와 비교되기도 한다.

'보수 시대의 진보주의' 관련 메모

정치에서는 보수와 진보가 번갈아 집권을 했으나 진보 진영은
제3의 길, 신중도주의, 진보정치지도자회의, 이런 노선들이
신자유주의의 일부 논리를 수용했다. 이른바 보수 시대의
진보주의라고 이름을 붙여도 좋을 것이다.(그 내용은 어떤
것이었는지 설명해 보자.)

그리고 진보 진영은 분열했다.(이 이야기도 모아 보자.) 이런 변화의
원인은 무엇일까? 사상의 변화인가? 환경의 변화인가?
사상의 변화라면, 그것은 진보의 오류 때문인가? 신자유주의-
보수주의의 타당성의 우월성 때문일까? 제도주의를 말하는
사람들도 있고, 세계화, 기술의 발전을 말하는 사람들도 있다.
주장들을 모아 보자.
사상과 제도의 문제인가? 환경 변화의 결과인가? 이것은 중요한
문제이다. 이에 대한 인식의 차이에 따라 대책이 달라질 것이다.

소련과 동구가 붕괴하고, 중국이 시장을 받아들인 사건은 어떻게
보아야 할까? 이것도 보수주의의 승리로 보아야 하는 것일까?

그리고 금융의 붕괴로 민주당이 득세했다. 1930년의 대공황은 진보의 시대를 열었다. 2008년 미국발로 세계를 강타하고 있는 경제 위기는 진보의 시대를 여는 계기가 될 것인가?

과연 진보의 시대가 열릴 것인가? 1930년대 공황을 전후한 시기에는 두 차례의 전쟁이 국가의 역할을 키웠다. 지금은 그런 요인이 없을 것이다. 로버트 라이시의 견해를 따르면 지금의 보수주의는 기술 혁신, 세계화가 시장을 무한 경쟁으로 몰아붙였고, 그것이 보수의 시대를 열었다고 한다.

그렇다면 진보 진영은 이런 상황에도 불구하고 진보의 시대를 열 수 있을 것인가?

보수의 나라, 진보의 나라

한때 우리나라 보수 언론들이 스웨덴에서 보수주의 정당이 집권했다는 기사를 보도하면서 마치 스웨덴이 보수주의 국가가 되기라도 한 것처럼 흥분하는 것을 본 일이 있다. 과연 그런 것일까?

우리는 그동안 각국에는 진보와 보수의 정당이 있고, 나라는 달라도 진보는 진보끼리, 보수는 보수끼리 정책이 비슷할 것으로 생각했다. 그러나 실제로는 이들 정권이 바뀌어도 실제 정책은 크게 바뀌지 않아서 별 차이가 없다. 그 결과 정당 간 차이보다 나라 간 차이가 훨씬 더 크다. 그래서 보수의 나라, 진보의 나라 이렇게 구분하는 것이 사실을 이해하는 데 훨씬 유용할 수 있다.

보수주의는 정부의 크기를 아주 강조한다. 시장의 완전성을 주장하고 정부는 시장에서 손을 떼라고 한다. 재정도 줄이고, 시장에 대한 규제도 줄이고, 정부 조직도 줄이라고 한다. 스스로 작은 정부론을 내세우고 진보주의를 큰 정부로 몰아붙인다.

진보주의는 국민의 복지를 위하여 국가의 역할을 강조한다. '큰 정부'라는 말에 대한 국민의 정서가 호의적일 수가 없어서 '할 일은 하는 정부'라는 말을 쓰지만, 상대적으로 큰 정부를 인정하지 않을 수 없다.

그러므로 진보주의가 득세하면 정부가 커지고, 보수주의가 득세하면 정부가 작아질 것이라고 생각할 수 있다.

이런 기준으로 선진 각국을 정부의 크기 순서로 줄을 세우면 어떤 결과가 나올까?

그런데 정부의 크기는 무엇이 기준인가? 모든 길은 로마로 통한다. 모든 정책은 재정으로 통한다. 그중에서도 복지비의 비율이다. OECD 국가를 재정의 크기 순으로 나열하면 보수의 나라와 진보의 나라 스펙트럼이 나온다. 이 스펙트럼대로 진보의 나라, 보수의 나라로 분류할 수 있을 것이다. 사회정책 지출을 비교해 보면 어떻게 될까? 공무원의 숫자를 비교하면 어떤 결과가 나올까? 아마 비슷한 결과가 될 것이다.

제도도 중요하다. 어떤 제도를 가지고 재정 규모 비교하듯이 비교를 해 볼 수 있을까? 규제도 있고 서비스도 있다.(연구해 보자.)

돈이 들지 않는 것은 규제로 한다. 다만, 규제에는 분배와 복지를 위한 규제 이외에 다양한 이익을 위한 규제가 있다. 국가의 안전, 사회의 질서와 안전, 인권과 노동의 보호, 환경과 문화의 보호 등을 위한 규제가 있다. 그리고 시장의 공정한 경쟁을 보호하기 위한 규제, 국가 경제의 발전을 위한 계획, 산업 정책에 대한 규제도 있다. 이처럼 너무 다양한 규제와 권한이 있고, 이들 목적에 따라서 진보와 보수의 태도도 획일적이지 않아서 규제의 크기를 가지고 정부의 크기를 가늠한다는 것은 쉽지도 않고 의미를 찾기도 어렵다.

어느 나라가 국민이 살기 좋은 나라일까?
그것도 힘없는 보통 사람이 살기 좋은 나라는 어디일까?

한국은 어디쯤에서 어디로 가고 있는가?

3   보수의 주장, 진보의 주장

보수 시대의 주장을 짚어 보자

그동안에는 보수주의의 바람이 도도하여 또박또박 말을 붙이기도 어려웠다. 김대중 정부도, 노무현 정부도 말도 꺼내 보지 못하고 분배 정부, 좌파 정부로 공격부터 먼저 받았다. 정면으로 공박하지도 못했다. 해 봤자 울림을 만들 수도 없었다. 복지 정책에 진보를 이룬 것은 사실이나 보수주의 주장을 상당히 수용한 것도 사실이다.

이제 미국의 보수주의에 변화가 생기고 있으니 말이 먹힐 분위기가 조성될지 모른다. 주장 하나하나를 다시 짚어 보자.

보수주의 시대를 마감하고 진보의 시대를 열기를 원한다면 그동안 세상을 휩쓸었던 보수주의 주장의 논리적 타당성과 실제적 결과를 검증해야 한다.

어떻든 지금까지 세계는 보수 진영이 내놓은 논리를 중심으로 갑론을박해 왔다. 보수 진영이 깔아 놓은 멍석 위에서 보수주의 주제를 가지고 논쟁을 하고 있는 것이다.

기분이 좋지는 않지만 우리는 이 판을 걷어치울 수가 없다. 사람들이 이 판에 둘러서서 관심을 기울이고 있기 때문이다. 경제 문제에 관한 논쟁이고, 그들이 내놓은 명제가 그럴듯하기 때문이다.

좋든 싫든 이 마당에서 결판을 내야 할 처지다. 그러므로 진보주의의 주제가 아니라 보수주의의 주제를 중심으로 주제 하나하나를 소개하고 검토해 보자.

감세, 복지, 민영화, 노동의 유연화, 규제 철폐, 개방 등등의 순서로 살펴보자.

감세 논쟁[9]

보수주의의 주장. 감세는 투자와 소비를 활성화하여 경제의 활력을 살린다. 트리클 다운[10] 효과로 서민들의 삶도 좋아지고, 성장의 효과로 세수도 늘어난다.

감세는 투자와 소비를 활성화하는가? 실제로 성장을 하는가? 성

---

9. 감세 논쟁

   감세론은 감세를 통해 총공급을 변화시킬 수 있다는 공급주의학파의 이론을 기반으로 하고 있다. 참여정부 집권기 한나라당과 일부 언론은 공급주의학파에 기반해 법인세, 소득세, 종부세에 대한 감세를 주장했다. 그러나 1980년대 초 레이건 정부와 2001년 부시 정부가 감세 정책을 추진했으나 세수 증가로 연결되지 않고, 오히려 재정 적자만 확대되었다. 참여정부도 2005년 소득세 1%, 법인세 2%를 인하했지만, 소비와 투자가 증대되지 않고 세수 결손만 확대되었다. 노무현 대통령은 2005년 소득세, 법인세 인하에 대하여 비판적으로 평가했다.

10. 트리클 다운(trickle down)

    흔히 낙수(落水) 효과(넘쳐흐른 물이 바닥을 적시는 효과)로 불리며, 부시 행정부(1989 ~ 1992) 경제정책의 핵심 내용이다. 정부의 투자 증대, 세금 감면 등으로 대기업과 부유층의 소득을 먼저 늘려 주면 덩달아 중소기업과 가계 소득이 늘어나 국민경제 전반의 경기가 활성화된다는 이론이다.

장은 가난한 사람에게도 성장을 가져다주는가? 트리클 다운 이론은 사실인가? 1980년대까지 한국에서는 그런 일이 있었던 것 같다.(인력 부족의 시대? 소득의 분배에 관한 사례와 통계들, 감세하고 분배가 좋아진 사례가 있는지, 반대의 사례들은 어떤 것이 있는지 살펴보자.)

트리클 다운이 되려면 일자리가 늘어나야 한다. 성장하면 일자리가 늘어나는가? 성장하면 세수가 늘어난다? 세수가 늘어나는가? 모자라면 어떻게 하는가?(사례와 통계를 찾아보자.)

세금을 줄이면 누구의 세금이 줄어드는가? 복지가 줄어들면 누구의 수입이 줄어드는가?(종합적 비교. 각국의 조세, 국민 부담과 비교.)

기술적 측면에서 조세정책과 조세 부담의 문제.
> ― 직접세와 간접세 등 한국의 세금 정책의 역사.(주로 보수와 진보의 관점에서.)

증세는 가능한가?
> ― 조세와 정치, 세금의 경제학, 세금과 정치학.

복지 논쟁

보수주의의 주장.

　　— 복지병, 나태와 무책임, 봉사 정신으로 해결할 일이다.

복지병은 사실인가? 진보주의의 새로운 복지 전략은 무엇인가? 각국의 정책의 전개와 성과를 비교해 보자.

복지의 지출의 비교, 수혜의 비교.

복지의 수준과 경제적 성과의 비교.

높은 복지가 경제를 희생한 대가인가? 분배와 성장은 서로 배타적인 것인가?(이런 문제에 대한 해답을 찾아보자. 역시 미국과 유럽의 비교가 의미가 있을 것이다. 그러나 한국과 대만 등에 관하여도 조사를 해 보자. 미국의 경우 시대별 비교도 의미가 있을 것이다.)

한국의 복지 정책 전개.

한국에도 진보의 시대가 있었는가?

지난날 복지 정책의 역사 개관.

민주화와 복지 정책.

민주 정부와 복지 정책.

복지 지출 비중.

　　— 국제적 비교. 아직 까마득하다.

임기 초반 분배 정부라는 공격.

경제 위기, 의회의 구성, 분배 정부 공세, 여론의 관심 부족 등으로 분배 정책은 꺼내 보지도 못했다. 나중에 선순환,[11] 동반 성장,[12] 비전 2030[13] 등의 정책을 내놓았으나 이름만 붙여 놓고 흐지부지되거나 세금 폭탄이라는 말에 묻혀 버리고 말았던 이야기.(유시민의 정책과 책 이야기도 참고하자.)

복지 지출을 줄이면 사람들의 생활에 어떤 일이 생길까? 구체적인 삶의 현장에서 발생하는 변화들을 살펴보자.(2007년 수요자 중심의 보고 자료를 참고하자.)

가치와 새로운 전략.

복지는 목적이다. 경제는 왜 하는가? 복지를 위한 것이다.

---

11. 선순환
    성장과 복지의 선순환 구조를 줄여 부른 것으로 보인다. 참여정부는 기존의 경제성장 중심의 담론과 성장과 복지에 대한 대립적 관점에서 벗어나 성장을 통한 분배, 분배를 통한 성장을 지향했다.

12. 동반 성장
    성장과 분배의 선순환 구조를 좀 더 체계화한 개념이다. 경제 부문에서의 개방과 혁신(혁신 주도 경제, 능동적 개방, 지역 균형 발전), 사회 부문에서의 사회 투자(보편적 복지, 적극적 노동시장, 평생 학습사회)를 통해 '성장과 복지가 함께 가는 동반 성장'을 국가 모델로 제시한 전략이다.

13. 비전 2030
    2006년 8월에 발표된 우리나라 최초의 국가 장기 종합 전략이다. 동반 성장의 미래 확장판으로도 평가할 수 있다. 5년 단위 국가재정운용계획을 넘어서 2030년까지의 재정 소요와 구체적 전략, 실천 수단, 목표를 담은 종합적인 미래 전략 보고서로 인적·사회적 자본에 대한 중점적인 투자를 통해 제도 혁신과 선제적 투자를 통한 동반 성장을 주요 내용으로 하고 있다. 그러나 당시 한나라당과 일부 언론은 "국민 부담을 가중시키는 장밋빛 청사진"이라고 비판했다.

그들만의 성장인가? 함께 가는 성장인가? 균형과 조정의 문제이지 일방적으로 희생을 강요할 일은 아니다.

복지와 일자리 전략.

　　　— 사회적 일자리의 고용 효과.

복지와 새로운 성장 전략.

　　　— 인적자원 육성, 능력 향상과 보존. 사람이 경쟁력이다.

경제 위기와 복지 지출.

　　　— 경제 투자를 할 것인가? 복지 투자를 할 것인가?

봉사 정신과 문화로 해결하자는 견해가 있다. 이건 가능한 일인가? 효과적인가?(국가별 사례와 결과를 비교해 보자. 이 문제에 관해서도 『슈퍼 자본주의』, 『유러피언 드림』에 쓸 만한 사례가 있다.)

용어에 관하여.

　　　— 근래에 와서 복지라는 용어를 잘 쓰지 않고 '삶의 질'이라는
　　　　말을 많이 쓴다. 과연 뜻이 다른 것인가? 같은 말을 표현만 바꾼
　　　　것인가? 그렇다면 왜 그렇게 된 것일까? 보수적 공기 때문에
　　　　겁을 먹은 것일까?

민영화

민영화 주장의 근거는 무엇인가?

국유화, 공기업의 이론적 근거는 무엇인가?

민영화의 결과 성공 사례와 실패 사례를 모아 보자.

효율의 관점에서 공익의 관점에서 평가는 실증적인 검증이 된 것인가?

제3의 대안은?

   — 공기업 간의 경쟁 체제는?

민영화, 누구의 기회인가?

한국에서 논쟁과 정책의 전개. 구체적 개별적으로 접근할 문제이다.

노동의 유연화

노동의 유연화라는 것은 무엇을 말하는 것인가?

보수주의의 주장과 논거, 진보 진영의 대응.(비타협적 거부, 부분적 수용, 일자리 나누기, 적극적 노동시장 정책.)

오늘날 노동의 유연화는 대세를 이루고 있다?(자료들을 찾아봅시다.)

그 배경은 무엇일까? 세계적 상황, 한국적 상황, 불가피한 현상인가?

법으로 일자리를 보장하는 것이 가능한 일인가?

경영 전략의 관점에서 새로운 시도.

　　　— 인적자원을 경쟁력의 핵심 요소로 보는 관점.(애사심, 숙련.)

　　　— 로버트 라이시의 책『미래를 위한 약속』에서는 이 주장을 하고,

　　　　많은 사례들을 제시하기도 했다. 그러나『슈퍼 자본주의』에서는

　　　　이 주장이 의미가 없다고 고백하고 있다. 또 다른 자료들도

　　　　찾아보자.

수용을 위하여 필요한 사회적 조건은 무엇인가?

한국에서 이 용어는 적절한가?

　　　— 해고의 유연화, 취업의 유연화, 실업의 유연화?

　　　— 용어의 편파성?

해고의 유연성과 노동운동에 미치는 영향.

그 밖에 노동의 유연성과 관련한 무슨 쟁점은 없는가?(노동문제
에 관해서는 좀 더 많은 연구가 필요할 것이다.)

노동정책에 관하여

보수와 진보는 노동정책에 관하여도 정책을 달리하고 있다.

단결과 단체교섭, 단체 행동에 대한 태도.

노동시간.

최저임금.

경영의 전략.

정부와 공기업의 구조조정

좁은 의미의 작은 정부론이다.

    — 정부의 역할만이 아니라 규모 자체를 줄여라.

일상적인 경우.

    — 아웃소싱은 성공하였는가?

    — 비용의 절감, 경영의 효율성, 직업의 안정.

경제 위기에서 정부와 공기업의 구조조정은 적절한 것인가?

    — 소비의 위축, 사회불안의 증폭?

부처 통폐합.

    — 대부처주의의 근거는 무엇인가? 검증된 사례가 있는가? 우리
       공무원이 많은 것인가? 절차의 합법성 문제.

규제의 철폐

    — 보수주의의 주장.

    — 실제로 불편을 주는 경우가 많이 있다. 규정의 문제인가? 해석과
       적용의 문제인 경우도 있다.

    — 어떤 규제들이 있는가? 안보, 질서, 안전, 풍속, 인권, 노동, 교육의
       보호, 환경, 공정한 거래를 위한 규제, 경제의 안정, 금융 규제,
       국내 산업의 보호, 개방의 문제, 균형 발전을 위한 규제.

    — 규제가 없다면 어떤 일이 일어날까? 사례를 찾아보자.

— 화물연대, 금융 위기와 경제 위기의 문제를 집중하여 다루어
보자.

규제가 많다, 적다는 기준이 무엇인가? 모호하다.

— 큰 규제, 작은 규제, 경제 자유도라는 지표, 기타 자료를 분석해
보자.

규제의 경감 어떻게 할 것인가? 규제의 수량을 줄일 것인가?

— 세상이 복잡해지는데? 부담과 시간을 줄여 줄 것인가?

— 규제 때문에 투자를 하지 않는다는 것은 사실인가? 중국, 기타
외국인 투자가 많은 나라는 규제가 적은 나라인가? 중국의
불확실성, 미국의 출입국 규제와 투자, 한국은 규제가 많은
나라인가? 연구 결과나 비교 자료를 찾아보자.

— 모순된 태도.

— 내 논에 물 대기, 편의주의 주장이다.

경제계의 모순된 태도.

— 이번 금융 위기 때 보니 정부의 개입을 요구.

— 내 논에 물 대기.

언론의 모순된 태도.

— 규제를 비난하고, 한편으로는 조그만 사고만 있어도 규제가
없다고 난리.

— 무책임한 편의주의.

이데올로기적 주장이다. 전경련, 상공회의소의 주장들, 정부의 노
력과 부실한 대응, 단골 주장들.

— 이익과 이념적 주장들.

— 실용주의적 접근이 필요하다. 규제에 관하여는 이전부터 무엇이
합리적인 규제이고 무엇이 불합리한 규제인지, 규제의 수량이
문제인지, 규제를 통과하는 시간과 비용의 문제인지, 문제의
실체에 접근하기가 매우 어려웠다. 그래서 규제개혁위원회와는
별개로 부방위(부패방지위원회), 법제처 등 관련 기관의 법령
일제 정비 작업을 하기도 하고, 구체적으로 문제에 부닥칠 때마다
제도 개선으로 연결하기 위하여 제도개선비서관실을 두고, 경제
단체에 공무원을 파견하고, 고충처리위원회에 제도 개선 과제를
발굴하게 하는 등 노력을 기울였으나, 무엇이 개선되고 무엇이
남았는지 실체에 접근하기도 어려웠다.

관료 조직의 체질 때문에 문제의 실체에 접근도 못했거나 변죽만
울리다가 그만둔 것인지조차도 알 수가 없다. 정말 쉽지 않은 일
인 것 같다. 공직 사회와 그를 둘러싼 사회 문화가 바뀌어야 달라
질 문제 아닌가 싶다. 결국 시간이 필요한 일일 것이다.

그러나 나 역시 무슨 글을 쓰거나 할 지식도 자료도 부족하다. 규
제에 관한 책이나 연구 결과를 찾아보자. 규제에 관하여 그렇게
많은 논란이 있었으니 무슨 책이나 연구 결과가 있는 것이 당연
할 것이다.

개방 논쟁

— 보수주의의 주장과 반대의 주장.

— 진보와 보수의 문제인가? 선진국 후진국의 문제인가?

나라마다 사정이 다르다. 각국의 사정에 맞는 전략이 필요하다. 개방이냐 아니냐의 문제가 아니라 언제 어느 정도로 할 것인가 하는 문제이다.

획일주의를 경계하자. 장하준의 『나쁜 사마리아인들』 이야기. (설득력이 있는 이야기라서 언급을 해야 할 것입니다. 모든 개방을 반대한다는 취지는 아닌 것 같고, 우리나라가 어떤 정책을 해야 할 것인지에 관해서는 구체적인 언급이 없는 것 같았습니다. 확인을 해 보면 좋겠습니다.)

　　　― 나는 이 책의 논지를 보수 교조주의 태도를 비판한 책으로
　　　　　이해하고 있습니다. 반대하는 쪽은 모든 개방을 반대하는 취지로
　　　　　인용하려고 하겠지요.

일부 진보 진영의 교조적 태도에 대한 비판.

　　　― 한미 FTA 이야기, 우리나라의 사정을 어떻게 볼 것인가?
　　　― 지난날의 경험, 나의 정치적 선택에 관한 소회도 넣어 보자.

무엇을 개방이라 하는가?

　　　― 찬반의 논쟁이 막연하게 진행되는 것 같아서 개방이 무엇인지
　　　　　구체적인 사례로 설명을 할 필요가 있을 것 같다.

보수 시대의 성적표

보수주의 시대의 결산

보수주의 시대는 무엇을 남겼나? 성과는 무엇인가?

소득의 격차, 빈부의 격차, 복지 제도의 파탄, 중산층의 붕괴와 민생의 불안, 재정 적자와 재정의 파탄, 경제의 위기, 파탄(?)의 초래. 대안도 없다. 논리의 파탄.

    — 위기에 대한 정부의 개입을 요구. 총체적 파탄? 보수의 시대는
       막을 내리는가?

보수주의 시대의 성적표는 무엇인가?

성장의 성과는 어느 정도인가? 보수주의는 성장 중심의 사고이다. 성장이 분배 문제까지 해결한다는 논리다. 그러므로 보수주의 성적표의 첫 번째 평가 항목은 성장이다. 과연 얼마나 성공한 것일까?

양극화가 가장 큰 문제로 지적된다. 어떤 상황인가?

삶의 질이 나빠졌다. 가장 큰 것은 직업이 불안해진 것이다. 그리고 사회 안전망, 보편적 복지 모두 성과가 좋지 않다.

반복되는 위기가 문제다. 경제 파탄은 약자에게 가혹하다. 위기는 단지 주기적으로 반복되는 위기일 뿐인가? 구조적으로 붕괴되어 가는 과정인가? 여기에서 금융 위기의 원인을 금융 규제와 감독의 문제로 보는 견해가 있고, 양극화와 금융자본, 주주자본주의의 속성 등에서 비롯되는 시장의 실패 문제로 인식하는 견해가 있다.

미국의 쌍둥이 적자 문제는 어떻게 보아야 할 것인가? 세계경제에 언제 어떤 결과를 초래할까?

보수 시대 성적이 나쁜 이유는 무엇일까?

신자유주의의 핵심은 성장을 위한 감세와 복지의 축소이다.

감세 정책에 관하여.

> ― 감세하면 성장하는가? 감세와 투자, 감세와 소비. 감세하면 세수가 늘어나는가? 감세의 이익은 누구에게 돌아가는가? 우리의 조세 부담은 높은 편인가?

2009.02.21.

폴 크루그먼의 소득 불균형에 대한 메모

— 불균형의 실태에 관하여

"1973년 이후 생산성은 50% 정도 상승했다. 평균 소득도 올랐다. 그러나 평범한 사람들의 삶은 나아지지 않았다."

"생산성 향상이 노동인구에게 똑같이 배분되었더라면 현재 일반 노동자의 소득은 1970년대 초에 비해 약 35% 정도 높았을 것이다. 그러나 실제로는 상위 10%의 소득 증가분은 평균 소득 증가분보다 높고, 하위 90%의 소득 증가분은 평균 이하이다. 그중에서도 상위 1%만이 2차 세계대전 이후 세대보다 소득 증가 폭이 컸다. 상위 0.1%의 소득은 1973년에 비해 5배 증가했고, 0.01%의 소득은 7배 증가했다."

— 고소득자 소득의 원천 변화

"자본소득, 기업소득도 이전보다 소수에 집중된 것은 사실이나, 가장 중요한 소득의 원천은 최고 경영자들이 근로의 대가로 받는 소득이다. 상위 0.01% 사람들의 전체 소득의 절반 정도는 최고 경영자들의 것이고, 나머지 절반은 스포츠나 연예계의 유명인들 것이다." "CEO들이나 학교 선생님들은 모두 석사 학위를 소지한 경우가 많지만, 학교 선생님들의 소득은 1973년 이후 크게 증가하지 않은 반면, CEO들의 소득은 1970년대 일반 노동자들의 30배에서 현재는 300배 이상으로 증가했다."

1930년대 경영자와 노동자의 연봉 비교는 40배 정도이고,

2000년대 초 비교는 367배를 넘는다는 자료.

    ― 격차가 발생한 원인에 관하여

세계화, 기술의 변화로 인하여 숙련된 노동에 대한 수요가 증가한
결과 소득의 격차가 커졌다는 설명과, 제도와 규범, 정치권력의
변화가 주된 원인이라는 설명이 있다고 소개한 뒤, 기술 결정론을
조목조목 반박하고, 제도와 사회규범, 정치적 환경의 변화가 소득
불균형을 확대시켰다는 주장이 경제학자들 사이에서 더 많은
지지를 받고 있다고 주장한다.

기술 결정론을 반박하는 논거는 다음과 같다.

이민, 국제무역, 기술의 변화로 인하여 저숙련 노동자들이
불리해지고, 고숙련 노동자들이 유리해진 것은 맞지만, 이
설명으로는 고학력 노동자들 간에도 소수 그룹의 소득은 대폭
상승하고, 나머지 대부분의 고학력자의 소득 상승률은 평균 이하인
이유를 설명할 수 없고, 세계화와 기술 변화가 원인이라면 유럽의
선진국과 미국이 비슷한 수준의 소득 격차를 경험해야 할 것인데,
유럽의 경우는 미국과 다르다는 점을 설명할 수 없다는 것이다.
"제2차 세계대전과 그 이후 모든 선진국은 대압착[14]을 겪게 되고,

---

14. 대압착 시대
    폴 크루그먼 교수는 1929년 대공황으로 몰락한 미국 경제가 다시 활기를 찾게
    된 계기를 세금을 통한 재분배 정책으로 꼽는다. 이 시기 소득세 상한선은
    1920년대 24%에서 루스벨트 대통령 첫 임기 때 63%, 두 번째 임기 때 73%로
    올랐다가 1950년대 중반에 91%까지 올라가게 된다. 법인세도 대공황 당시
    14%에서 1955년에는 45%까지 올랐다. 이러한 증세 정책은 부자들에게는
    고통스러웠지만 노동자에게는 황금기였고, 미국 경제는 1970년대 중반까지

소득 격차가 확연히 줄어들었다. 그런데 미국은 1970년대에 들어서면서 이런 평준화의 틀이 깨지고 지금은 대압착 효과를 전혀 찾아볼 수가 없게 되었다"는 것이다.

제도와 사회규범의 변화가 소득 불균형을 확대시켰다는 주장에 관하여는 다음과 같은 논거를 제시한다.

대압착 시대는 뉴딜 정책, 노조의 활성화, 그리고 2차 세계대전 동안 임금 통제를 통해 아주 짧은 시대에 세워진 것이고, 대전이 끝나고도 원위치로 돌아가지 않았다.

이른바 디트로이트 협약으로 불리는 자동차 노조와 GM 간에 체결된 노사 협약, 강력한 노조와 정부의 간접적인 개입과 중재, 노동법을 노조에게 유리하게 해석하는 분위기 등으로 노동자들의 임금 수준은 보장이 된 반면 경영자의 임금 수준은 통제가 되었는데, 1970년 이후 이와 같은 사회제도와 규범이 무너지면서 불균형이 심화되었다. 여기에서 그는 GM과 월마트의 노동자와 CEO의 소득을 비교하는 자료를 제시한다.

경영자의 보수가 결정되는 메커니즘에 관하여 상세한 이야기를 펼친 다음, "종합해 보면 최고 경영진들의 소득은, 그중에서도 CEO나 다른 유명인들의 소득도 어쩌면 사회 분위기나 정치적

장기간 번영과 호황을 누릴 수 있었다. 크루그먼은 이 시기를 대공황 시대에 빗대 '대압착 시대'라고 했다.

배경처럼 모호한 요소에 더 많이 좌우된다고 결론지을 수 있을 것이다" 이렇게 결론을 내리고 이어서 "높아만 가는 CEO들의 보수는 단지 경제적 현상만이 아닌 사회 및 정치적 현상이라고 볼 수 있을 것이다. 높은 보수는 CEO들의 능력에 대한 수요가 많아서가 아니라 다수의 분노가 잠잠해졌기 때문이다. 한때 CEO들의 과도한 보수를 비난하던 언론사는 이제 CEO들의 경영이 천재적이라고 야단이고, 한때 대중을 선동해 덩치만 크고 비효율적인 기업을 비난하던 정치가들은 이제 선거 자금을 기부하는 이들의 비위를 맞추느라 정신이 없으며, 한때 엄청난 임원진들의 보너스에 반대해 파업하던 노조는 이제 계속되는 탄압으로 온데간데없이 사라졌다. 여기에 한 가지 더 있다. 소득세 최고 한계 세율이 1970년대 초 70%에서 현재 35%로 줄어들어 현재의 CEO들에게는 더욱 유리한 상황이 전개되었다" 이렇게 지적한다.

그리고 경영자의 보수에 관해서도 유럽은 미국과 다르다는 점을 지적한다.

　　— 사회규범과 제도의 변화는 어디에서 오는가? 해답은 정치에 있다고 주장한다. 그 사례로 노조가 몰락한 것은 통상 노동인구 구조의 변화가 그 원인이라는 견해가 지배적이지만, 사실은 그것이 아니라 정치적인 이유라고 설명한다. 1960년대에는 노동운동과 합의에 도달한 것처럼 보였던 기업들이 1970년대부터는 노조를 불법적으로 공격했고, 보수주의 정치와 사회 분위기가 이를 조장했다는 것이다. 그

근거로 유럽이나 캐나다는 노조의 조직률이 변함이 없는데, 유독 미국만 노동조합이 몰락했다는 사실을 든다.

양극화에 관하여.

　　— 트리클 다운 효과는 사실인가? 지난날 완전고용 시절의 한국에서
　　　그런 일이 있었다고 할 수 있을까? 양극화, 복지의 축소와 수요의
　　　부족. 일자리에 대한 대책이 없다.

규제 완화와 금융 시스템의 붕괴.

　　— 시장 원리주의의 실패.

　　— 논리의 파탄.

　　— 스스로 정부의 개입을 요구, 새로운 기술, 새로운 상품과 성장.

실증적 비교, 경제를 중심으로

보수주의는 경제의 활력을 중심으로 이야기하고, 진보 진영은 연대의 가치를 중심으로 이야기한다. 그러나 이 글에서는 오늘날의 논쟁은 경제의 활력을 중심으로 전개되고 있으므로 경제적 성과에 초점을 맞추어서 비교해 보자.

실제 사례를 비교해 보자

보수 진영의 주장은 '정부는 손을 떼라'는 말로 압축된다. 이른바 작은 정부론이다. 거두지 마라, 쓰지 마라. 경영은 민간에 맡겨라. 시장에 개입하지 마라, 규제를 없애라, 이런 이론으로 압축된다. 시장은 완전하다는 사상이다.

진보 진영의 주장은 정부의 역할을 강조한다. 시장의 한계와 실패를 이야기한다.

논리의 공방이 아니라 실제 정책이 어떤 결과를 낳았는지 실례를 가지고 비교해 보자.

재정 규모의 비교

모든 정책은 재정에 반영이 되게 마련이다. 재정은 그 정부의 철학을 말한다. 각국의 재정 규모를 비교해 보자. 지출 재정 규모, 통합 재정.

국민 부담률 비교.(미국과 일본의 경우 재정 지출과 수입 간에 큰 차이가 있다. 이것은 무엇을 의미하는 것인가? 사회복지 지출 비중 비교.)

재정의 비중, 복지 지출의 비중을 가지고 큰 정부, 작은 정부, 좌파 정부, 우파 정부를 순서대로 줄을 세워 보자. 20%대, 30%대, 40%대, 50%대 정부로 구분을 해 보자.[15]

재정의 크기와 각종 지표들. 성장, 복지, 국가 경쟁력 등

복지 재정의 수준과 성장의 성과를 비교해 보자. 고복지는 저성장인가? 성장과 복지는 배타적인가? 고복지와 국가 경쟁력. 실증적 사례들을 비교 분석해 보자.

국가 경쟁력 평가 지표를 분석해 보자. 복지 재정의 크기와 소득

---

15. OECD 국가의 GDP 대비 재정 크기 순서(2007년 세출 기준)
   스웨덴(55.3%), 프랑스(53.7%), 덴마크(53.1%), 독일(46.9%), 영국(44.5%),
   뉴질랜드(40.0%), 캐나다(39.2%), 일본(38.5%), 미국(36.7%), 한국(28.7%),
   멕시코(21.7%) 순으로 한국은 주요 30개국 중 27위이다.

격차, 또는 빈부 격차를 비교해 보자.

시장 소득과 가처분 소득. 시장의 분배와 재분배.
복지 재정의 크기와 국민 복지 지표들을 비교해 보자.

어떤 지표들이 적당할까?

작은 정부론은 과연 실증적인 근거를 가지고 있는 것인가? 검증이 필요하다.
(여기까지 이야기를 풀다 보니 작은 정부론이라는 것이 너무 허무하다는 생각이 든다. 그러나 이것은 나의 가치관 때문에 생긴 선입견일 수 있다. 최대한 작은 정부론에 호의적인 자료들을 찾아보자.)

진보의 대안과 전략은 무엇인가

진보주의의 대안과 전략은 진보 원리주의와 제3의 길로 갈린다.

제3의 길 또는 신중도주의의 신자유주의에 대한 태도.

— 신자유주의 논리의 일부를 받아들인다. 제3의 길 등의 선언을 찾아보자.

경쟁과 성장에 대한 태도, 노동에 대한 태도, 작은 정부, 민영화, 개방 등에 대한 수용 전략.

양극화의 원인에 대한 인식.

— 정치, 제도의 문제인가? 기술과 시장의 변화에 따른 것인가?

— 원리주의와 제3의 길 노선은 차이가 있다. 분명하지 않은 부분도 있다.

새로운 전략은 무엇인가?

— 국가 차원, 세계적 차원?

— 『해밀턴 프로젝트』, 기타 자료들을 모아 보자.

— 김대중 정부의 생산적 복지,[16] 노무현 정부의 비전 2030.

---

16. 생산적 복지(workfare)

일하는 사람을 위한 복지를 의미. 일(work)과 복지(welfare)의 합성어이다. 생산적 복지라는 개념은 영국의 IMF 구제금융 당시 위기를 타개하기 위한 정책의 일환으로 사용하기 시작했으며, 우리나라에서는 국민의 정부의 출범과 더불어 민주주의와 시장경제, 생산적 복지가 국정 지표로 채택되면서 적극적으로 도입됐다.

    — 이론적 근거는 무엇인가?

인적자본론? 사회투자론, 지속 가능한 경제?

    — 경쟁력에 대한 전략은 무엇인가?

    — 일자리에 대한 인식.

    — 일자리는 어디에 있는가?

비판적 검토가 필요한 개념과 논리들

어떤 성장이 좋은 성장인가?

성장이란 무엇인가?

나쁜 성장도 있는가? 복지를 증진하지 않는 성장.

시장을 위한 성장인가? 사람을 위한 성장인가? 사람을 위하여 문명의 발전은 어디까지 가야 하는가?

어떤 성장이 좋은 성장인가?

복지를 증진하는 성장, 경쟁력을 키우는 성장, 깨끗한 나라, 아름다운 나라, 지속 가능한 나라, 생태가 살아 있는 나라.

(확대재생산뿐인가? 단순재생산, 축소재생산은 생각할 수 없는가? 슬로 시티 운동[17]은?)

성장해야 일자리가 있다? 맞는 말이다. 그러나 모든 성장이 일자

---

17. 슬로 시티(Slow City) 운동

'슬로 시티'는 말 그대로 '느린 도시'를 뜻한다. 햄버거로 상징되는 미국식 패스트푸드에 반대해 지역의 건강한 먹을거리를 먹자는 '슬로푸드 운동'이 나온 이탈리아에서 1999년부터 시작된 운동이다. 대체에너지를 쓰고 전통 수공입과 조리법을 장려하며, 자전거를 타고, 패스트푸드와 유전자 변형(GMO) 농산물과 식품이 없는 느린 마을을 만들고자 한다. 우리나라에서도 신안군 증도면, 완도군 청산도, 장흥군 유치면, 담양군 창평면, 하동군 악양면이 슬로 시티에 선정되었다.

리를 만드는 것은 아니다. 일자리를 만드는 성장이 있고, 일자리를 거의 만들지 않는 성장도 있다. 복지 정책에 더 많은 일자리가 있다. 복지를 향상하는 성장, 사람의 보람을 충족하는 성장이 된다. 교육, 환경, 국토 관리.

신자유주의라는 개념과 교조적 논리의 문제

보수주의의 주장을 신자유주의라고 말하는 사람들이 있다. 적절한 용어일까? 그리고 신자유주의라는 용어가 이해가 잘 되지 않는다. 정치적 용어인가? 경제 이론에서 나온 용어인가? 유래가 무엇이고 의미는 적절하게 사용되고 있는 것인지, 정리를 할 필요가 있을 것이다.

신자유주의는 나쁘다. 개방은 신자유주의다. 고로 개방은 나쁘다. 개방, 민영화, 노동의 유연화 일부 정책을 받아들였다는 이유로 신자유주의 정부라고 규정하고, 나쁘다는 논리로 가는 것은 문제이다.

경제와 복지 이외의 정책에 관한 비교

국제정치에 관한 태도.

 — 힘의 외교, 대결 외교.

교육에 관하여.

 — 경쟁주의.

지방에 관하여.

 — 자율과 분권, 균형에 관한 태도.

미래에 대한 태도.

경쟁력의 지속 가능성, 자원과 환경, 생태의 지속 가능성.

미래의 사회구조와 통치 체제를 보는 인식.

 — 피라미드와 네트워크 사회.

논쟁의 본질은 무엇인가

오늘날 논쟁의 성격

지난날의 논쟁은 이데올로기 논쟁이었다. 시장이냐, 국가냐 하는 논쟁은 체제의 논쟁이었다. 복지 사상 또한 누구를 위한 국가인가? 하는 정치적 이데올로기 문제였다. 오늘날의 논쟁은 시장주의 안에서 벌어지고 있다. 명시적으로는 진보도 성장과 경쟁력을 부정하지 않고, 보수 쪽도 복지를 부정하지는 않는다. 오히려 진보는 성장 이론으로 설명을 하려고 하고, 보수는 성장이 복지에 효과적이라고 포장을 한다.

얼른 보면 정치와 민주주의에 관한 가치의 논쟁이 아니라 효율성과 경쟁력에 관한 경제 이론의 대립으로 나타나고 있다.
과연 경제 논쟁인가? 과연 이데올로기의 논쟁은 끝이 난 것인가?
논쟁의 본질을 이해하기 위해서는 국가의 역할에 관한 논쟁, 그리고 역할의 변천을 역사적 맥락에서 살펴볼 필요가 있다.

논쟁과 변천의 역사

논쟁과 변천의 역사를 이야기하려는 이유는 오늘날 논쟁 역시 그 본질은 '국가는 지배의 수단인가? 국가는 누구를 위한 도구인가?'

하는 문제의 연장선상에 있다는 말을 하고자 하는 것이다.

지배의 도구에서 보장의 장치로, 민주주의 이전의 국가. 이치로 뭐라고 포장을 했든 간에 민주주의 이전의 국가는 지배의 도구, 정복의 도구였다. 적당한 사례를 찾아보자.

민주주의와 국가의 역할.

> ― 헌법의 규정이나, 천부의 권리를 선언하고 국가가 이를 보장해야 할 의무를 선언하고, 국가가 이를 잘못하면 폐기되어야 한다는 선언문을 찾아보자.

민주주의는 권력투쟁의 결과이다.

> ― 지배를 받던 사람들이 나도 권력 과정에 참여하자는 투쟁의 결과이다.

야경국가에서 복지국가로.

> ― 소수를 위한 나라, 다수를 위한 나라? 강자를 위한 나라, 약자를 위한 나라, 모두를 위한 나라? 자본주의의 폐해와 민중이 겪는 삶의 고통이 사회문제로 대두하자 한편에서는 사회주의가 대두하고, 한편에서는 자본주의 수정 이론이 대두했다. 체제 논쟁은 동유럽의 해체로 지난 일이 되었으므로 생략하고 여기에서는 복지국가 사상에 관하여만 소개한다.

논쟁의 성격은 누구의 어떤 권리가 더 중요한가? 상공인들의 재산권의 자유, 영업의 자유와 생존권, 인간다운 생활을 할 권리가 중요한 것인가?

복지 사상은 노동자의 투쟁, 노동자의 혁명 또는 혁명적 분위기, 참정권의 확대 등과 함께 보편적인 가치로, 헌법적 권리로 등장하였다.

유럽의 진보주의, 미국의 진보의 시대를 소개하자.

오늘날 논쟁의 상황.

보수의 시대.

　　　— 논쟁의 주제는 경제문제.

진보의 대응.

　　　— 제3의 길과 원리주의? 노선의 분열, 제3의 길이 대세?

(여기에서 복지의 사상과 케인스주의는 어떤 관계가 있을까? 역
사적으로 진보의 시대가 열리는 과정에서 케인스주의는 어떤 역
할을 하였는가를 소개하자.)

이런 변화의 과정은 역시 권력투쟁의 결과이다. 말하자면 '누구를
위한 국가인가?'라는 문제를 가지고 싸운 결과 소수를 위한 국가
를 다수를 위한 국가로 바꾼 것이다. 물론 아직 현실이 그렇게 된
것은 아니지만, 적어도 '국민 모두를 위한 국가'가 당당한 명분이
되고 제도적 수단을 획득한 것이다.

오늘날 논쟁은 포장을 바꾸기는 했지만, 여전히 지난날 진보와 보
수 논쟁의 연장선상에 있다. 본질은 지난날의 이념 투쟁, 권력투
쟁과 다름이 없다.

4 진보란 무엇인가, 보수란 무엇인가

진보와 보수는 어떻게 다른가

현상의 유지인가? 현상의 변화인가?

'보수주의는 해당 사회의 가치와 질서를 보존하면서 변화에 대해 전반적으로 유보적인 자세를 취한다. 진보주의는 해당 사회가 문제가 있음을 부각시키면서 근본적인 변화의 필요성을 주장하고 이를 실현시키기 위해 노력한다.'

　　　　—『미래를 말하다』, '옮긴이의 말' 중에서

강자의 논리인가? 약자의 논리인가?

누구의 이익을 말하고 있는가?

　　　　— 기득권의 논리, 동참하려는 사람들의 논리.

자유냐? 평등이냐?

누구의 어떤 자유를 말하는가?

　　　　— 재산권인가? 문화적 인격적 정신적 자유인가? 생활권인가?

자유과 평등.

　　　　— 상호 관계에 관하여 '자유를 강조하면 평등이 희생되고, 평등을
　　　　　강조하면 자유가 희생된다' 이렇게 말하는 사람들이 있다.(출처를
　　　　　찾아보자.) 나는 이런 논리에 동의하지 않는다. 불평등과 지배가
　　　　　없으면 자유의 문제는 없다. 평등이 기본이다.

민주주의와 진보, 진보적 민주주의.

진보는 민주주의에 내재하는 가치다. 민주주의는 지금도 진보의 도정에 있다. 진보적 민주주의라야 진정한 민주주의이다.

진보 개념의 다의적 용례.

일반적인 의미.

　　　— 정치적 의미의 진보주의.

문명의 진보라고 할 때 진보의 의미는?

　　　— 과학, 기술의 진보라는 개념으로 많이 쓰이고 있다.

역사의 진보.

　　　— 이런 개념이 있는가? 민주주의는 가장 전형적인 역사의
　　　　진보이다.

진보주의와 자유주의, 보수주의와 신자유주의.

진보주의와 보수주의 이런 대비는 비교적 분명하다. 자유주의와 진보, 보수의 관계는? '신자유주의'라는 말은 어떤 의미와 내력을 가지고 있는가? 케인스주의는 진보주의의 범주에 들어가는가?

(보수의 가치, 철학은 무엇인가? 보수주의의 철학의 기초 중에는 다윈주의, 스펜서의 적자생존[18]설이라는 것이 있다고 한다. 철학적으로 과학적으로 타당한 이론인가? 하는 문제도 다루어 보자.)

---

18. 스펜서의 적자생존론(Survival of the fittest)
　　적자생존은 생존경쟁 원리에 대한 개념을 간단히 함축한 말로, 영국의 철학자이자 경제학자인 스펜서가 1864년 『생물학의 원리』라는 저서에서 처음 사용했다.

진보와 보수를 가르는 기준

한국의 보수주의자들은 김대중, 노무현 정부를 좌파 정부라고 한다. 정통 진보라고 자처하는 사람들은 김대중, 노무현 정부를 신자유주의 정부라고 한다. 진보와 보수를 가르는 기준은 무엇인가?

언제부터인가 우리나라에서는 신자유주의라는 용어가 유행을 하고 있다.
신자유주의는 시장과 경쟁을 강조하고, 작은 정부, 감세와 복지의 축소, 민영화, 규제 철폐, 노동의 유연화, 개방 이런 정책을 주장한다. 보수 진영은 이들 교리를 가감 없이 그대로 주장하고 있다. 그러므로 진보 진영에서는 신자유주의를 주장하는 사람들은 보수주의라고 규정한다. 틀린 말은 아닌 것 같다.

그렇다면 신자유주의가 보수와 진보를 가르는 기준이라고 말할 수 있을 것인가? 그렇게 말하기에는 좀 곤란한 문제가 있다. 신자유주의 주장의 일부라도 수용하면 신자유주의이고, 따라서 이를 보수주의라고 말하는 사람들이 있고, 그 기준을 따르면 보수와 진보의 구분이 아주 혼란스러워지기 때문이다.

김대중, 노무현 정부는 신자유주의 보수 정권?

김대중, 노무현 정부는 정리해고, 구조조정, 민영화, 개방 같은 신자유주의 정책을 수용하였다. 그러므로 김대중, 노무현 정권은 신자유주의 정권이라고 주장한다.

이 논리로 가면 유럽의 진보주의 정부들, 이른바 제3의 길이라고 불리는 정권 아래에서도 정부 혁신, 구조조정, 아웃소싱, 민영화, 규제 완화, 노동의 유연화, 개방 등을 받아들였다. 그러므로 이들 정권은 신자유주의 보수 정권이다. 이렇게 말해야 된다.

그러나 이런 결과는 좀 혼란스럽다. 그러므로 굳이 신자유주의라는 잣대를 사용할 것이 아니라, 보수와 진보 사이에서 서로 용납하지 않는 가치, 주장을 기준으로 판단하는 것이 좋을 것이다. 그것은 무엇일까?

시장이냐? 국가냐?

오늘날 시장인가, 정부인가? 이런 주제로 논쟁을 하고 책도 내고 한다. 이것이 보수와 진보를 가르는 기준이 되는 것일까? 보수 진영이 이런 구분을 강조하던 시절이 있었다.
지난날 당신 시장주의 맞아요? 이런 질문을 하는 사람들이 있었고, 진보라는 사람들은 굳이 여기에 대답을 해야 하는 시절이 있었다. 그러나 오늘날은 이런 말을 하는 사람들은 없는 것 같다.

오늘날 시장과 경쟁, 성장을 부정하는 진보주의는 없고, 실제로 국가의 역할을 근본적으로 부정하는 보수주의도 없기 때문이다.

아직도 이런 개념을 쓰고 있는 사람들이 있는가? 진보주의를 은근히 반시장주의로 몰아가는 것은 보수주의에 유리한 논리 구조이다.

진보학자들이 '시장인가? 국가인가?' 이 명제로 토론하고 책을 내는 경우가 더러 있다. 그러나 이를 자세히 들여다보면, 시장 근본주의 사고를 비판하기 위하여 이런 개념을 쓰고 있는 것이지 이것을 진보와 보수의 기준으로 쓰고 있는 사람은 없는 것 같다.

따라서 '시장이냐? 국가냐?' 하는 명제를 가지고 보수와 진보를 구분하는 것은 지난날의 이야기인 것 같다.

작은 정부, 큰 정부

보수주의는 작은 정부론을 주장한다. 시장과 경쟁을 강조하는 논리의 귀결이다. 당연히 진보주의를 큰 정부로 몰아붙인다.

보수주의는 작은 정부, 진보주의는 큰 정부, 이렇게 나누는 것은 타당한 것일까? 타당하다. 진보주의 가치를 실현하기 위해서는 상대적으로 보수주의보다 정부의 역할이 커질 수밖에 없다.

그러므로 보수주의는 작은 정부, 진보주의는 큰 정부, 이렇게 말할 수는 있을 것이다. 그러나 이것을 보수와 진보의 구별 기준으로 사용하는 데는 좀 곤란한 문제가 있다.

또 하나는 진보 진영이 이런 분류를 좋아하지 않는다는 것이다. 오늘날의 시민들은 큰 정부를 좋아하지 않기 때문이다.

또 하나는 이 기준을 사용하면 신자유주의를 기준으로 진보와 보수를 구분하는 것과 같은 논리에 빠진다는 것이다.

복지와 분배가 핵심 기준

보수와 진보 간에 서로 용납하지 않는 핵심 쟁점은 무엇인가? 한때 '먼저 파이를 키우자'는 말이 유행한 적이 있다. 오늘날에도 은연중에 같은 논리를 강조하는 사람들이 있다.

우리가 정권을 잡고 나서부터는 우리 정부를 '분배 정부'라고 공격했다. 다음에는 '세금 폭탄'이라는 공격을 했다. 모두 공격의 초점은 '분배와 복지'이다.

진보와 보수가 실질적으로 가장 타협 없이 싸우는 쟁점은 '국가가 분배에 얼마나 깊이 개입할 것인가? 세금을 얼마나 거두어서 복지 지출을 얼마나 하고, 사회적 보장을 어느 수준으로 할 것인가?' 하는 문제이다.
따라서 이 문제에 대한 태도를 가지고 보수와 진보를 구분하는 것이 가장 정확한 기준이 될 것이다.

신자유주의와 제3의 길

어느 정당이나 정부가 신자유주의 주장의 일부를 수용한다 하여 이를 신자유주의라 규정하는 것이 타당한가? 하는 문제를 앞에서 제기한 바 있다.

문제가 된 주장들은 민영화, 아웃소싱, 규제 철폐, 노동의 유연화, 개방 이런 것들이다.

모두가 넓은 의미로 작은 정부 논리에 포함되는 것이고, 경쟁과 효율을 명분으로 하는 주장들이다. 과연 이런 주장은 반드시 보수주의자들만 할 수 있고 진보주의는 할 수 없는 주장인가? 진보주의는 이런 명분을 반드시 배척해야만 하는 것인가?

신자유주의라고 획일적으로 규정하는 것은 문제

규제를 가지고 예를 들어 보자. 보수주의는 규제 철폐를 소리 높이 외치지만, 막상 개별 규제에 관한 태도를 살펴보면 획일적이지 않다. 국가의 안전, 인권, 노동안전, 환경, 식품의 안전 등을 위한 규제에 소극적이지만, 사회질서와 선량한 풍속 등을 위한 규제, 재산권과 거래의 보호를 위한 규제에는 적극적이다. 교통의 안전, 화재의 예방 등에 관한 입장은 오락가락한다. 시장의 자유에 관해서도 대기업인가, 중소기업인가에 따라 자유로운 시장과 공정한 시장으로 입장이 갈린다.

민영화, 노동의 유연화, 개방, 이런 문제들도 국가의 규제 또는 개입에 관한 문제들이고, 역시 구체적인 경우마다 보호할 가치와 얻고자 하는 효율을 비교하여 선택의 여부와 수용 정도를 개별적으로 결정하는 문제들이다.

그리고 이들 주장은 1970년대 진보의 시대에 노출된 정부의 태만과 비효율, 도덕적 해이 등의 문제점에 대한 공세적 이론으로 등장한 것이지만, 그 모두가 진보주의 자체의 문제만은 아니고, 어느 정부에도 항상 있는 관료주의의 병폐를 지적하고 있다.
그러므로 진보 진영도 이들 주장에 대하여 반드시 적대적인 태도를 가질 일은 아닐 것이다.

개별적인 타당성을 검토해야

이치는 이러함에도 보수주의는 규제 완화, 작은 정부, 정부 혁신, 구조조정, 민영화, 노동의 유연화, 이런 명제들을 보수주의의 논리로 당당하게 주장하고 나오는 데 반하여, 일부 진보 진영은 이들을 신자유주의 교리라고 하여 적극적으로 공격하고 배척한다.

그런데 문제는 이런 주장들은 국민들의 정서에 영합하는 설득력이 있다는 것이다. 정서에 영합하는 이유는 국민들이 정부를 불신하기 때문이고, 설득력이 있는 이유는 내용에 있어서 타당성을 부정하기 어려운 부분이 있다는 것이다.

그러므로 진보 진영도 수용할 것은 수용하고, 수용의 정도를 가지고 타협할 것은 타협하는 것이 현명한 전략이 아닐까? 물론 이런 논리들은 보수주의가 이미 선점을 하고 있는 것이어서 단기간에 진보의 명제가 될 수가 없고, 많은 시간과 공을 들여도 불리한 것일 수도 있다. 그럼에도 진보주의가 이를 신자유주의라고 획일적으로 규정하여 배척하는 것은 두고두고 수세적 위치에서 벗어날 수 없게 하는 선택을 하는 결과가 되는 것 아닐까?

신자유주의의 핵심 가치인 감세와 복지 축소에 반대

나는 신자유주의의 내용을 지나치게 확대하고, 이를 신자유주의라는 이름으로 포장하여 획일적으로 사용할 것이 아니라, 그 내용이 가지는 의미에 따라 개별적이고 구체적인 대응을 할 필요가 있다고 생각한다.

신자유주의가 실제적으로 강조하는 핵심 가치는 감세와 복지의 축소이다. 여기에 대하여는 분명하게 '아니다' 이렇게 대답을 해야 할 것이다. 그러나 시장이냐, 국가냐라든가 민영화, 규제 완화, 노동의 유연화 등과 같이 구체적이고 실제적인 정책 수준의 선택으로 결론이 날 수밖에 없는 일들에 관해서는 '그것은 구체적인 타당성의 문제이다. 구체적으로 논의해 보자' 이런 융통성 있는 태도로 가는 것이 좋을 것으로 생각한다.

나는 제3의 길이라는 것을 이런 길로 가고 있는 것으로 생각하고 있다.

신자유주의 비판

앞에서 나는 신자유주의가 보수와 진보를 가르는 기준으로 적합한 것은 아니라는 견해를 말했다.

그러나 오늘날 우리는 신자유주의라는 개념을 무시하고 넘어가기가 어려운 형편이다.

보수 진영은 신자유주의 주장을 가감 없이 그들의 정책으로 주장하고 있고, 진보 진영의 사람들은 신자유주의라는 논리를 기준으로 진보와 보수를 구별하려고 하고, 학자들은 신자유주의를 가지고 논쟁을 하고 책을 쓴다.

그러므로 우리는 신자유주의와 그 내용을 이루는 주장들의 타당성을 하나하나 검토할 필요가 있다.

(과연 신자유주의란 무엇인가? 신자유주의란 이름은 어디서 어떻게 나온 것인가? 세계적인 현상인가? 한국에 특이한 현상인가? 핵심 논리와 그 비판? 감세론, 복지 정책, 민영화, 노동의 유연화, 노동에 대한 태도, 정부 혁신, 구조조정, 규제에 관하여, 개방 정책.)

5 　세계는 진보의 시대로 가는가

미국 경제가 위기에 빠진 원인은 무엇인가

노무현 정부 내내 한나라당과 언론은 '경제 파탄'이라고 규정하고 온갖 비난과 모욕을 퍼부었다. 그렇지 않다고 말하는 사람은 아무도 없었다. 여당이라는 사람들도 반론하지 않았다. 국민들은 여론조사에서 대통령이 할 일은 경제 살리기이고, 다음 대통령은 경제 대통령을 뽑아야 한다고 대답했다. 여당 후보는 노무현을 버리고 함께 만든 당까지 깨 버렸다. 이명박 후보는 경제 살리기를 공약했고 국민은 그를 대통령으로 뽑았다. 한나라당과 언론은 노무현 정부의 경제 파탄에 대한 심판이라고 했다. 역시 반론은 없었다.

과연 노무현 시대의 경제는 어떤 상황이었을까? 어떤 상황이었기에 그처럼 모진 심판을 받았을까?

이명박 정부에서도 경제는 살아나지 않았다. 오히려 나빠졌다. 그냥 나빠진 것이 아니라 추락했다. 747[19]은 이륙도 하지 못했다. 이명박 대통령은 운이 좋은 것일까, 나쁜 것일까? 747이 이륙도 하지 못한 이유를 설명할 필요가 없어졌다.

---

19. 747
    이명박 대통령의 후보 시절 공약인 '대한민국 747 비전'을 말한다. 747 비전은 7% 성장을 통해 10년 내 국민소득 4만 달러, 세계 7대 강국 진입을 목표로 했다.

실제 상황은 얼마나 나빠진 것일까? 이러한 상황을 뭐라고 해야 하는가? 불황? 위기? 공황이나 파탄은 아닐 것이다.

어떤 사람들은 이명박 정부가 경제를 망쳤다고 말한다. 나는 그렇게 생각하지 않는다. 초기 대응에 문제가 있었는지는 모르나 그것이 오늘의 상황에 결정적인 원인은 아닐 것이다. 한나라당 사람들은 이것도 노무현 정부 탓이란다. 이건 억지다. 어느 쪽이나 그런 인식으로는 문제의 해결에 도움이 되지 않는다.

미국 경제가 파탄이 나고 그로 인하여 세계경제가 불황에 빠진 결과이다.

지금 우리가 할 일은 위기를 극복하는 것이다. 어떻게 해야 하는가? 이 일은 위기관리이다. 본시 위기관리는 정부의 일이다. 정권은 하고자 하는 일은 할 수 있는 구성을 가지고 있다.

문제는 위기 극복의 과정이 우리 경제의 체질을 강화하는 계기가 되어야 한다. 위기를 극복한다고 한 일이 우리 경제의 체질을 망쳐서는 안 된다. 어떻게 해야 할 것인가? 위기의 원인을 알아야 할 것이다. 그러자면 세계경제와 우리 경제의 체질도 알아야 할 것이다. 그래야 약발이 있는 처방이 나올 것이다.

미국 경제가 위기에 빠진 원인은 무엇인가? 부동산 거품, 파생 금융 상품, 금융에 대한 규제와 감독의 부실, 이런 구체적인 원인을 이야기하는 사람들도 있고, 빈부의 격차, 시장의 실패, 이런 포괄적인 경제체제의 문제까지 이야기하는 사람들도 있다.

우리가 책에서 읽는 경제의 이론은 단순 명료하다. 그러나 실제 시장에서 일어나는 현상들은 인과관계가 단순한 것은 하나도 없다. 원인도 결과도 복잡하게 얽혀 있어 어느 것이 결정적인 원인이고 어느 것이 결과에 얼마나 기여한 것인지를 가려낼 수가 없다. 그러므로 개별적인 원인의 분석과 함께, 시야를 크게 하여 그 시대에 일어난 모든 일을 포괄적으로 살펴보고 큰 흐름을 이해하려는 노력이 필요하다.

다시 진보의 시대는 오는가

미국의 금융 부실이 미국 경제와 세계경제를 흔들고 있다. 미국의 경제 위기가 지난 8년간 공화당 정권의 보수주의 통치, 나아가서는 30여 년간 계속된 보수주의 시대의 결말인지, 그렇다면 보수주의의 어떤 정책 때문인지, 그와는 관계없는 금융 시스템의 부실 때문인지, 이는 좀 더 분석이 필요할 것이다.

그러나 어떻든 미국의 보수주의 정책은 큰 변화가 있을 조짐이다. 오바마는 중도 노선으로 가야 할 것이라는 『뉴욕 타임스』의 권고에 대하여 '미국 국민은 감세 정책, 트리클 다운, 금융 규제 완화, 종교 정치……를 더는 지지하지 않는다' 이렇게 말했다고 한다. 이것은 지난 30년간 미국을 지배해 온 보수주의 정책을 정면으로 지적한 것이다.

오바마, 진보 시대의 진보 대통령?

진보의 시대로 가는 신호탄인가? 오바마가 지명한 각료 후보가 구설수에 올라 고전하고 있는 것을 보면 보수 진영의 공세가 만만치 않을 것 같기는 하나, 변화의 바람을 막을 수는 없을 것이다. 변화의 방향은 진보의 시대가 될 것인가? 오바마의 당선이 개인의 당선이 아니라 미국에 부는 진보의 바람을 반영한 것이라면 이제 진보의 시대가 열릴 수도 있을 것이다.

폴 크루그먼은 오바마 당선 이전에 내놓은 책에서 민주당이 승리할 것이고, 민주당이 승리하면 루스벨트 시대로 돌아가게 될 것이라는 예언을 내놓은 바 있다. 의회는 그 이전에 이미 민주당이 장악하고 있다. 과연 진보의 바람이 불고 있는가?

민주당과 진보 진영의 싱크탱크들도 여러 가지 진보 정책을 내놓고 있다. 그리고 '클린턴은 보수 시대의 진보 대통령이었지만, 오바마는 진보 시대의 진보 대통령이 될 것이다' 이런 전망도 내놓고 있다.

세계는 진보의 시대로 갈 것인가? 미국은 그렇게 될 것이라고 한다. 유럽은 어떻게 될 것인가? 조사해 보자. 다만, 오늘날 경쟁 논리의 득세가 단순히 보수의 정치적 득세의 결과가 아니라 기술의 발달, 세계화 등 시장의 상황이 변화한 결과라고 한다면 이를 극복할 진보의 전략은 어떻게 만들어 나갈 것인가? 앞선 기술과 큰 시장을 가진 나라들은 정책 선택에 자율의 폭이 넓을 것이다. 그러나 그렇지 않은 나라들은 어떤 선택이 가능할 것인가?

진보주의의 미래

세계는 진보의 시대로 가는가? 진보주의의 미래?

오늘날 경제의 위기와 그 이후 세계의 질서.
세계는 어떻게 대응하고 있는가?

진보 진영의 전략은 새로운 경쟁의 환경과 경쟁주의를 어떻게 극복할 것인가? 지난날의 뼈아픈 기억들. 유럽 노동운동의 비극, 진보주의 시대 1970년대에는 어떤 일이 있었는가?

인류의 미래에 대한 새로운 지평과 진보주의의 새로운 미래 환경, 생태주의, 거버넌스 시대와 진보주의.

EU와 진보주의.

가난한 나라들은 어디로 가야 하나? 어떤 전략이 있을 것인가?

2009.02.10.

EU 헌법 메모

미국의 저명한 학자 제러미 리프킨은 그의 저서『유러피언
드림』에서 EU 헌법에 관하여 이런 지적을 하고 있다. "EU 헌법에
하느님만 빠져 있는 게 아니다. 사유재산도 잘 보이지 않는 깊숙한
곳에 단 한 줄로만 언급되며 자유 시장과 무역은 겨우 스쳐
지나가는 정도다. 그러나 EU의 목표에는 '균형 잡힌 경제성장에
기초한…… 지속 가능한 개발', '사회주의적 시장경제', '환경의 질적
향상과 보호'가 명확히 적시되어 있다. EU의 다른 목표는 '평화를
증진하고…… 사회적 배제와 차별을 없애기 위해 노력하며……
사회정의와 보호, 남녀평등, 세대 간의 결속, 어린이 권리 보호 등을
증진한다'는 것이 포함되어 있다."
그리고 이어서 '충분한 경제력이 없는 모든 사람이 남부럽지 않은
존립을 할 수 있도록 사회 보조 및 주택 확보를 위한 보조를 받을
권리를 인정한다'는 조항과, 오늘날 진보주의가 추구하는 가치를
담고 있는 EU 헌법의 여러 조항을 소개하고 있다.
　 ―『유러피언 드림』 275쪽 이하

전후의 문맥으로 보아 이런 평가를 특별히 의심할 이유는 없는 것
같다. 그렇다면 EU 헌법은 진보의 가치를 추구하고 있다고 말할 수
있을 것이다.(진보주의의 역사와 전망에 관해 인용할 만한 자료로
보인다.)

한국은 어디로 가고 있는가

새 정부 들어서고 감세, 민영화, 구조조정, 규제 완화, 비정규직 기간의 연장, 경쟁의 교육 등등의 정책을 밀어붙이고 있다. 다만, 복지의 축소를 말하지는 않는다.

지난 8년간 미국 공화당 정부의 정책과 꼭 같은 재판이다. 미국 공화당의 이 노선은 레이건 정부로 거슬러 올라간다. 대처리즘, 레이거노믹스의 등장과 보수주의의 시대.

이제 미국은 진보의 시대로 갈 것인가? 그러나 우리나라의 한나라당 정부는 보수주의 정책을 꿋꿋이 밀어붙이고 있다. 한국은 계속 보수의 시대로 갈 것인가? 한나라당은 의회에 확고한 과반수를 장악하고 보수 언론의 지원을 받고 있다. 20년 만에 처음 있는 가장 강력한 정권이다.

한국은 세계의 변화에도 불구하고 보수의 시대로 가는 것인가?

한국은 아직도 보수의 나라다. 반공이 모든 것을 지배하는 나라. 아직도 색깔 공세가 통하는 나라.

버락 오바마. 선거운동 과정에서 '월가의 경영자들은 수억 달러의 상여금을 챙기려고 하고 있다. 그들은 상여금이라고 하지만, 나는 그들의 행위를 불법이라고 부르겠다' 이런 말을 했다. 감히 그런 말을 할 수 있다니 참 놀라웠다. 루스벨트 대통령의 연설도 볼만한 것이 있을 것이다.

한국은 진보의 시대가 필요하다. 한참을 더 가야 미국, 일본 수준에 도달할 수 있을 것이다. 그리고 한참을 더 가면…….

민주당은 진보 진영인가? 민노당, 진보신당의 노선은 성공할 것인가?
지역주의와 진보주의의 미래, 시민이 중요하다. 전선이 중요하다.

김대중, 노무현 정부는 진보의 정권이었나

제3의 길 기준으로 평가해 보자

한국은 지금 몇 시인가?
  — 생각이 잘 안 풀린다. 한국에도 진보주의의 역사가 있었는가?
    상해 임정의 노선, 제헌 헌법의 진보주의.
  — 유진오의 『헌법의 기초이론』, 고난과 박해의 역사, 진보주의와
    반독재 투쟁.

한국은 진보의 시대로 갈 것인가? 한국에 진보의 시대가 있었는가? 1988년에 진보의 시대가 열렸다고 할 수 있을까? 보수 정권 하에서 진보, 보수 시대의 진보 정권?

김대중 정부, 노무현 정부는 진보의 정권이었는가? 제3의 길, 유럽의 진보주의를 기준으로 평가해 보자. 그래도 한계는 분명하다. 본시 그들의 좌표는 어디에 있었을까? 과거의 말과 이력을 살펴보자.

무엇이 발목을 잡았을까?
  — 한국의 이념 구도, 신자유주의의 세계적 조류, 제3의 길 노선의
    세례, 위기와 극복을 위한 비상 대책, 정치 세력의 한계.

— 소수파 정권, 여론을 주도하는 조직적 세력의 열세, 진보주의의 분파와 분열과 갈등

진보주의 정치 세력의 한계

노동운동의 한계와 좌절.

— 역량의 한계와 역량을 초과하는 의식, 이념의 과잉, 노동 환경의 변화, 그리고 이기주의, 중도 진보주의 정치 세력의 분열과 변절, 지역 대결.

전망은 무엇인가?

한국에도 진보의 시대가 있었을까? 1980년대부터 세계화의 바람이 불었던 때까지 잠시 바람이 불었다고 할 수 있을까?

지난날 반독재 의제가 끝나자 바로 경쟁력 의제가 사회적 논의를 주도했다.

1990년대 초반, 세계화, WTO 가입, OECD 가입, 경영 혁신, 정부 혁신 등 개방과 혁신의 바람이 불었다.(이런 흐름을 조사해 보자.)

김대중 정권, 노무현 정권은 진보주의 정권이었는가?

— 이른바 신자유주의 정부라는 평가를 받은 정부. 앞으로는 어떨 것인가?(지역주의의 장벽이 보수주의의 보루를 형성하고 있기 때문입니다.)

한국에서 진보의 시대는 가능할 것인가

오바마가 한국에 오면?

한국에서 진보의 시대는 가능할 것인가, 지도자를 기다리는가?

버락 오바마를 부러워하는 눈치다. 그렇다. 내가 보아도 부럽다. 그러나 생각해 보자. 한국이라면 버락 오바마가 당선될 수 있었을까? 1997년 대선 득표를 다시 분석해 보자. 1987년 여권이 분열했음에도…… 1992년 정주영 후보가 표를 갈랐음에도……. 2002년은 영남의 일부가 호남의 표와 제휴할 수 있는 아주 특수한 구도였다. 이런 구도는 다시 나오지 않을 것이다.

버락 오바마가 한국에 오면 밀어줄 국회는 있는가? 국회가 가능한가? 밀어줄 여론은 있는가?

권력은 과연 누구에게 있는가?

권력의 정의.
  ― 여기서는 광의로 영향력이라는 뜻으로 보자. 시민은 권력을
    가지고 있는가? 과연 '대한민국은 민주공화국이다'라고 한
    간절한 노래는 현실이 될 것인가?

오늘날은 여론의 흐름을 지속적으로 움직일 수 있는 힘이 권력이다. 시민은 무엇을 해야 하는가? 시민의 권력 수단은 무엇인가?

7 시민의 역할은 무엇인가

진보의 세상, 누가 어떻게 만들 것인가?

— 진보의 정책, 누가 어떻게 결정하는가? 정치의 장에서 결정한다.
정부도 중요하지만 최종적으로는 국회가 결정한다.

국회는 누가 움직이는가? 물론 제도적으로는 국회의원이다. 그러나 실제로 국회의원 개개인은 별 의미가 없다. 국회의원은 정당의 결정을 따르기 때문이다. 그러므로 국회는 정당이 움직인다.

대통령도 중요하다. 대통령은 마이크를 잡고 큰소리로 말할 수 있다. 그러나 국회와 손발이 맞지 않으면 아무것도 할 수가 없다. 적어도 제도를 바꾸어야 하는 일과, 돈이 필요한 일은 국회의 동의 없이는 할 수가 없다. 대통령이 마이크를 잡고 무슨 회견, 담화, 선언 이런 일을 하지만, 여론이 호응하지 않으면 아무런 힘이 없다. 제도적으로 결정권은 정당에 있다.

결국 정당이 중요하다. 그것도 국회를 지배하는 정당이 중요하다. 정당과 정치인은 어떻게 움직이는가? 이익과 여론과 표를 따라 움직인다.

표를 누가 가지고 있는지는 분명하다. 그런데 표는 또 이익과 여론을 따라 움직인다. 이익은 누가 가지고 있는가? 여론은 누가 만들고 움직이는가?

정책을 결정하는 정치의 힘, 정치를 움직이는 힘, 여론과 표를 움직이는 힘, 이 모두가 권력이다. 권력은 누구에게 있고 어떻게 움직이는가?

정권을 바꾸면 세상이 달라질까? 정권이 바뀔 수 있는가?

지역주의를 넘어설 수 있을까? 사람들의 생각이 바뀌어야 가능할 것이다. 결국 정권이 바뀌어서 세상이 달라질 것을 기대할 것이 아니라, 사람들의 생각을 먼저 바꾸어서 정권을 바꾸려는 노력을 하는 것이 맞는 길인 것 같다.

과연 가능할 것인가? 가능하지 않은 것은 현실이 될 수 없고 현실이 될 수 없는 것은 공상일 뿐이다. 과연 가능한 것일까? 우리는 득표로 보아 아직 지역의 벽을 넘지 못했고 앞으로 그렇게 될 것 같은 전망도 없다. 그러나 미국은 이번에 인종의 벽을 넘었다. 보수의 벽을 넘으면서 인종의 벽까지 넘어 버린 것이다. 이라크 전쟁, 빈부 격차와 중산층의 붕괴, 금융 붕괴 등의 요인이 겹친 위에 오바마의 인간적 매력이 사람들을 묶어 냈다. 기적을 만들어 낸 것이다. 정치에는 항상 기적이 있고, 이변이 있다. 역사는 그렇게 진전하는 것이다.

정권이 바뀌면 과연 세상이 달라지는 것일까?

지난 10년 무엇이 얼마나 달라졌는가? 달라진 것이 있다면, 여소야대의 구조에서 무엇이 어떻게 달라진 것일까?

1988년 이래 진보의 정권이 들어서기 전에도 많은 변화가 있었다. 무슨 힘이었을까? 사람들의 분위기가 개혁으로 집중되어 있어서 여론의 대세를 밀어붙인 것일 것이다.

권력은 시민에게 있다

권력은 시민에게 있다. 교란될 뿐이다. 궁극적으로는 시민이다. 교란되는 이유는 시민이 여론을 주도하는 것이 아니라, 여론에 따라 흔들리기 때문이다.

정치인들은 여러 가지 정치 공학적 전술을 사용한다. 언론은 여론을 조작하고 지배한다. 돈은 언론을 움직이고 자금을 댄다.

시민은 권리를 찾아야 한다. 시민이 주권자로서 권리를 찾고, 올바르게 행사해야 한다. 권리이자 의무이다. 민폐 끼치지 않을 의무, 공동체에 대한 책임, 책임지는 나라, 책임지는 시민.

학습하고 생각하는 시민.

>   — 정치, 정책과 우리의 가치, 이해관계와의 인과관계는 매우 복잡하여 여간해서는 이해하기가 어렵다. 그리고 야바위 같은 논리와 선전이 난무한다. 오랜 역사 동안 그랬다. 이 혼란스러운 상황을 정리하고 길을 찾을 수 있는 시민의 지혜와 용기가 필요하다.

학습이 필요하다.

2부

진보주의를 연구하기 위하여

노무현 대통령 육성 기록

이 기록은 노무현 대통령이 『진보의 미래』를 집필하기 위해 자신이 연구한
내용을 참모진과 학자들에게 구술한 것이다. 연구 모임은 2008년 12월에
시작해 서거하기 직전인 2009년 5월까지 이어졌다. 독자들이 이해하기
쉽도록 녹취된 육성 기록을 주제별로 재구성했으며, 될 수 있는 한 육성을
그대로 싣고자 노력했다. 본문의 큰 제목, 중간 제목, 용어 설명 등은
편집부에서 추가한 것이다.

책의 순서와 줄거리를 설명하다

2009.03.21

이 글은 노무현 대통령이 2009년 3월 21일 『진보의 미래』 4차 줄거리 초안을 가까운 참모와 학자들에게 설명한 육성 기록이다. 글의 흐름상 앞으로 당겨 배치했음을 밝혀 둔다.

(줄거리 초안을 보며) 내가 설명을 조금씩 할게요. 읽으면서…….
어떤 방향으로 하고 있다는 것을 지금 소개하는 것입니다.

국가의 역할에 관해서는 그동안에 많은 논쟁이 있었고 오늘날에도 논쟁이 계속되고 있는데, 진보주의·보수주의 논쟁의 핵심 주제가 바로 이 문제인 것 같다, 그런 얘기들……. 그래서 진보·보수 얘기, 국가의 역할, 먹고사는 얘기가 이 말이다, 그런 뜻으로 시작을 했습니다.

귀향해서 사람들하고 만나면서 자연히 얘기를 하다 보니 즉 먹고사는 얘기가 나왔고, 정치하는 사람이 먹고사는 얘기를 하다 보니까 국가의 역할, 국가가 무엇을 해야 할 것이냐 하는 얘기로 가게 되었습니다. 그것이 진보·보수의 핵심 테마가 된다, 이런 뜻의 내용을 좀 풀어서 써 놓은 겁니다.

진보가 핵심 논제이고, 그다음에 국가 역할 얘기는 보수와 진보 논쟁의 핵심 주제라는 것입니다. 이어서 이제 간단하게 보수와 진보를……. 국가의 일반적 역할 전반에 관해서도 진보·보수에 관한 논쟁이 있는 것은 사실이지만 핵심적인 것은 결국 돈을 둘러싼 문제, 성장과 분배에 관한 문제다, 그걸 이제 소개하고 있습니다.

보수와 진보 숲을 둘러보자

이 보수와 진보에 관한 얘기가 먹고사는 얘기인데, 이걸 진보가 무엇이고 보수가 무엇이고 그 쟁점이 뭐고 주장과 논리가 무엇이며 역사가 무엇이고 누구를 위한 사상이고 이런 것을 쭉 설명하니까 얘기가 너무 길고 복잡해서 이런 얘기들을 좀 단순 명료하게 국민들 앞에 전달하는 방법이 없을까? 거기에 대한 고민을 보수와 진보 숲을 둘러보듯 한 바퀴 둘러보자는 겁니다.

왜냐하면 이론적으로 보수·진보를 얘기하면 복잡하게 더 들어가게 돼 있는데, 들어가 버리면 그 안에서 헤쳐 나오질 못하고 뭔 소리 하고 있는지 얘기하는 사람도 모르고 그냥 헷갈려 버려서 '뭐 그 어려운 소리를 해 쌓노?' 이렇게 돼 버리기 때문에 진보·보수의 논지를 설명 없이 명쾌하게, 그냥 직관과 영감으로 탁······ 이렇게 일종의 영상 메시지처럼 받아들이게 할 수 없냐? 그 고민을 해 본 결과 오랫동안 고심하다가 진보의 나라, 보수의 나라, 이런 개념을 한번 설정해 보면 어떠냐? 보수의 시대와 진보의 시대, 이런 관점에서 한번 접근해 보면 좋겠다는 생각을 제가 이제 하게 됐다는 것이죠.

그래서 그것은 살아 있는 현실로서 미국과 유럽을 비교해 보고 살아 있는 역사로서 진보의 시대와 보수의 시대를 비교해 보자는 것이죠. 이렇게 하면 나무가 아닌 숲을 둘러보듯이 보수와 진보의 실상을 직관적으로 한번 이해할 수 있게 되는 것 아니냐? 그래서 이제 보수의 나라, 진보의 나라를 얘기합니다. 보수의 나라, 진보의 나라를 얘기하는 데 기준이 뭐냐? 이렇게 되는 거죠. 기준이 뭐냐?

보수의 나라, 진보의 나라

국가의 역할에 관해서 큰 정부 작은 정부 얘기를 하는데 우선 모든 길은 로마로 통하듯이 모든 정책은 예산으로 통하는 것이니까 예산을 가지고 한번 비교해 보자. 제도적으로 우리가 중요한 부분, 진보·보수의 중요한 부분의 제도적인 차이가 있는 부분들을 한번 비교해 보고, 그 나라 국민들이 삶의 질을 어떻게 누리고 있는지에 대해서 한번 비교를 해 보자. 미국과 유럽을 아주 강렬하게 비교를 해 보자.

첫 번째 것은 예산, 재정의 크기를 가지고 쭉 하면 스펙트럼이 나오거든요. 나오는데 지역적으로 이제 미국과 유럽을 비교해 볼 수 있다는 거지. 그런 것으로 국민들한테 아주 단순 명쾌하게 유럽을 비교적 진보의 국가로 설정하고 미국의 현실을 바로 보여 주는 그런 구성을 한번 해 보자는 것이고요.

그다음에, 지금은 그렇지만 역사적으로 보수의 시대, 진보의 시대라는 이 시대 구분을 가지고 한번 비교해 보자. 신자유주의가 오늘날 세계를 거의 휩쓸고 있는데, 이전에 진보의 시대가 있었고 그 진보의 시대는 어떻게 시작되고 진행이 되었으며 그 사회가 어떤 사회라고 말할 수 있을까, 이런 것입니다. 어느 책에 보면 대압착 시대라고 표현해 놓기도 했는데, 또 다른 책에 보면 황금시대, 영광의 시대라고 표현한 그런……. 우리나라 학자가 쓴 책인데 그 진보주의 시대를…… 그러니까 1960년대 전후를 그렇게 표현을 해 놨어요. 황금시대, 자본주의 황금시대, 영광의 시대, 이렇게 표현한 것을 봤어요.

그렇게 한번 진보의 시대를 보고, 그다음에 보수주의가 등장하게 되는데, 그건 아마 진보주의의 한계가 노출되면서 이제 저런 게 등장하지 않았겠습니까? 성장이 정체된다든지, 성장이 정체되다 보니까 복지 제도를 공격하면서 이제 대처리즘이 뜨는 그런 과정들을 거치게 되겠죠. 그 후로 30년간 계속 득세해 버리는 저 원인의 과정은 뭐냐에 대해서 조금 살펴보려고 합니다.

보수 시대의 진보주의

이제 제가 보수주의 시대의 진보주의라는 설정을 한번 해 봤습니다. 왜냐하면 이전에도 진보주의가 있었는데 보수주의 시대의 진보주의는 옛날 진보주의하고 좀 달랐던 것 같아요. 예를 들면 전통적인 진보주의 또는 원리주의라고 할 수 있는 진보 원리주의가 있었고, 제3의 길이니 신중도주의니 하는, 그러니까 유럽에서 정권을 잡았던 토니 블레어라든지 슈뢰더라든지 뭐 이런 사람들의 노선 같은 것들을, 우리가 이제 구분해서 저기 보수 시대에 진보주의 노선이 어떻게 됐냐를 꼭 한번 짚어 볼 필요가 있어요.

('빌 클린턴도 거기에 들어가야 되지 않느냐'는 질문에) 클린턴도 그렇고, '진보정치지도자회의' 같은 것도 있었죠. 그런데 그것이 소개는 굉장히 많이 됐는데 우리나라에 진보와 따로 구분해서, 보수주의 시대에 진보의 대응이라는 것으로 이렇게 두 가닥으로 딱 정리해서 나온 걸 나는 보지 못했어요. 그런 정리가 필요하죠.

그렇게 하고 이제 얘기를 다음으로 넘어가기 위해서 '진보 시대 다시 오나?' 이런 겁니다. 이제 세계적으로 진보의 시대가 오고 있는 것인가 하는 이런 질문을 하나 던지는 것이죠. 얘기를 던지고 한국의 진보주의는 어찌 될 것 같냐? 한국은 뭐 하냐 이런 것입니다.

돌이켜 보면 한국에도 진보주의 시대가 있었는지 알쏭달쏭하고, 김대중, 노무현 정부가 진보 정권이냐에 대해서 시비도 많고, 또 지금 이 시점에서 한국은 어디로 가고 있는지에 대해서…… 여기에 문제의식을 갖고 의문을 제기하려고 합니다.

보수·진보 논쟁

보수·진보 논쟁에서 이거 피해 보려고 했는데, 아무리 봐도 지금 현재 보수·진보의 논쟁에서는 신자유주의가 그 중심에 있는 것 같아요. 오늘날 진보와 보수의 논쟁은 신자유주의 논리와 의제를 중심으로 전개되고 있는데, 나는 이것을 보수 시대에 보수의 의제가 중심이 된 것으로 자연스럽게 받아들입니다. 지금이 보수 시대니까 보수의 의제가 중심에 선 거 아니냐?

그런데 이게 지금 우리나라에서 분명히 그렇습니다. 세계적으로 그런지는 모르겠어요. 신자유주의 논쟁, 신자유주의라는 이이름을 중심으로 해서 논쟁을 하고 있는지, 우리 한국에서만 특별히 신자유주의 얘기를 많이 하는 건지 그건 한번 봤으면 좋겠고, 내 임기 동안에 나왔던 책들을 보면 주로 신자유주의를 중심으로 논의가 되고 있습니다.

특히 이제 사람들한테 주목을 많이 받고 있는 장하준 씨 책도 보면 이 신자유주의 교리 자체를 정면으로 다루고 있습니다. 예를 들면 빈부 격차의 문제를 집중적으로 다룬다거나 노동의 유연화라든지 이런 문제를 집중적으로 다룬다기보다는, 자유무역이라든지 민영화라든지 규제 철폐라든지 말하자면 교리 하나하나를 가지고 굉장히 많은 공격을 하고 있습니다. 책의 이런 것과 함께 우리 이제, 우리 사회의 사상적 논쟁의 흐름 같은 것들을 조금은 한번 조사를 해 봤으면 좋겠어요. 이건 내가 자신 있게 말할 수가 없는 것입니다.

조사를 해 보는데 왜 이런 걸 해 보려고 하냐 하면 한쪽으로 …… 그 이론의 핵심…… 어떻든 그런 것이 지금 신자유주의를 중심으로 논쟁이 많이 되고 있다는 것이고, 이 핵심 사상은 간단하게 소개를 하고, 이론의 핵심 사상인 시장에 대한 신뢰와 정부에 대한 불신, 경쟁과 성장을 지상의 가치로 생각하고 모든 문제를 경쟁과 성장으로 풀려고 하는 사상답다는…… 물론 제 느낌입니다.

신자유주의, 진보·보수의 기준인가

감세와 복지의 축소, 민영화, 정부 축소, 탈규제, 노동의 유연화, 개방, 이 모든 것이 핵심 정책인데, 과연 이 모든 쟁점이 진보와 보수의 뜨거운 쟁점인가? 우리나라에서는 지금 실제로 학계에서 그렇게 벌어지고 있어요. 그런데 장하준 씨 책 같은 것을 중심으로 보면 이 모든 쟁점이 쭉 가고 있는데, 이거는 나도 이제 이게 핵심 쟁점이냐? 진짜 중요한 싸움이냐? 민영화 그것이 중요한 싸움이냐는 문제 제기를 한번 해 보려는 것입니다.

한국에서 김대중이 진보냐? 기다 아니다, 하는데 그 사람이 진보가 아니면 누가 진보냐? 그 사람의 말과 삶과 이력으로 봐서 김대중 대통령이 진보가 아니면 한국에 진보가 누구냐? 전향을 했다면 왜 전향을 했냐는 이 문제에 대해서 우리가 한번 접근해 볼 필요가 있다는 생각 때문입니다.

'김대중이도 대통령 시켜 놨더니 신자유주의 해 버리고 노무현이도 대통령 시켜 놨더니 신자유주의 해 버리는데 그럼 진보 맞냐?' 하는 문제가 있고, 그 사람이 아니면 뭐냐, 왜 변절했냐 하는 이 문제를 한번……. 그리고 여전히 신자유주의 논쟁이 진보·보수 논쟁하고 100프로 맞느냐에 대해서는 문제의식을 갖고 있습니다. 어떻든 이 정도로 넘어가도록 하죠. 보수주의 시대 결산으로 바로 넘어갔으면 좋겠습니다.

보수 시대의 성적표

소득 격차, 빈부 격차, 소득 불균형이라는 말을 많이 씁디다. 여기서 불균형이라는 말은 분배의 불균형, 불균등 이런 것이고 복지 제도 파탄, 재정 적자, 경제 위기, 논리의 실종을 한 줄 써 놨습니다. 정부는 손 떼라 했는데 가만 생각해 보면 이 사람들이 사고만 나면 정부한테 손을 벌려요, 그죠? 전부 정부한테 손 벌리고 정부가 다 해결해 내라고. 사고 치고 정부한테 해결하라고 하면서 정부는 손 떼라는 이론을 당당하게 외치는 이 사람들이 누구냐는 것이 있고, 그다음에 이제 결산, 총체적 결산은 총체적 파탄 아니냐? 보수 시대 이제 문 닫냐? 이렇게 해 놨습니다만…….

진보 원리주의와 제3의 길

그런 문제는 다음에 한번 짚어 보고, 이어서 진보주의의 대안과 전략은 뭐냐, 하는 것입니다. 내가 지어낸 말인데 진보 원리주의와 제3의 길로 갈린다 이렇게 했습니다. 그런데 원리주의라는 말을 사람들이 안 좋아할 건데 좋은 말을 한번 찾아봅시다만, 나는 자꾸 갑갑하고 미워서 '너 원리주의지? 너 신자유주의지?' 이러니까 '너 원리주의지?' 이렇게 말하고 싶은데 시비가 될란가 말을 골라 씁시다만, 제3의 길 또는 신중도주의의 신자유주의에 대한 태도가 있거든요?

　　신자유주의의 논리 일부를 받아들이는 것 같아요. 제3의 길 등의 선언을 한번 찾아보면, 경쟁과 성장에 대한 태도도 긍정적으로 받아들이고 있고, 노동에 대한 태도도 상당히 양보를 하고 있어요. 작은 정부, 민영화, 개방 등에 대해서도 상당한 부분 그것을 사실로, 현실에서 거부하기 어려운 변화로 수용하는 그런 전략들이 보입니다. 이건 좀 정교하게 다듬어 봐야겠는데 일단 그런 정도로 내가 그냥 단편적으로 가지고 있는 지식 정도를 그렇게 표현해 봤습니다.

양극화의 원인은 무엇인가

그런데 그중에서도, 소위 수정주의 중에서도 양극화의 원인에 대한 인식에서 이게 분명치 않습니다. 왜 이 양극화가 생겨났냐? 정치와 제도의 문제냐? 아니면 기술과 시장의 변화라고 하는 시장

환경의 문제냐? 양극화의 원인을…… 굉장히 중요한 문제인데 이 부분은 지금 우리가 답을 못 얻고 있죠.

예를 들면 우리가 요새 본 책 중에서 크루그먼 교수는 100프로 그런 건 아니라도 전체적으로 정치와 제도의 문제다, 이렇게 얘기를 하고 있고, 장하준 교수도 책에다가 자기 이론을 제도주의라고 이름을 붙이려고 합디다. 그런데 그 제도주의가 뭐라는 설명은 없지만 그 말이 결국은 정치적 요인설, 정치 결정설, 제도 결정설이라고 볼 수 있지 않을까 싶고요.

반면에 로버트 라이시라든지 내가 『유러피언 드림』 같은 데서도 보면 기술 변화, 시장 환경의 변화를 굉장히 중요하게 생각합니다. 라이시 같은 사람의 책은 굉장히 많은 사례들을 모아서 기술과 시장 변화에 따라서 빈부 격차가 생긴다고 얘기하고 있지만, 대책은 내놓은 게 없어요. 이 부분이 제일 고민이에요. 이 부분이 가장 어려운 문제입니다. 이 양극화가 왜 생기냐?

진보주의의 새로운 전략은 무엇인가

그래 어떻든 진보주의에서도 그 부분에 대해서 진보주의가 분명한 대답을 줘야 하는데 어찌할 거냐 하는 문제가 있죠. 진보주의의 새로운 전략이 뭐냐 하는 것입니다. 여기서 지금 전통적인 진보주의라는 것이 분배 중심으로 사고한 것은 맞다고 보거든요. 그런데 경쟁과 성장에 대한 것을 외면하기 어렵다는 경쟁주의를 수용한다, 어느 정도 경쟁적 환경을 수용한다고 하면 전략이 뭐냐? 물론 이것은 국가적 차원의, 국가 단위 차원에서 전략이 다를 수 있고 세계적 차원에서, 초선진국만 세계적 차원에서 대책이 있을 수 있겠죠. 그런데 대체로 여기에 대해서 나와 있는 자료가…… 예전에 내가 봤던 것은 『해밀턴 프로젝트』인데, 요 근래 오바마 진영에서 또 뭐라 하지? 자료들이 나왔겠죠. 어쨌든 그런 게 있고…….

김대중 정부도 생산적 복지까지는 기억이 나는데, 그 이상은 딴 게 없는데…… 있을 겁니다. 찾아봐야 되고요. 우리는 비전 2030 같은, 동반 성장 등등 이런 걸 했었죠?

이런 것이 이론적으로 어떤 것이냐? 인적 자본이나 사회 투자 뭐 이런 쪽을 한번 찾아봐야 되고, 도대체 진보 진영이 지금 해야 되는 것이 경쟁력에 대한 전략은 뭐냐? 국가 경쟁력이라는 것이 현실적으로 굉장한 압박으로 다가오고 있기 때문에 국가 경쟁력에 대해서 경쟁력 전략이 뭐냐? 이제 이런 것을 아주 정교하고 분명하게 해 주어야 하는 것이죠. 이것은 내가 임기 말에 김성환 비서관하고 주거니 받거니 하면서 국가 전략 쓴다고 부지런히 했는데 발표도 안 하고, 써 놓고 발표도 안 한 것이 있죠.

그런 게 있을 겁니다. 그런 게 있고……. 지금 우리가 다 큰소리하는데, 일자리에 대한 인식 이 부분은 진보·보수의 문제를 떠나서 특히 한국적 현실을 꼼꼼히 한번 분석해 볼 필요가 있습니다. 지금 말하자면 이 정부가 하고 있는 일자리 정책이라는 것도 전부 헛돌고 있는데, 그러면 너희 일자리 전략은 뭐냐? 참여정부 때 무엇을 했으며 그것이 실제로 얼마만큼 효과가 있고 얼마만큼 시간이 필요한 것인지에 대한 평가 같은 것……. 진보주의 전략이라고 하면 일자리 문제에 대해서, 경쟁력 문제에 대해서 말하자면 앞에 말했던 새로운 전략이 그 문제를 충분히 검토하고 고려해서 나온 것인지, 아니면 그게 플러스알파로서 어떤 정책을 추가로 내놔야 하는지, 그런 문제에 대한 고민을 얘기했습니다.

비판적 검토가 필요한 개념과 논리들

그다음에 이제 '비판적 검토가 필요한 개념과 논리들' 했는데 이 부분은 제가 좀 엉뚱한 생각을 해 본 겁니다. 안 해도 되는 것입니다. 우리는 성장과 삶의 질, 성장과 복지라는 것이 꼭 같은 것은 아닌데 왜 우리가 성장에만 계속 매달리냐? 이런 문제이고, 우리의 사고방식에는 확대재생산만 있고 그 이외의 재생산 방법이 존재하지 않아요. 그런데 인구가 계속 증가하고 일자리를 계속 만들어야 하는 곳하고 아닌 곳하고, 이게 왜 꼭 필요한 것인지……. 우리가 왜 그걸 못 벗어나느냐 하는 문제……. 그런데 그냥 문제 제기를 해도 되는지 모르겠습니다.

국가 경쟁력 평가를 해 쌓는데 진짜 그게…… 대통령도 만날 국가 경쟁력 몇 위 몇 위 보긴 했는데, 올라갔을 때는 어느 부분이 우리가 실력이 좋아서 올라갔는지 어느 부분이 실력이 모자라서 떨어졌는지 다 알지도 못하고, 그냥 평가 점수만 보고 있는데 적절한 평가인지 그 평가 요소에 대해서 우리가 제대로 이해하고 있는지, 그런 것들은 한번 분석해 봤으면 좋겠다는 것인데, 이거 모아서 할지 아니면 어디 적당한 데서 해야 할지 모르겠는데, 그런 유감스러운 생각들을 여기에 담아 놨습니다.

경제와 복지 이외의 정책에 대한 비교

'경제와 복지 이외의 정책에 대한 비교'입니다. 진보·보수로 나눠 비교했는데, 국제정치에 관한 태도…… 교육에 대한 지방에 대한 미래에 대한 태도……. 경쟁력의 지속 가능성에 관한 문제나 자원과 환경, 생태의 지속 가능성에 관한 문제나 미래의 사회구조와 통치 체제를 보는 인식, 소위 우리가 말하는 거버넌스 또는 네트워크 사회구조 또는 통치 구조 속에서 진보적 사고와 보수적 사고가 어떻게 적응해 갈 수 있느냐 하는 이런 문제입니다. 저기에서 하나가 지워져 버렸는데 EU와 미래 뭐 이런 것들도 같이 한번…….

진보란 무엇인가, 역사는 진보하는가

이제 본격적으로 다소 현학적인 부분으로 들어가는 것이죠. 이제까지 진보·보수 한참 얘기했는데 진짜 이게 뭐냐? '사상적으로 이게 뭐냐'라는 것을 한번쯤 짚고 넘어가 보자. 지금까지는 진보를 통째로 보고 돈 얘기를 중심에 두고 국가정책을 중심으로 해서 얘기했는데, 본질적으로 철학적으로는 뭐냐? 그래서 이제 사전적 개념을 한번 볼 필요가 있을지 모르겠습니다.

진보주의의 가치와 철학이 뭐냐? 보수주의·진보주의 가치와 철학이 뭐냐? 진보주의니 보수주의니 하고 서로 싸우는데 왜 그러냐, 누구와 누구의 싸움이냐? 이런 얘기입니다. 그래서 지난날의 역사들을 쭉 한번 써 보고, 역사로 본 대립의 본질, 역사로 본 대립의 본질은 강자와 약자, 기득권, 도전자의 논리 또는 소유권의 논리, 자본, 자본주의…… 뭐 상공인의 논리냐? 이런 것이 있습니다.

그다음에 이제 이건 조금 엉뚱한 얘기였습니다만, 자유와 평등의 개념 이러는데 우리가 지금까지 자유와 평등이 서로 길항적인 관계에 있는 것으로 자꾸 얘기를 하거든요? 평등을 강조하면 자유가 희생되고 자유를 강조하면 평등이 희생된다고 하는데, 그 부분이 누구의 어떤 자유를 말하느냐에 따라서 얘기가 달라진다는 것이죠.

우리가 보통 근대 민주주의에서 자유권이라고, 최고의 가치로 생각하는 자유권이란 것이 재산권을 중심으로 말하기 때문에 재산권, 소유권, 계약의 자유, 민주주의, 자본주의, 시민적 자유 그것을 중심으로 놓기 때문에 재산권을 중심으로 보고 평등을 강조하면 자유가 제약을 받는 것인데, 생존권이란 것을, 별 볼 일 없는 부자 아닌 사람의 생존권을 중심으로 보면 얘기가 달라져요. 평등을 강조할수록 생존권 차원에 있는 사람들은 자유가 신장되는 것이죠.

그래서 이 얘기를 우리가 소수자 인권이라고 생각한다면 개념이 달라진다는 것이고, 그게 말하자면 평소에 못마땅했던 얘기를 한번 짚고 넘어가자는 얘깁니다. 그런데 상당히 의미가 있다고 생각해요. 재산권 중심으로 자유를 사고하는 방식에 대해서…….

자유와 평등의 상호 관계에 대해서 나는 그렇습니다. 불평등이 없으면 지배가 발생하지 않으니까 자유니 속박이니 하는 개념이 싸움이 될 일도 없다는 것이죠. 논리적으로 말이 되는지 모르겠는데 내가 그런 얘기를 한마디 해 보자는 것이고, 그다음에 민주주의와 진보, 진보적 민주주의…… 진보는 민주주의에 내재하는 가치다, 이건 내가 평소에 써먹는 얘기니까 한번 넣어 봤습니다. 민주주의는 지금도 진보의 도전에 있다. (줄거리 초안에는) 진보의 개념이 이렇게 저렇게 쓰여 있는데 정치적으로 진보의 개념이 뭐냐? 이건 나도 잘 모르겠는데 누가 좀 찾아 주면 좋겠고……

우리가 문명의 진보라는 말을 많이 쓰는데 이때는 과학기술의 진보라는 개념으로 쓰는 게 맞는 것 같아요. 역사의 진보, 이런 개념이 있는지 모르겠어요. 나는 이걸 많이 씁니다. 역사의 진보라는 개념을 많이 쓰고요. 진보주의와 자유주의가 자꾸 혼동이 되고 미국에서는 영어로 '자유주의'(liberalism)라 하는데 우리나라에서는 그걸 '진보주의'로 번역한 것도 있는데 진짜 진보주의와 자유주의, 자유주의와 보수주의의 이 관계들을 잘 한번 정리해 봤으면 좋겠고요. 신자유주의에 대해서 이런저런 의문을 제기하는데 저건 나만 그런지 모르겠습니다마는 나중에 정리하면 되고……

케인스주의는 한마디로 진보주의와 복지 중심으로 사고하라는 것이죠? 복지권을 중심으로 사고하는 것인데, 케인스주의는 복지 이론이 아니고 경제 이론이거든요? 그런데 그게 스펙트럼상에 어디에 들어가는지, 글을 써 놓고 나서 시장이나 정부에 대한 책을 보니까 스펙트럼을 펼쳐 놓기는 했더라고요. 케인스주의의 스펙트럼을 펼쳐 놓기는 했는데 대개 그렇습니다.

세계는 진보의 시대로 가는가

그다음에 이제 세계는 진보의 시대로 갈 거냐? 진보주의의 미래는 뭐냐? 오늘날 경제 위기와 그 이후 세계 질서가 어디로 갈 거냐? 그걸 알려면 지금 세계가 어떻게 대응하고 있는가? 진보 진영의 전략은 새로운 경쟁의 환경과 경쟁주의를 어떻게 극복할 것인가?

'지난날 뼈아픈 기억들' 해 놨는데 이건 좀 엉뚱한 것이긴 합니다만, 『유럽 노동운동의 비극』이란 책을 보면 1차 대전과 2차 대전 사이에는 보수주의도 없고 진보주의도 없고 바보들의 놀음만, 분열되고 자기들끼리 싸우는 바보들의 놀음만 있었던 것 같다는 기록들이 있어서 우리가 이걸 잘 헤쳐 갈 수 있겠느냐 하는 문제이고, 세계적으로 1970년대에는 어떤 일 때문에 진보주의가 이렇게 밀려 버렸느냐? 그런 데 의문을 가지고 지금 메모를 해 본 겁니다.

인류의 미래에 대한 새로운 지평과 진보주의의 새로운 미래 환경, 생태주의, 거버넌스 시대 뭐 이런 것이 아까 얘기했던 그거죠. EU와 진보주의, EU는 진보주의 노선으로 가고 있는가 아닌가 하는 그 관계들을 한번 찾아보자는 것입니다. 그다음에 가난한 나라들은 어디로 가야 되는가? 가난한 나라들한테도 전략이 있는가? 진짜 모르겠어요.

김대중, 노무현은 진보 정권이었나

그다음에 한국은 지금 몇 시냐? 한국에도 진보주의 역사가 있었는지 모르겠는데 임정 노선이라든지 제헌 헌법에 진보주의 사상이 꽤 반영되어 있습니다. 그런데 유진오 씨의 『헌법의 기초이론』을 내가 우연히 중학교 다닐 때 봤거든요. 거기 보면 딱 맨 첫 장에 경제적 사회적 민주주의가 나옵니다. 경제체제 딱 해서 정치적 민주주의와 경제적 사회적 민주주의가 나오면서 바이마르헌법을 굉장

히 많이 소개해 놓고 — 소위 진보주의 헌법이에요 — 헌법 정신
들을 잘 설명해 놓고 있죠.

그다음에 이제 한국 진보주의에 대한, 진보주의 고난과 박해
의 역사, 저런 거는 그냥 단편적 제목만 써 본 겁니다. 진보주의와
반독재 투쟁…….

김대중 정부와 노무현 정부는 진보 정권 맞나? 앞에도 한 번
나오긴 했는데……. 제3의 길이나 유럽의 진보주의를 기준으로 평
가해 보면 어떤가? 본시 그 사람들의 좌표는 어디 있었을까? 만일
에 생각이 바뀌고 했다면, 발목을 잡힌 이유가 뭘까? 그 요인으로
내가 저런 걸 생각했습니다. 한국의 이념 구도, 신자유주의의 세계
적 조류, 제3의 길 노선의 세례, 저거 내가 좀 많이 했거든요. 내가
국회의원 딱 그만두고 민주당 최고위원이 됐을 무렵부터 책을 좀
보기 시작했는데, 그때 우리 한국에는 제3의 길에 관한 서적들이,
그때 제일 먼저 들어온 것이 클린턴 정부의 진보주의 노선에 관한
해설서들입니다. 그때 로버트 라이시의 책 같은 것이 소개되고, 한
쪽에선 세계적으로 정부 혁신에 관한, 신자유주의하고 별 관계없
이 정부 혁신, 경영 혁신, 이런 혁신 이론 바람이 많이 불었고……
하여튼 그렇습니다.

그다음에 이제 외환 위기와 세계화가 있었고 외환 위기 극복
을 위한 비상 대책, 그다음에 우리가 가지고 있던 정치 세력의 한
계, 우리가 정권을 두 번이나 잡으니까 전부 우리가 다수파인 줄
알고 있는데, 그건 택도 없는 소리입니다. 소수파 정권이고, 여론
을 주도하는 조직적 세력, 그리고 이쪽 우리 스스로의 대응, 나는
분파와 분열 뭐 갈등이라고 생각하는데……. 다듬어진 말은 아니

지만 김대중, 노무현이 진보주의를 배신했다면 배신할 수밖에 없었던 환경이 있었던 것 아니냐 하는 그런 얘기들을 한번 해 보는 것이죠. 말을 그리하면 또 좀 이상해지는데 사실은 우리 사회가 수용할 수 있는 진보의 노선이 이게 마지노선 아닌가? 우리 사회가 수용할 수 있는 진보주의가 어디까지냐, 그런 얘기들이죠.

진보 정치 세력에게 하고 싶은 말

그래 이제 자칭 진보주의자라고 하는 사람들에 대해 한번 보자. 노동운동의 한계, 좌절, 그런데 자기 한계를 훨씬 뛰어넘는 의욕, 의식, 이념과 투쟁 의식 같은 것. 노동과 환경은 변화하고 있는데 철석같이 변화하지 않는 이 사람들, 그리고 이기주의. 이런 것들이 짚어질 수 있는 것이냐? 논쟁 생길 만하면 안 넣는 게 좋은데, 짚어 보면 볼 수 있는 것이죠.

그다음에 진보 정치 세력이라고 하는 사람들이 '노무현 너 잘못했다'고 하는데 '당신들은 뭐 했노?' 그걸 내가 물어보고 싶은 것이에요. 대개 참여정부보고 실패와 좌절이라고…… 책까지 내고 하는 사람들한테, '자기네 반에서 급장이라도 해야지…… 하나도 못하면서 나한테 전국을 책임 못 졌다고 나무라 싸면 되나'……(일동 웃음), '당신이 못하는 데는 나름대로 이유가 있지 않느냐, 우리도 우리 사정이 있다' 그렇게 얘기하고 싶어요. '그걸로 우리가 지지고 볶고 니 탓 내 탓 해 가며 싸우고 이래야 되냐', 이래서 뭐가 되겠는가? 이런 취지의 얘기이고 생각입니다.

이제 중도 진보주의 분열과 변절을 꼭 얘기하고 싶습니다. 내가 참 뼈아프게 생각하는 것이죠. YS만 그리 안 했으면 이짝까지는 안 됐을 것이다. 김대중 선생이라도 살신성인했으면 이짝까지는 안 났을 거다. 아쉬움이 있는 것이죠. 하여튼 내 심정은 그렇습니다. 지역 구도 때문에 이제 전망은 뭐냐? 없다. 이 얘기입니다, 내 얘기는. 이 지역 구도는 못 넘어간다.

정치 전략 이전에 시민의 요구를 분명히 하자

시민의 역할에 관해서 내가 얘기하는 것은 민중운동이냐, 시민운동이냐? 민중운동은 제도적 절차 바깥에서, 그렇죠? 시민운동은 제도적 절차 안에서 한번 해 보자는 것이죠? 그리 구분할 수 있을지 모르겠는데 대개 그런 것이고, 촛불의 한계도 얘기하고 싶고 정치의 한계도 얘기하고 싶고요.

물론 정권이 아무것도 아닌 것은 아니지만, 결국은 시민의 생각만큼 간다, 내 이 얘기를 하고 싶은 것이죠. 시민의 생각만큼 간다. 왜 굳이 이 말을 강조하려고 하냐 하면 다른 전망이 없기 때문이에요. 전략 전술을 말할 것이 아니고 병사를 양성해야 한다. 양병이 중요하다. 병사도 없는데 만날 앉아서 전략, 전술은 무슨…… 전략 구도, 전술 구도 그거 해서 만날 영·호남, 충청 합치고 영남에 진보 합치고 그거 아니다, 내 얘기는. 그거 아니다.

그냥 시민들의 요구를 분명하게 하자. 시민들이 요구를 분명하게 할 줄 알면 보수 언론에서 뭐라고 떠들더라도 지 욕심 지가 꽉 쥐고 가면 되는 거다. 시민들이 자기 요구를, 자기 생활상의 이익을 분명하게 이해하고 정책과 자기 이익의 인과관계를 분명하게 얘기하고, 오늘의 이익과 미래의 이익까지를 셈할 수 있으면 된다. 그런 시민만 충분히 성장해 있으면 정권은 문제가 아니다.

진보와 보수라는 게 뭐냐? 자기의 이해관계를 정확하게 판단해 나가는 지식적 탐색, 탐구의 과정이다. 그래 이게 제일 중요하다. 그래서 제일 첫 번째 이 얘기를 하려는 것이죠. 물론 하다 보면 다른 책을 먼저 쓰고 뒤에 쓰게 될 줄 모르겠는데, 시민이 자기의 경제적 이해관계, 정치적 경제적 이해관계를 탐구해 가는, 지적으로 탐구해 가는 과정이다. 정확하게 파악해 가는 탐구의 과정, 그 핵심 논리가 바로 진보·보수 안에, 진보·보수의 논쟁 안에 들어 있다. 그거를 이제……. 그래서 1차적으로 이게 중요하다, 그렇게 한번 만들어 가자는 겁니다.

그다음에 이런 논점들, 소주제들이 많이 빠져 있으면 그런 부분들 집어넣고, 그러면서 이제 구체적인 자료와 얘기들로 보충해 나갈 생각입니다. 요 정도 합시다. 전반적으로 이건 내가 이해하려고 하는 것이지, 여기에 국한해서 이 발제 범위 안에서 얘기할 게 아니고……. 전반적으로 이제 얘기들을 좀 풀어 나가 주시죠. 누구 혹시 담배 가진 사람 없어요? 내가 오늘 매 기다렸는데, 담배 피우는 사람 오면 얻어 피우려고…….(일동 웃음)

1 나는 왜 이 책을 쓰고자 하는가

우리 아이들은 성공할 수 있는가

2008.12.11

내가 지금 느끼고 있는 가장 큰 고민이 우리가 아이들한테 바라는 것이 뭐냐? 뭘 해 주고 싶은 건가, 말하자면 우리 아이들이 어떻게 되기를 바라느냐? 그런 걸 풀어 나가는 것입니다. 아이를 키우면서, 내 아이라고 하면 이제 손자뻘인데, 어린아이들을 바라보면서 이들에게 내가 가장 간절하게 바라는 것이 뭔가? 나를 위해서가 아니고 이 아이들을 위해서, 이들이 어떻게 되기를 바라나?

하고 싶은 일을 즐겁게 해라

'하고 싶은 일을 해라. 우리는 그렇게 하지 못했다. 너희들은 할 수 있다. 세상이 변했다. 그러니 하고 싶은 일을 즐겁게 해라.' 그것이 하나예요.

아이가 어릴 때 위인전 사 준 일 있어요? 안 사 준 사람 없을 거야.(일동 웃음) 그때 아이한테 준 메시지가 뭐냐. 나도 위인 전집을 사 줬는데, 그때는 별 생각이 없었는데……. 아마 거기에 우리 소망 부분이 담겨 있을 것입니다. 뭘 기대하고 위인전을 사 줬어요? 아이들한테 무슨 말을 하고 싶어서, 아이들이 그 위인전을 읽고 뭔가를 얻기를 기대한 것 아니냐, 이거지요.

아이들한테 위인전을 사 주긴 했지만, 실제로 부모들이 위인이 되는 것을 바라는 것은 아니고 그런 사람들의 삶을 보고 본받아서 우리 아이들도 강인해졌으면 좋겠다, 말하자면 좀 길을 찾았으면 좋겠다, 그리고 위인을 목표로 삼아 그처럼 훌륭한 사람이 됐으면 좋겠다, 또는 훌륭하고 안 하고를 떠나서 그저 행복하게 살았으면 좋겠다, 이런 것 아닐까요?

한편으로는 빼어난 사람이 되기를 바라고, 한편으로는 자기 삶을 행복하게 가꿀 줄 아는 사람을 바란 것 아닌가요? 하고 싶은 일을 하라는 건 뭐냐? 행복하게 살아라, 이 말이지요. 위인전에서는 다 찾을 수 없는, 이런 숨겨져 있는 소망들이 있어요. 지금도 자기 하고 싶은 일을 즐겁게 하면서 행복하게 사는 사람, 그렇게 사는 것이 행복하다고 믿고 행복하게 사는 사람, 그래서 이제 나도 '하고 싶은 것 해라' 이렇게 얘기를 했어요.

그런데 보편적으로 우리 사회에는 큰 성취에 대한 기대가 있어요. 크게 봐서 전기에 있는 사람이나 이름이 드러난 사람을 보면, 그 안에 지도자도 있고 정복자도 있고 남한테 봉사한 사람도 있고 소위 과학의 영역에서 학문적 성취를 이루거나, 예술 분야에서 뛰어난 성공을 이룬, 그런 사람들이 있어요. 공통점은 성공과 업적이 있고, 그걸로 이름을 남긴 사람들이라는 거죠. 이름이 남았다, 왜 이름이 남았을까?

자기가 하고 싶어 하는 것을 한다는 것, 우리가 말을 하지만 자기가 하고 싶어 하는 영역에서 명성과 존경 또는 권력, 그 부분이 완전히 배제돼 있냐 하면 그렇지 않아요. 그리고 자기가 하고 싶은 일을 하는 사람도 결국 성공한 사람은 성공하고 성공 못하는 사람은 못하고. 말하자면 그렇게 평가가 갈려요. 그렇게 되면서 결국 인간의 행복이란 뭔가 했을 때 결국은 성취를 이룬 사람, 자꾸만 행복의 조건에 그 성취라는 것이, 업적이라는 것이, 명성과 영향력이란 것이 계속 행복의 조건 속에 들어가는 것이지요.

우리 아이들은 행복한 삶을 살 것인가

우리가 아이들에게 바라는 게 뭘까? 행복한 아이를 바라는데 거기에는 여러 가지들이 있거든요. 우리가 뭐라고 해도 아이들에게 제일 첫 번째는 어떻게 먹고살까 하는 점이고, 두 번째로 아이가 만족하게 살았으면 좋겠다, 이거 아닌가요? 만족한 삶을 살았으면 좋겠다, 고통 없이 불만 없는 삶을 살았으면 좋겠다, 이거 아니겠어요? 불안과 공포가 없고. 말하자면 고통이 없고 불안과 공포가 없고 항상 만족한 삶을 살았으면 좋겠다.

　왜 이런 이야기를 하느냐 하면 여기에 우리 모든 얘기가 다 담겨 있기 때문입니다. 그동안 인간이 집단적으로 시도했던, 역사적으로 인간의 안전과 행복을 위해서 집단적으로 시도했던 일들이, 정치를 창조하고 권력을 창조하고 집단을 만들고 했어요. 그런데 그 이후에 이제 자연을 정복하려고 한 것이죠. 정복하는 시대, 정복의 시대를 살아온 것이죠. 이게 인간이 집단적으로 해 온 일이라고 볼 수 있죠. 그런데 지금 우리는 벼랑 끝에 와 있단 말이죠. 집단적으로 해 온 일이 여기에 부닥쳐 있어요.

　그런데 우리가 이 큰 걸 말하기 전에 사람들은 작은 것부터 경쟁을 해 온 것입니다. 우리가 끊임없이 시도했던 것은 그래도 공부 열심히 한 것. 아이들한테 위인전을 사 주고 착한 사람 되라고 가르치고 했지만, 실제로 그 아이들이 집중적으로 요구 받고 있는 것은 역량 있는 아이가 되라는 것이었어요. 애가 태어나면 먼저 아이들의 재능을 파악하려고 노력합니다. 그리고 그 재능을 발굴해서 길러 주려고 하죠. 인류 문명을 위해서가 아니고, 이 아이가 성공하라는 데서 출발하는 겁니다.

거기서부터 출발해서 우리는 점점 경쟁 속으로 아이를 쭉 몰아가는데, 그러면서 부모도 굉장히 헷갈려 하면서 아이를 키웁니다. 우리 사회가 굉장히 모순되고 혼란스럽습니다. 분명히 우리가 아이들한테 실제로 강요하고 있는 것은 경쟁에서 승리해야 한다는 것이거든요? 현실은 경쟁이에요. 경쟁에서 승리하고, 현실에서 더 성공하는 사람이 있으니 경쟁에서 이겨야죠. 아니면 최소한 아주 낮게 잡아도 살아남는 것이에요. 살아남아야 한다는 것이죠.

그런데 이 소망은 과연 이루어질까 하는 것이죠. 그러니까 전체 역사를 봐서 인간은 과연 성공하고 있는가, 인류는 성공하고 있는 것인가 하는 것이 하나 있고, 또 하나로 우리의 교육은 성공할 것인가가 있어요. 분명한 것은 성공하는 사람도 있지만 실패하는 사람도 있습니다. 반드시 실패하는 사람이 있게 마련이죠.

우리가 아이들한테 행복하고 안전한 삶을 간절히 바라지만, 우리가 하고 있는 방법으로는 상당히 많은 사람은 실패하게 돼 있는 것이기 때문에 우리가 집단적인 노력을 해 온 것이 아니겠어요? 집단적인 얘기를 먼저 했는데, 왜냐하면 누군가는 실패한다는 것이고 또 승리가 영원하지 않다는 것이죠. 강자는 영원한 강자가 아니라는 것이죠. 그래서 강자는 그 지위를 유지하고 승계하려고 여러 가지 사회적 제도들을 만들어 나가고, 약자들은 또 사회적 제도로부터 스스로의 안전을 보장 받고 싶어 하는 것이죠.

그런데 이게 누구는 강자, 누구는 약자 이렇게 정해져 있는 것이 아니고 모두가 위험에 빠져 있고, 언젠가 누구나 위험에 빠질 수 있는 환경 속에 살고 있어요. 혼자서 탈출할 수 없다는 것이죠. 이제 결국 집단적 노력으로 이 문제를 해결할 수 있는가 하는 것이 지금 우리에게 남은 역사의 숙제거든요.

아이들을 위해 어떤 선택을 할 것인가

이제 우리가 아이들을 위해서 어떤 선택을 해야 하는가 하고 물어야 해요. 아이들을 목마 태우고 와서, 거기 번쩍 들어서 나하고 눈을 맞추려고 하는 사람들이 그 자리에서 당장 생각한 것이 무엇이든 간에 그 아이에게 해 주고 싶은 게 뭘까? 개인적으로 여러 가지를 해 주려고 노력하고, 아이도 개인적으로 여러 가지 노력을 하겠지만, 결국 우리가 모두 성공할 수 있는가? 성공한 사람의 성공은 정말 길게 갈 수 있는가?

그러면 그 아이들의 성공을 더 확실하게 높은 확률로 보장하는 것은 뭔가? 아이들의 행복한 삶에 목표가 있다면, 그 행복은 살기 좋은 세상이 올 때 주어지는 것이죠. 세상을 바꾸는 것, 좋은 세상을 제공하는 것. 그 안에서만 가능하다는 것이죠.

거기에 이제 몇 가지 큰 프레임이 있어요. 우선 진보·보수의 프레임이 그 문제에서 입장을 달리하거든요. 인간은 이기적인 동물이고 끊임없이 경쟁하고 끊임없이 승리를 추구한다고 생각하는 것이 한쪽에 있죠.

그다음에 대외적으로 국민국가 시대, 민족국가 사상이라

는 것이 역사 속에서 평화의 문제와 닿아 있어요. 말하자면 우리들의 성공 — 민족국가라고 하는 우리들의 테두리를 딱 정해 놓고 — 그들의 성공을 목표로 붙은 것이 전쟁이잖아요, 그죠? 그런 평화가 가능한 것인가 하는, 평화는 가능한 것인가 하는 문제도 하나의 중요한 주제예요.

그다음에 자연을 정복하려고 했던 노력들이 낳은 결과 새로운 위협들이 등장하고, 인류는 지속 가능한가 하는 문제에 우리가 부닥쳐 버렸잖아요. 진보·보수의 문제, 민족주의의 문제, 지속 가능한가 하는 문제. 그래서 우리가 부닥친 이런 문제들을 놓고, 이 문제들에 대한 답을 얻기 위해서 역사의 진보라는 개념에 우리가 접근해야 한다는 것이죠. 역사와 진보, 진보란 무엇인가.

그런데 문제는 여기서 비관적인 결론을 낼 수도 있고 낙관적인 전망을 낼 수도 있어요. 낙관적인 전망은 희망일 수도 있는 것이죠. 진보의 문제나 전쟁의 문제나 지속 가능한 미래에 관한 문제가 전부 인류 사회의 결단인데, 어떻든 간에 정치적 수준에서 사람들이 결정해 나가야 하는 문제거든요. 정치적 수준에서 어떤 결정이 이루어져 나가는 이런 것을 총체적으로 역사의 진보라고 얘기할 수 있어야겠죠. 이걸 펼쳐 놓고 얘기들을 끄집어내 놓고 사람들한테 한번 보여 보자, 이런 얘기예요.

당당하게 눈치 보지 않아도 되는 사회로 가는가

여기에 제일 중요한 것은 우리가 현재 취하고 있는 방식이 맞는가 하는 것이죠. 우리가 정말 잘하고 있는가? 인간은 과연 진보의 길로 가고 있는가? 우리는 역사를 낙관적으로 평가하고 이를 위해서 인간이 해야 하는 일이 뭔지를 말해야 할 것입니다. 내놔야 하는 것입니다.

앞으로는 하고 싶은 일을 하고 사는 시대가 온다, 그런 시대로 간다, 또는 경쟁이 공정해지는 사회로 간다, 그다음에 당당하게 눈치 보지 않아도 되는, 말하자면 권력에 눈치 보고 강자에게 줄 서지 않아도 되는 사회로 간다, 제가 이런 얘기를 해 왔습니다. 그런데 그게 진짜 맞는가? 내가 과연 책임질 수 있는 얘기를 한 것인가? 사실을 말한 것이 맞는가? 진짜 그리 가긴 갈 건가? 이런 질문을 하게 됩니다.

또 하나는 요새 우리 아이들을 교육하는 방법이, 부모가 아이들에게 지원하고 있는 방법이 맞느냐, 이거죠. 아이들 데리고 와서 목마 태우고 손 흔들게 하고, 아이들한테 한마디 해 달라고 해요. 저 사람이 왜 저렇게 물었을까, 왜? 진짜 아이들한테 바라는 게 뭘까? 왜 나한테 그걸 물을까? 나는 성공한 것일까? 그러다 보면 성공이란 뭐냐? 말하자면 '부모가 아이들한테 바라는 게 뭐냐'인데 인생의 성공이라는 것은 개별적 사업의 성공하고는 다르다. 결국은 행복 아니겠냐? 행복한 삶. 아주 보편적으로 얘기하는 그런 것 아니겠어요?

행복한 나라를 위해서

2008.12.20

우리가 책을 왜 쓰느냐 했을 때 결국 민주주의, 인간이 행복한 사회, 이런 것을 위해서가 아니겠어요, 그죠? 이제 그것을 쓰자고 하는 것인데, 당장의 정책을 얘기할 수도 있지만 좀 멀리 보자. 지금의 젊은 사람들이 반드시 알아야 하는 자기들의 문제를 정확하게 이해했을 때 민주주의라든지 이런 것을 기약할 수 있을 거라는 것이죠.

그럼 우리가 민주주의를 어떻게 설명할 거냐? 정말 알아듣기 쉽게 실감이 나게 해야 한다, 이거죠. 젊은이들 자신이 그동안에 배운 역사적 지식과, 일상에서 느꼈던 소망과 불안감, 여기에 자기가 평소 생각하고 있는 삶의 주제, 이런 것들 속에서 민주주의가 어떤 의미가 있는지를 쉽게 이해할 수 있도록 해 줘야 한다는 거죠. 주제는 이렇게 잡아야 하고, 그다음에 그 아이들 수준에서 이해가 되는 방식으로 설명을 해야 하고, 사례들도 그런 수준에서 나와야 한다고 봅니다.

보통 교과서에는 사건만 나오지 사건의 배경은 안 나옵니다. 그렇지만 사건은 익숙하죠. 그래서 익숙한 사건들로 시작해서, 그 사건의 배경을 말하고 '이렇게 알려져 있지만 사실은 이런 뜻이다' 이런 식으로 설명하는 방식을 취하려고 해요. 루스벨트의 네 가지 자유, 이러면 그냥 외우고 마는데 그 네 가지 자유라는 것이 어떤 배경에서 나온 것이라는 것을 제대로 해 줘야 된다는 겁니다. 사람이 성장하면서 매 시기마다 다른 고민이 있어요. 그 매 시기의 고민에 항상 접근하도록 해 보자. 중고생 수준으로 책을 써 보자는 건 이런 뜻이죠.

그럼 우리가 쓰려고 하는 책의 주제가 뭐냐? 우리에게 중요한 것은 우리 삶에 영향을 미치고 있는 사회적 조건과 국가의 역할이거든요. 예를 들면 내가 어릴 때 자라면서, 책을 읽으면서 엉뚱한 고민을 하고 열심히 했지마는 그 기간 동안 내가 했던 것은 공부나 열심히 한 것이고, 시험공부의 목적은 먹고살려고 한 것이에요. 그런 생생하고도 절실한…….

그다음에 아이를 키우면서 교육을 이렇게 해야 되느니 저렇게 해야 되느니 온갖 잡다한 얘기를 다 토론도 하고, 이상도 추구해 보고 이런저런 노력도 해 봤지만 나중에 결국 남는 건 아무것도 없고, 아 대학 시험 붙은 거밖에는 남은 게 아무것도 없었어요.

우리가 벗어날 수 없는 우리한테 주어진 사회적 조건들이 있기 때문에 사람들이 그 언저리에서 얘기를 풀어 가야 됩니다. 그래서 이제 사람들이 지금 그리고 미래에 행복한 삶을 꾸려 가기 위해서 해야 하는, 어떤 사회가 필요하며 그 사회를 위해서 국가가 무엇을 어떻게 해야 하느냐는 문제가 나오게 되는 것이죠.

행복한 삶을 위한 국가의 역할을 고민하자

'인간에게 가장 기본적이고 핵심적인 조건들을 충족시키기 위한 국가와 사회의 역할이 뭐냐'라는 것을 설명해 가는데 여러 가지 학문적인 것을 들어 이런저런 옛날얘기들을 풀어 설명할 수도 있지요. 할 수 있는데, 언젠가 내가 인간의 일생을 문화재관리국에 있는 어떤 공무원이 쭉 써 놓은 것을 본 적이 있어요. 인간이 태어났을 때 삼신할미한테 비는 방법, 돌잔치에 뭘 올리는 거, 그런 것들이 인간에게 가장 중요한 겁니다. 돌상에 연필, 실 같은 걸 올려놓고 아이가 뭘 쥐는가를 바라보는, 조마조마하게 바라보는 아주 간절한 희망, 아이가 뭘 집기를 바라는 그 어머니들의 소망이 인간들의 가장 간절한 것이죠.

말하자면 자기 일상생활에서 가까이 체험하고 있는, 보통 책을 읽으면서 많은 이상을 생각하는데 막상 자기가 하는 거는 만날 입시에 고시 치러야 되고…… 그 사이에 인간의 갈등이 많이 있습니다. 그래서 실제로 모든 사람에게 근본적인 이런 문제들이 가면 국가가 배려해야 되는 기본적 조건을 우리가 도출할 수 있지 않을까, 그렇게 생각해요. 국가가 인간을 위해서 배려해야 하는 기본적인 조건들이 나오고, 그 조건에서 가치 지향적인 것이 있게 됩니다. 모두가 동의하는 것이 있고 어떤 것은 편을 가르는 것이 있는데, 그게 진보와 보수라는 것으로 갈리는 주제 중에 하나거든요.

하여튼 폴 크루그먼이 썼던 책이 내용이 많지마는 상당히 신뢰성 있는 작은 자료들이 쭉 연결돼 있는 것이 특징이고, 그보다 더 중요한 거는 프레임을 제공함으로써 미국 진보의 시대와 보수의 시대를 극명하게 대립시켜 놓았습니다.

예를 들면 그중의 하나로 진보·보수 막 복잡하게 싸우는데 각국의 GDP(국내총생산) 대비 재정 규모를 한 줄로 세워 놓고 보니까 진보·보수라는 것이 한 번에 정리가 돼요. 거기다가 우리가 제러미 리프킨의 『유러피언 드림』에 나오는 것처럼 교육 서비스, 의료 서비스, 노인복지 서비스, 그 쟁점을 비교해서 재정 규모하고 그 서비스 크기하고 경제성장에 관련된 것을 10년, 20년 또는 30년으로 끊어서 대비하고, 또 그 사람들이 가지고 있는 복지 지수 같은 것이 평가된 게 있으면 찾아서 대비해 주고, 그러고 나서 '당신 어디 살래?' 이래 물으면, 이 프레임 하나만 제공해도 좌파네 우파네, 분배 정부니 우파 정부니 하는 복잡한 소리가 필요 없어요.

나는 그냥 불행한 대통령……

따로 대통령의 성공이 어쩌고 실패가 어쩌고 그런 얘기 하지도 말아라, 나는 그냥 불행한 대통령이다. 나는 분배는 제대로 해 보지도 못하고 분배 정부라고 몰매만 맞았던 불행한 대통령이다. 그러다 언론과 대중적 분위기 같은 거 눈치 살피려고 세금이나 깎아 주고……. 뭐 나는…… 대통령을 하고 있는 동안에도, 또 지나고 나서도 이 참담한 현실 같은 것을 어떻게 받아들여야 될지……. 정말 내가 황당한 나라에 지금도 살고 있고, 지금도 쳐다보면 답답하고, 지금 우리가 여기 앉아서 감세 얘기를 하고 있는데, 환자가 지금 뭘 먹어도 못살 판에 살을 뺀다고 하고 있으니…….

어쨌든지 나와 참여정부에서 있었던 일을 중심으로 쓸 수밖에 없습니다. 역사를 기록할 때 주로 사건을 중심으로 기록합니다. 그런데, 나는 주제 중심으로 구성을 바꿔서 하고 싶어요. 주제를 중심으로 하면서 경험했던 얘기들을 많이 넣고 싶은 것이죠.

이런 반론이 나올 수 있습니다. '당신은 하지도 못해 놓고 뭔 소리냐?' 이럴 수 있거든요. 사실 내가 아쉽게 놓친 것도 있고 다른 분야 때문에 후순위로 밀린 것도 있을 겁니다. 그렇지만 난 대통령이 혼자서 하는 게 아니란 얘길 해 주고 싶어요. 변명을 하자는 것이 아니라 그 시대 사람들의 보편적인 생각이 정책에 미치는 영향이 크다는 얘길 하고 싶은 것이죠. 예를 들어 그 시대 국민들이 감세에 대해서 어떻게 생각하고 있느냐는 중요한 문제입니다. '그 시대 국민들이 정부의 역할에 대해서 어떻게 생각하고 있냐'라는 것이 어쩌면 결정적일지도 몰라요.

오바마는 진보 시대의 진보 대통령

미래연(한국미래발전연구원)에서 내놓은 보고서를 보면, '클린턴은 보수 시대의 진보 대통령이었지만 오바마는 진보 시대의 진보 대통령이 될 것이다'라는 얘기가 있습니다. 폴 크루그먼의 책에도 나오지만 진보 시대의 보수 대통령은 진보주의를 수용할 수밖에 없고, 반대로 보수 시대의 진보 대통령은 보수주의 정책을 거의 그 토대 위에서 따라가는, 전면적으로 신자유주의의 대세를 거역하지 못했던 역사 같은 것을 우리가 한번 분석해서 쓸 필요도 있는 것이죠.

좀 더 중도 노선으로 가야 한다는 주장에 대해서 오바마 진영에서는 이렇게 얘길 했다고 합니다. 현시점에서 보수주의와 타협을 한다든지 중도주의로 간다든지 하는 건 국민들이 바라지 않는다. 국민들은 더 이상 감세 정책, 트리클 다운 경제, 예방 전쟁, 종교 국가 이런 걸 좋아하지 않는다고 딱 한마디로 정리해 버리거든요. 앞으로 어떨지 모르지만 그렇게 시작을 합니다.

이런 걸 보면서 나도 뼈아프게 생각하고 있는 많은 일들이 있죠. 왜 그거 엄두도 내지 못하고 카드 한번 내밀어 보지 못하고 아니라고 부인부터 먼저 했잖아요. '너 예수 제자지?' 이러니까 '아닙니다' 이렇게 된 거 아니에요? '그래 맞다. 내가 예수 제자다' 하고 나갔어야 되는데 '아닙니다' 하고 얘기한 부분들이 있거든요. '무슨 소리요?' 해 놓고도 따라서 노래 부른 것들이 있습니다.

한국의 민주주의 어디까지 왔나

내가 하는 일이 일종의 계몽주의일 수도 있어요. 물론 오늘날에 와서 계몽주의는 극복되어야 한다고 얘길 하고, 또 소위 생태주의라든지 복잡계 이론 같은 쪽에서는 계몽주의의 기본적인 철학적 태도에 대해서 문제 제기를 하고 있지만, 역사의 진보를 추구해 나가는 사람들에겐 계몽의 과정이 필연적인 과정이 아닌가 싶어요.

인간의 의지가 역사에 어떤 기여를 하느냐는 이 명제를 우리가 포기하지 않는 한, 그리고 역사는 필연일 뿐이고 인간의 의지가 개입할 여지가 없다고 잘라 버리지 않는 한, 사상적으로 체계화된 인간의 의지만이 역사를 바꾸는 것이다, 나는 이런 말을 하고 싶어요.

내가 말씀드리고 싶은 것은 인간과 사회 또는 시민과 국가의 역할에 대해서 한번 정리를 해 보자는 거거든요. 제일 중요한 것은 결국 '한국의 민주주의 어디까지 왔나'라는 것입니다. 현재 우리나라에는 민주주의에 대해서 얼추 만족하고 더 이상 관심을 갖지 않는 분위기가 퍼져 가고 있습니다.

여기 한국뿐만이 아니고 세계적으로 민주주의는 부자들의 네트워크가 작용하는 민주주의 아니에요? '이런 현실을 뛰어넘기 위해서 우리가 할 수 있는 것이 무엇이냐'라는 걸 한번 진지하게 접근해 볼 필요가 있습니다. 그래서 한국은 어디까지 왔으며 세계는 어디까지 갔나, 그다음에 한국에서는 뭘 해야 되고 세계는 뭘 해야 되나 이걸 짚어 보고 싶은데, 현재까지는 한국의 민주주의는 어디까지 왔나 이걸 써 보고 싶다는 것이죠.

그런 이야기를 우리 생활의 이해관계에서 풀어 가고 싶어요. 생활 하나하나에 미치는 것들, 예를 들어 요즘 같은 경쟁 사회에서 당신과 당신 자녀들이 성공할 확률은 얼마냐, 그리고 그 성공의 내용은 뭐냐, 그 성공이 행복한 삶으로 가는 것으로 볼 수 있느냐, 가치 있는 삶으로 가는 게 맞느냐, 이런 얘기들로 시작하고 싶어요.

정치 메커니즘에 관한 얘기도 필요합니다. 리더십도 문제다 이런 얘기도 해야죠. 어떤 사람들은 그 시대의 역사적 환경이 문제다라고도 하죠. 그렇지 않습니까? 지금 우리나라 경제가 죽느니 사느니 하는 것도 미국의 영향을 받고 있고, 우리의 분단도 냉전 체제의 영향을 받고 있고, 너무 심하게 가면 환경결정론이 되겠는데, 아무튼 그런 환경 속에서 인간의 몫은 뭐냐 하는 얘기도 해야 합니다.

역사 속에서 인간의 몫, 정치 속에서 인간의 몫이 뭐냐 하는 것을 우리가 규명해야 하는 것이거든요. 그 인간의 몫을 시민의 몫으로 얘기할 수 있겠죠? 정치라는 것이 역사의 흐름에 규정을 받지만 정치가 역사를 변화시켜 나가는 것이기도 하거든요.

당장의 정치 세력보다 국민의 생각을 바꾸어야

나는 사상 투쟁이라는 것이 매우 중요하다고 생각합니다. 일반 대중과 더불어서 사상 투쟁을 할 수 있는 근거를 다시 마련하지 않고는, 지금 이 수준에서 민주당이 노선을 뭐 어찌한다 해서 될 일이 아닙니다. 민노당도 마찬가지지요. 솔직히 얘기해서 지금은 정치적 대안에 대해서 당분간 생각을 끊자, 이게 내 생각입니다.

나도 해 봤고 지금 돌아가는 상황도 보고 있는데 정치적 대안 가지고 될 일은 아닌 것 같아서 근본적인 문제와 국민의 생각을 바꿔 나가는 일을 해 보려고 합니다. 어디서부터냐? 초등학생 수준부터 시작해야 한다 이거죠. 왜냐하면 그 아이의 어머니들의 생각을 바꾸면 아이들이 크면서 다 영향을 받게 돼 있습니다. 그래서 아이를 키우는 어머니들한테 바로 얘기하자는 거죠.

'우리 아이들은 성공할 수 있는가'라는 얘기에서부터 공존의 시스템 안에서만 경쟁이 이뤄져야 한다는 얘기, 경쟁은 공존 시스템의 제약을 받아야 한다는 얘기들을 해 보자는 겁니다. 교육과정에서 YS 때부터, 혹은 DJ 때부터, 나까지 역부족이었던 것, 놓쳐 버린 것, 이런 아쉬운 얘기도 솔직하게 쓰자는 거죠. 이래 가지고는 안 된다는 것을…….

왜곡된 명제를 바꾸자

2008.12.27.

옳고 그름이라는 것은 결국은 넓게 보느냐, 좁게 보느냐, 멀리 보느냐, 가까이 보느냐의 차이입니다. 당장은 손해인 것 같지만 멀리 보면 이익이 되는 것을 우리는 흔히 옳다고 말하죠. 당장에 이익이 안 되니까 옳기는 옳지만……. 이렇게 말하는데, 이 옳고 그름이라는 것이 오랜 역사적 경험을 통해서 사람들이 정리해 놓은 원리거든요. 우리 사회의 어떤 법칙이나 원리를 말하는 것인데 그 원리가 항상 현실적 이해관계와 잘 맞지 않는 것이 사실입니다.

이것을 끊임없이 교란시키는 것이 사실은 정치예요. 왜곡된 명제를 앞세워서 교란시키죠. 우리는 보통 정책이라고 얘기하는데 그 정책은 하나하나 명제로 이루어지고 있거든요. 올바른 명제를 찾아서 그것을 제시해 주는 것, 이걸 우리가 해야 합니다. 중요한 명제를 가지고 오늘날 득세하고 있는 왜곡된 명제들을 바꾸어 나가야 합니다. 명제의 싸움을 해 나가야 한다는 거죠. 어려운 작업이지만 해 나가야 합니다.

지난 대선은 한마디로 성장론에 밀린 것

요즘이 우리 한국 사회에서 국가가 무엇을 해야 하느냐 하는 논쟁이 가장 세게 붙어 있는 시점입니다. 그 이전에는 민주주의라고 하는 당연한 명제를 가지고 논쟁을 했지요. 1987년 6월까지만 해도 운동권에서는 진보를 얘기했지만 일반 국민들은 국민의 삶에 국가가 얼마만큼 개입해야 하는가에 대해서 억압하지 말아라 정도였지 적극적으로 무엇을 할 것이냐에 대해서, 국가의 역할에 대해서 깊이 논의가 안 되고 있었어요.

근데 김대중, 노무현이 기존의 국가의 역할에 대해서 새로운 역할을 강조하고 새로운 전략을 얘기하고 밀고 나오는 바람에 논쟁이 세게 붙게 됐거든요. 그 논쟁에서 저쪽이 이긴 것이에요. 뭘 이겼냐 하면, 엄밀하게 말하면 국가의 역할이라는 이 원론에서 이긴 것이 아니고, 어떻게 해야 하느냐에 대해서 이긴 것입니다. '성장이 답이다', '경제가 답이다' 이게 이겨 버린 것이죠. 그건 국가가 무슨 일을 해야 하는지에 대해서 '성장해야 한다' 이거 아니었어요? 지난번 대통령 선거 때. '성장해라' 이것이었거든. 근데 우리는 성장하고 있잖아? 또는 성장도 성장 나름이지, 이렇게 대응한 거 아니에요, 그죠?

우리가 지금 '아니야, 복지가 답이야' 이렇게 얘기하고 있는 것이거든요. 사상적으로 복지의 가치를 내세우는 것이고, 그다음 성장 전략에서도 복지를 통한 성장이라고 하는 소위 동반 성장 개념을 내세웠고, '비전 2030'도 그거였는데, 우리가 경제 파탄이라는 말에 밀려 버린 것이에요. 성장 이론 한마디에 밀려 버린 것이지요.

성장, 수치가 아니라 내용이 중요하다

우리가 분명히 정리를 해야 할 개념 또는 명제가 있어요. 성장이 대표적입니다. 성장에도 여러 가지가 있어요. 좋은 성장이 있고, 덜 좋은 성장이 있죠. 소위 GDP라는 게 있는데 농사짓거나 사람들이 생활에 필요한 여러 가지들이 생산돼도 성장이고 귀금속이나 사치품을 생산해도 성장이고 술 먹고 없애는 것도 성장이 되죠.

몇 사람만 가는 성장, 그것도 성장이죠. 그것도 국민 통계로는 똑같이 잡힙니다. 똑같은 통계지만, 모두가 함께 가는 성장이 있고 소수가 독식하는 성장이 있습니다. 함께하는 성장이냐, 독식하는 성장이냐. 지속 가능한 성장이냐, 미래를 갉아먹는 성장이냐가 다릅니다. 그다음에 성장과 일자리, 말하자면 부자가 성장하면 가난한 사람도 따라 성장한다는 이 말이 맞냐, 이 얘기죠? 트리클 다운은 사실인가? 성장과 일자리는 어떤 관계가 있나, 일자리가 별로 늘지 않는 성장도 있는 것입니다.

어떻게 성장할 거냐는 성장 전략만 가지고 얘기할 게 아니고 이런 것을 우리가 한번 생각해 볼 필요가 있습니다. 거기에 있는 수치만 중요한 게 아니라 내용이 중요하다는 거죠. 우리 사고방식은 수치의 포로가 돼 있어요. 심지어 행복이 목적이냐, 돈이 우선이냐, 하는 데 대해서 의문을 가지게 할 만큼 오늘날 우리가 성장 제일주의가 돼 있는 것 아닌가요? 하여튼 오늘날 잘못된 명제들을 깨야 해요. 성장을 숫자로 얘기하고 있거든요. 구체적으로 국민의 삶이 어떻게 달라졌는지에 대한 얘기가 없다는 말이죠.

그다음에 성장과 분배는 서로 적대적인가, 같이 갈 수 없는 것인가, 하는데 같이 갈 수 없는 것처럼 말하는 사람들이 있습니다. 그거는 아니죠. 분배라는 개념은 복지를 말하는 것인데 대처 시절 때 '복지가 성장의 발목을 잡는다'라고 하는 그 한 시기 특수한 조건에서 나온 역사적 경험을 두고 모든 복지가 성장의 발목을 잡는다고 볼 수 없는 겁니다. 이 문제에 대해서 이분법적 사고를 뛰어넘어야 합니다.

보수는 강자의 철학, 진보는 약자의 철학

아이들이 행복한 사회의 조건을 만들기 위해서, 말하자면 전략과 우선순위, 방법론에 관한 논쟁이 있죠. 그중에서 가장 대표적인 것이 성장이냐 분배냐, 감세냐 복지냐 이런 등등의 논쟁들이죠. 그런데 이 모든 것들을 두 개의 흐름으로 종합해서 묶을 수 있어요. 모든 문제는 보수와 진보로 통합니다. 그리 말할 수 있나요? 성장, 복지, 평화, 생태계, 이 모든 논쟁은 진보와 보수의 논쟁으로 갈라집니다.

진보냐 보수냐 하면 사람들이 다 찡그리는데 피해 갈 수 없는 문제입니다. 그렇죠? 피해 갈 수 없는 문제이고 이걸 회피할 방법이 없어요. 이것 빼고는 말이 안 되거든요. 그래서 이념 논쟁이에요. 회피할 문제는 아니고 결국은 이 고비를 넘어서야 우리 운명에 대한 결정을 할 수 있습니다. '진보냐 보수냐'라는 큰 두 물줄기, 결국은 샛강이 100개라도 이 두 개의 줄기 속으로 합류하고 그다음에 국민의 행복이라고 하는 하나의 강에 통합되는 것입니다. 그래서 이 진보와 보수에 대한 이해와 선택은 불가피한 것이죠.

보수와 진보는 내용적으로 이념 논쟁이라고 했는데, 보수는 누구의 철학이고, 진보는 누구의 철학인가? 보수는 강자의 철학, 진보는 약자의 철학이에요. 그런데 왜 약자가 강자의 정책에 표를 던질까? 정치는 왜 강자인 소수의 편을 드는가? 왜 다수 서민에 의해 선출된 정권이 소수 부자의 논리를 수용하는가? 정책은 어떻게 결정되는가? 역사는 어떻게 움직이는가? 결국 시민의 생각이 가장 중요하다는 것이죠. 시민의 생각이 역사가 된다.

오늘 아침에 내가 읽은 책 가운데 이런 게 있어요. 이제 뭐 프랑스 국민, 독일 국민, 영국 국민, 이런 건 의미가 없다, 그 시대는 지나갔다, 이제는 오로지 유럽인이 있을 뿐이다. 장 자크 루소가 그 말을 해요. 1772년도에 그 말을 했어요.(웃음) 이제 그 얘기가 말이 되게 되었습니다. 인간이 추구하는 이상과 그 역사적 현실에 그런 큰 괴리가, 200년이 넘는 괴리가 있어요.(웃음) 하여튼 역사는 더디다. 그러나 인간이 소망하는 희망의 등불은 쉽게 꺼지지 않는다. 이상이란 것은 더디지만 그것이 역사에서 실현된다는 믿음 같은 것을 가지고 가는 것이다. 이런 말을 하고 싶어요.

우리 아이들의 행복한 삶을 위해 무엇을 할 것인가

2009.01.02

내가 좀 관념적이고 현학적인 습관이 조금은 있어요. 얘기할 때 그런 걸 좀 느낄 겁니다. 근데 처음에 소망, 행복, 성공 이런 얘길 좀 하고 싶거든요.

처음에는 우리가 키우는 아이들에 대한 소망 정도로 생각했는데, 막상 '소망이란 게 뭔가?' 생각을 해 봤더니 지구의 극지를 탐험한다고 쫓아다니는 사람들, 가서 죽고 동료가 죽는 걸 보고도 또 도전하는 사람들도 있고, 폭탄을 들고 뛰어드는 사람들도 있고, 안중근 선생처럼 자기 목숨을 버리면서까지 공격 행위를 하는 사람들도 있고 말이죠. 도대체 사람들의 소망이 뭔가? 생각을 해 보니까 참 어렵더라고요.

그래서 가장 보편적인 것으로 행복이란 개념을 끄집어냈어요. '행복이란 무엇인가' 해 보니까 사람의 소망이 다 이뤄지는 게 행복이라고 얘길 해야 되겠더라고.

내가 생각하고 있는 것은 어떻든 사람들은 아이들을 위해서 정성을 기울이죠. 심하면 평생을 아이들한테 바친다 할 만큼 노력하고 있지요. 심지어는 희생을 마다하지 않고 노력하는 모습들을 보게 됩니다. 소망에 관한 얘기를 하자면 복잡하게 할 수도 있지만, 우리의 일상적인 삶 속에서 보편적인 모습을 보면, 아이들 돌상에 올리는 물건들로 표현되는 거 같습니다.

아이들의 경쟁력을 키워 주면 행복으로 이어지는가

우리가 식기나 가구나 침구에 장식해 왔던 것은 수복강녕, 부귀다남 이래요. 다남(多男)은 이제 낡은 얘기가 됐지만. 부귀다남, 수복강녕 이런 것이 전통적인 소망이라면, 요새는 다들 인정받고 살았으면 하죠. 말하자면 명성을 추구하고, 인정받고자 하는 것들인데, 이걸 다른 말로 하면 역시 부귀공명을 추구한다, 이렇게 얘기할 수 있지 않겠어요? 피하고 싶은 것도 있습니다. 고통과 불안으로부터 안전하고 싶다. 이런 것들이 있습니다만 역시 사람들이 생각하는 건 부귀공명이 아닌가 싶어요.

이런 관점에서 우리가 아이들한테 요구하는 것을 보면, 대체로 아이들의 능력 개발에 관한 건데, 이건 경쟁력을 의미하는 것이죠. 아이의 경쟁력을 강화해 주면 아이들의 행복으로 이어진다고 생각하는 것이죠. 그렇게 노력하고 경쟁하는 것이 상당히 고통스러운 것임에도 경쟁에서 이기는 아이를 만들려고 사람들은 노력하고 있지 않습니까? 그래서 부모는 부모대로 죽어라 고생하고, 아이는 아이들대로 죽어라 고생하는데, 이 자체가 상당히 고통스러운 것은 사실이지만, 그럼에도 그런 것이 오랫동안 우리 사회의 조건으로 돼 있으니까 뭐 지금 현재로서는 어쩔 수 없는 거죠.

근데 이제 문제는 '성공할 것이냐?' 하는 것이죠. 그 '할 것이냐'라는 문제에 부닥치게 되는 겁니다. 우리가 하고 있는, 능력을 키우고 경쟁력을 강화한다는 것이 '과연 성공으로 이어질 것이냐'라고 물으면 개개인의 경우 성공할 수도 있다고 얘기하겠지만, 또 중요한 성공의 방법인 것도 틀림없지만, 그러나 일반적으로 '성공할 거냐'라고 물으면 반드시 그렇지는 않을 겁니다. 여기에 우리 문제가 있습니다.

첫째로는 모두가 이기는 사회가 가능하냐 하는 것이죠. 경쟁의 구조 자체에서 모두가 승리한다는 것이 과연 가능한 것이냐 하는 것이고, 그다음으로는 승자와 패자를 가르는 과정에서 새로운 고통이 발생한다는 것이죠. 더 나아가서 경쟁의 과정 자체가 너무나 비인간적이고 너무나 고통스럽고 그 과정에서 고통스러운 갈등이 생겨난다는 겁니다.

그래서 경쟁은 필요한 것이고 마땅한 방법이 없는 것도 사실이지만, 지금까지 해 왔던 것처럼 더 많은 돈과 더 많은 권력을 가지기 위한 경쟁 속에서 모두가 성공할 수 있는가. 모두가 승리할 수는 없다는 것이 사실이고 많은 사람들이 패자가 될 가능성이 있고, 그렇게 되면 사람들이 다시 고통에 빠지게 되는데 이런 것은 괜찮은가?

국가의 역할을 바꿔야 한다

먹기 위해 사느냐 살기 위해 먹느냐, 이런 질문을 하듯이 성공하기 위해서 경쟁하느냐 경쟁하기 위해서 성공하느냐. 다르게 해 볼까요? 살기 위해 경쟁하느냐 경쟁하기 위해서 사느냐. 우린 이런 문제에 직면해 있는 겁니다. 내재적인 한계지요. 그런가 하면 전체적인 집단으로서 보면 그 사람이 얼마나 노력하느냐보다 어디에서 태어났느냐가 더 중요해 보인단 말이죠. 어떤 나라에서는 열심히 일하려고 해도 일할 수 없고, 능력을 키우기 위해 노력해 봤자 할 수 있는 일이 한계가 있거든요. 어느 나라에 살고 있느냐는 그래서 중요한 겁니다. 그 나라가 어떤 정책을 펼치느냐. 어떤 가치관을 가지고 어떤 정책으로 어떤 사회를 만들려고 하느냐. 똑같은 부자 나라라도 그곳에 사는 사람들의 삶은 현저하게 달라집니다.

결국 우리 아이들의 성공을 위해서는 부모와 본인의 노력도 중요한 것이지만 국가가 중요한 것이다. 그래서 우리가 정말 아이들이 성공하기를 바란다면 국가를 바꿔야 한다. '국가의 역할을 바꿔야 한다'라는 얘길 하고 싶어요. 이런 문제들에 대해서 우리가 집단적으로 도전하면서 국가가 그 일을 하게 하지 않으면 안 되는 것이기 때문에 이제 하자, 이런 것이죠.

국가의 역할을 주제로 합시다

2009.01.07

지난번에도 쭉 얘기를 했지만 국가의 역할을 주제로 하는 게 맞겠습니다. 그 이유는 민주주의에 이르기까지 국가사상에 대한 많은 주장이 있었고 현실적으로도 실험이 있어 왔지 않습니까, 그죠? 게다가 진보와 보수라는 이름의 논쟁이 계속되고 있는데, 그 또한 국가의 역할에 대한 논쟁이거든요. 그래서 국가의 역할을 주제로 해 보자는 겁니다. 나중에 더 좋은 것이 있을는지 모르겠지만 현재로서는 그렇게 가 보자는 거죠.

인민의 지배인가, 소수의 지배인가

국가의 역할에 대한 시민들의 인식이 결국 선택을 결정하는 것이거든요. 선택의 결과에 따라서 국가가 하는 일이 달라지게 되지요. 달라지는데, 그 선택의 결과가 매번 왜 소수자의 지배가 되느냐 하는 겁니다. 우리가 흔히 인민의 지배를 얘기하는데 인민의 지배가 이루어지지 않고 왜 소수자의 지배가 이루어지느냐는 문제를 우리가 탐구해 가자는 겁니다. 결국 주제를 이걸로 가져가자는 거지요.

소수파의 지배 체제가 되고 정부의 역할이 소수자의 이익에 봉사하는 결과가 되는 것은 어째서냐? 우리가 하려는 것은 다수자의 선택, 말하자면 민주주의의 취지에 맞게 선택이 되도록 하기 위해서 우리가 두 가지를 해야 한다고 봅니다. 하나는 국가의 역할에 대한 인식을 간명하게 하자는 겁니다.

　국가의 역할에 대한 인식이란 게 참 복잡하고 어려워요. 왜 그러냐? 국가의 작용과 시민의 삶과의 관계가 참 복잡하거든요. 복잡하기 때문에 국가의 역할이 어때야 하는가에 대해서 생각을 풀고 또 그 복잡한 것을 알기 쉽게 이해할 수 있도록 얘기해 보려는 겁니다.

진보·보수 정책과 우리의 삶

오늘날 그 논쟁의 핵심이 진보와 보수로 돼 있기 때문에 진보·보수를 얘기하게 되는 것이죠. 진보·보수 이러면 총론적으로 얘기하면 알아듣기 쉬워요. 그런데 구체적인 정책이 우리 삶과 어떤 관계가 있는가 하는 이 인과관계는 상당히 복잡하거든요. 그래서 '세금을 깎으면 다 잘살게 된다', '작은 정부가 좋다'라든지, 여기에 함정이 생긴단 말이죠.

　진보의 가치에 대한 이해도 제대로 안 돼 있지만 진보와 보수의 정책 하나하나가 우리 삶에 어떤 영향을 미치는지에 대해서도 인과관계가 복잡해서 이해가 어려우니까, 이 얘길 좀 하자는 게 우리가 첫 번째로 해야 할 일입니다.

　그다음에 우리가 해야 할 일이 정책 이외에 많은 문제들 때문에, 정치 자체가 갖는 메커니즘 때문에 정치가 결과적으로 대단히 왜곡되고 있으니까 정치가 뭐냐, 도대체, 정치의 본질에 대해서 좀 더 이해를 하게 해 보자는 겁니다.

　국가에 대한 역할이 뭐라고 우리가 이해하더라도 국가가 그

것을 제대로 하게 하기 위해서 우리에게 어떤 방법이 있는가 하는
거, 이건 정치의 문제잖아요? 진보니 보수니 하는 것은 어떤 의미
에서 정책의 묶음을 얘기하는 것이고, 두 번째 것은 정치를 얘기하
는 것이거든요. 정치와 민주주의를 얘기하는데 이 둘로 크게 나누
어서 얘기를 해 보자. 제 생각은 그렇습니다.

('두 번째 것도 이 책에 다 포함시키자는 것 아닌가요?'란 참석
자 질문에 대해) 첫 번째 것부터 먼저 하자는 거죠. 그게 중요해서.
그런데 이 얘기를 풀어 갈 때 도대체 국가의 역할이 우리의 삶과 어
떤 관계가 있느냐 하는 것을 얘기해야 되는데, 정책 하나하나에 대
해서도 얘기를 해야 되겠지만, 우리 보통 사람들이 가지고 있는 일
반적인 소망과 그 소망을 이루기 위한 전략 같은 것을 놓고 이야기
를 풀어 나가고자 합니다.

국민에게 국가란 무엇인가

국가의 역할을 이야기할 때 현재는 진보와 보수의 논쟁이 핵심이
에요. 그런데 민주주의 이전까지는 진보와 보수의 문제가 아니고
글자 그대로 '국가란 무엇인가?'였거든요. '국가의 기원이 뭐냐?' 이
런 철학적인 것이었죠. 여기에 대해서 여러 가지 학설들이 있잖아
요. 여러 가지 국가론이 있고 다양한 학설들이 있어요. 역사적으로
시대마다 국가의 역할이 조금씩 달랐기 때문에 이론도 다른 거죠.

이제 그렇게 가면 지난날 역사에서 현실적으로 국가와 권력
이 한 일이 뭐냐? 이거는 이제 역사적으로 고찰해 봐야 할 문젭니
다. 이거는 우리가 이론 구성을 좀 해야 될 거예요. 실제로 국민에

게 국가란 무엇이었는가?

우리는 주로 정복의 역사를 배웠습니다. 국가가 국가를 정복하고 재물을 약탈하고 사람을 약탈해서 노예로 삼고. 국내 차원에서도 마찬가집니다. 결국은 지배하고 착취하고, 그렇죠? 사람을 모아서 전쟁에 내보내고. 역사책에 기록돼 있는 것을 보면 그렇게 돼 있잖아요. 그런데 이것을 한마디로 얘기하면 국가가 소수의 권력 집단의 지배욕을 충족시키는 수단으로 전락한 것이라고 할 수 있겠지요. 국가가 생긴 건 그렇게 생긴 게 아닐 텐데 어쨌든 수단으로 전락했죠.

국가의 역할을 이야기할 때 민주주의 이전과 이후로 나눠서 생각해 볼 수 있겠죠. 중세 이전엔 어떤 사상이었는지 잘 모르겠어요. 어떻든 간에 실제 체제로 보면 지배 체제거든요. 그다음 중세에서도 권력의 현실이라는 것은 지배 체제입니다. 지배 체제인데 이론적으로는 신의 것을 실현하기 위한 것이죠? 중세의 국가관은 신정 체제거든요. 신의 의지를 실현하는 수단입니다. 절대주의 국가도 그때까지는 여전히 완고한 귀족들의 지배 체제였죠.

그러다가 인간의 권리, 인간의 행복이라는 것을 생각하기 시작하면서 새로운 계약론에 의한 국가가 나오기 시작합니다. 홉스, 로크 등등의 국가론이 있는데, 홉스는 질서유지가 국가의 역할이라고 봤죠. 사람을 위한 것이 국가다. 홉스는 전제국가를 얘기했지만 논리의 출발은 그 안에 살고 있는 사람들의 삶을, 안정된 삶을 위해서 질서유지가 필요했다, 이렇게 되는 거거든요. 국가의 역할을 그렇게 본 겁니다. 사람을 중심에 놓기 시작한 것이죠.

어떻든 간에 국가는 신적 내지 도덕적 권위를 가진 실체에서부터 나중에 국민에게 봉사하는 도구로 점차 이행되어 온 것이죠. 국가의 역할에 대해서 대개 지금 현재 합의된 부분이 있고 합의 안된 부분이 있어요. 결론이 모아진 부분이 있고 결론이 안 모아진 부분이 있는데 결론이 얼추 모아진 부분이 뭐냐 하면 '국가는 국민에게 봉사하는 도구다' 하는 것이죠. 그죠? 아직까지도 뭐 그렇게 누가 확실하게 말한 것은 아니지만 민주주의 국가의 이상이라는 것은 기본적으로 사람과 인권을 위해서 존재한다는 것이죠. 국민의 행복을 위해서 존재하는 것이고 국민의 행복을 위해서 봉사해야 되는 도구라는 점은 거의 합의가 돼 있고, 그러면서도 점차 민주주의가 확대돼 나가는 과정에서 이제 복지국가론까지 나오게 됩니다.

이 부분에 대해서는 그 명분을 가지고 시비하는 사람은 별로 없어요. 아직도 분명히 국가마다 또는 정파에 따라서 거기에 대한 인식 차이가 있는 것은 분명한데, 그러나 대놓고 복지국가를 정면으로 부정하는 견해는 없어요. 그 점은 다 인정하죠. 요새 와서 이제 국민의 복지를 위해서 '어떻게 풍요를 이룰 것인가' 하고 있는데, 결과적으로 어느 쪽이 더 우선이냐를 놓고 지금 진보·보수라는 이름으로 논쟁을 하고 있는 것이죠.

국가는 국민의 행복한 삶을 위해 존재한다

진보·보수 논쟁이 방법론, 말하자면 경제 이론 내지 경제정책에 관한 논쟁의 모습을 띠고 있는데, 그 속을 들여다보면 여전히 민주주의의 핵심 개념인 '자유의 의미를 어떻게 파악하느냐' 하는 것하고, 또 역사에서 '진보란 무엇인가' 하는 진보의 개념에 대한 인식이 바탕에 깔려 있어요. 진보와 보수의 논쟁을 제대로 이해하기 위해서는 국가의 역할에 대한 역사적 변천 과정을 한번 볼 필요가 있겠다 해서 이 부분을 얘기한 거죠.

대개 국가의 역할에 대해서 이미 정리된 얘기가 있고, 지금도 논쟁이 되고 있는 얘기가 있는데, 이 논쟁이 되고 있는 얘기가 민주주의 본질과 우리의 삶을 지배하고 있는 아주 절실한 삶의 문제인 겁니다. 오늘날 보편적으로 생각하고 있는 민주주의의 문제이기도 하고 역사의 문제이기도 한 것이죠.

가난과 질병, 전쟁에 시달리고 있는 나라들이 있어요. 그죠? 사람의 삶이 빈곤 국가와 부자 국가들 사이에서, 부자 국가 사이에서도 구체적으로 다릅니다.

이런 자료들을 가지고 대비를 해 볼 필요가 있습니다. 같은 부자 나라 안에서도 정책을 어떻게 하느냐에 따라서, 말하자면 국가가 어떤 역할을 하느냐에 따라서, 예를 들면 일자리가 안정된 나라와 덜 안정된 나라가 있고, 소득의 격차가 많고 적은 나라가 있고, 교육이나 노후에 대한 안정성 여부, 의료 제도가 잘된 나라 잘못된 나라……. 미래를 내다봤을 때 미래의 자원을 마구 쓰는 나라가 있고 덜 쓰는 나라가 있고, 그지요? 그다음에 전쟁에 더 나가야 되는 나라가 있고 덜 나가도 되는 나라가 있고, 감옥에 많이 가는 나라가 있고 덜 가는 나라가 있습니다. 이런 사례들이 많이 있지 않겠어요?

트리클 다운 효과, 정말 일어날 것인가?

우리의 경제 발전 단계를 보았을 때, 진보·보수가 어느 한쪽으로 절대적인 것은 아니고 정도의 문제가 있을 거예요. 이상적 모델을 우리가 얘기하는 것은 아니고 현실 속에서 어떤 지향을 가지고 어느 수준에서 소위 어떤 수준이 가장 최적의 상황이냐, 이런 것이죠. 옳고 그름이 아니고 최적의 상황을 말하는 것이죠.

우선 한국 경제의 수준과 성격, 그래서 이것을 국가 경쟁력이라는 전략과 비추어 볼 필요도 있을 겁니다. 국제 관계에서 개인 단위로도 경쟁하고 있지만 국가 단위로 경쟁하고 있는 측면이 아직도 크지 않습니까? 국가 단위의 경쟁력이 필요한데 그 전략에 비추어 오늘날 보수주의와 진보주의의 주장은 맞는 것인가? 이 점에 대해서 우리가 검증할 필요가 있어요.

그런데 기본 전제가 몇 가지 있어요. 감세론의 논거가 뭐냐 하면 투자나 소비가 늘어난다는 것이죠? 그게 사실이냐 하는 게 있고, 그다음 트리클 다운 현상이 발생한다는 것이거든요? 트리클 다운이 사실상 일어나고 있느냐? 이거는 하나하나 검증을 해 나가야죠. 트리클 다운이 정말 일어날 것이냐? 일어난 사례가 있는가? 트리클 다운이라는 것은 어떤 경제적인 조건에서 일어나고 어떤 경제적인 조건에서는 일어나지 않는가? 일어나는 데가 있고 일어나지 않는 데가 있거든요.

성장이 분배에 기여하는 효과를 국가의 재분배가 아니고 시장에서, 재분배 이전에 국가 개입 이전에 시장에서 분배가 되는 그 메커니즘을 검증해야 돼요. 그래서 하나하나 이렇게 성장 또는 경쟁력의 관점에서 검증을 하고, 또 복지적 관점에서도 검증을 하고, 그다음에 이제 지속 가능성이라는 점에서도 검증을 해 나가야 합니다. 이제 진보·보수의 정책 논쟁에 관해서 얘기하고…… 우리나라에서 진보와 보수의 논쟁, 이게 이제 중요하지 않겠어요? 그 관점에서 국가의 역할 논쟁이 필요해요.

시장이 모든 것을 해결하지는 못한다

지금은 시장이냐 아니냐의 논쟁은 없어요. 진보와 보수 사이에서 시장이냐 아니냐를 놓고 논쟁하지는 않거든요. 경제와의 관계에서 말하자면 시장이냐 계획이냐, 시장의 자유라는 것이 무엇이냐, 시장에서 누구의 자유냐, 강자의 자유냐 공정한 자유냐, 이 수준에서 논쟁되고 있는 것이죠. 그다음에 빈부 격차나 분배의 방법도 시장에 맡겨라 혹은 국가가 좀 개입해라, 이런 것이죠.

또 시장이 다 해결해 줄 것이라는 것과 시장이 다 해결해 주지 않으니까 국가가 개입하자 하는 게 있습니다. 국가가 개입하는 것은 시장 바깥에서 개입하는 것이에요. 시장 질서에 개입하는 것은 아니고 시장 바깥에서 개입하는 것이죠. 시장에서 불공정 경쟁은 독점에 의한 것이 제일 커요. 시장주의 사상을 우리가 부정하지는 않아요, 아무도. 우리가 얘기하는 진보주의는 수정주의가 주류예요.

애덤 스미스가 말하는 인간은 추상적 인간이에요. 호모에코노미쿠스인가 하는 개념은 굉장히 추상적인 인간상을 전제로 해서, 수요 공급 이론을 합리적 인간, 경제적으로 합리적으로 행동하는 인간을 전제로 하고 있으니 다분히 가정적인 것이죠. 그게 어떻게 맞을 수 있냐 그런 의문을 우리가 제기할 수 있습니다. 진짜 인간은, 구체적 인간은 다 다르거든요.

수요 공급 이론에 쓰고 있는 인간은 추상적 인간형이라서 이론이 안 맞지 않느냐는 문제 제기가 있어요. 그런데 그 문제를 풀 때 통계와 확률의 이론이 들어갑니다. 모두 조금씩 다르긴 하지만, 그중에 보편적 행동이 있다 하는 것이고, 그 이론에 따라 실제로 존재한다는 것이고, 거기에 그런 통계 이론이 오히려 물리학 이론에 영향까지 미쳐서 물리학에서도 그게 적용된다고 말하는 사람들까지 생겼죠. 그거하고 이거하고 같다고는 말할 수 없지만 원리는 비슷하다. 같은 원리라고 말할 수 없지만 어쨌든 현상은 비슷하다, 이런 수준까지 주장을 하고 있어요.

그래서 우리 세상에서 확률적 통계라는 것이 상당히 중요한 부분을 차지하게 돼요. 하여튼 실제로 시장에서 그런 것이 나타난다고 하는데, 그러나 시장에서 완전한 경쟁은 존재하지도 않고, 또 실제로도 하나의 가격은 존재하지 않아요. 그래서 이제 비판을 하는 사람이 있는데, 그 비판을 하는 것이 진보주의 입장은 아니에요. 그건 관계가 없어요. 진보주의 입장에서는 현상을 놓고 봤을 때 시장에서 독점이 발생하고, 또 시장 경쟁의 결과에 따라서 빈부의 격차가 발생한다는 것이죠. 불공정 경쟁은 늘 있는 불공정 경쟁이든 아니든 경쟁의 결과로 격차가 생길 수 있고, 그건 인간에게 매우 불행한 일이라는 전제를 바로 가져가는 것이죠.

시장이 효율적인 것은 맞는데, 시장은 실패도 있고 한계도 있다, 시장이 완전하지도 않고 국민의 삶에서 모든 것을 해결해 주지도 못한다는 것이죠.

그 이유는 시장의 본질 자체에서도 발생할 수 있는 것이고, 또 시장의 원리가 왜곡되어 있어서 발생할 수도 있는 거죠. 말하자면 스미스는 거인이 없는 시장을 말했거든요. 그다음에 지금 어떤 이론도 시장에서 공급의 한계는 상정하고 있지 않습니다. 소위 공급 부족이나 공급의 한계라는 것은 일종의 자연적인 독점인데 자연적 독점에 의한 공급 부족 같은 것은 상정하고 있지 않죠. 실제로 이런 것이 존재합니다. 그래서 시장 원리에 많은 문제들이 있고, 또 애덤 스미스가 얘기하는 가격이라는 것은 매우 공정한 것을 얘기하는 것이거든요? 그런데 실제로 지금 시장에서는 시장의 교환을 통해서 지배가 발생해요. 초과 이득이 발생하거든요.

가격은 아무리 못 받아도 노동자가 그것을 생산할 수 있을 만큼보다는 많아야 한다는. 단순 수요 공급만이 아니고 수요 공급 원칙이 지배한 결과로 나타나는 것이 노동 가치인데, 실제로 모든 상품을 노동 가치로 환원할 수 없는 것이 시장 현실이거든요. 결국 독점에 의해서 초과 이익이 발생하게 되고, 따라서 시장의 분배 기능에 왜곡이 생기는 것이죠.

'시장이 모든 것을 다 해결해 주는 것은 아니다'라는 얘기를 하게 되면서 국가가 시장의 올바른 질서를 유지하고 그 뒤에 발생하는 시장의 한계를 보완하게 되는 거죠.

재산권과 생존권의 충돌

지금 우리가 시민의 자유권, 생존권, 재산권이 서로 충돌하고 있는 측면이 있어요. 그 점에서는 중세보다 더 무산자, 재산을 가지지 않는 사람의 삶이 완전히 보호 밖으로 방치됐다고, 중세에 비해서 안정성이 더 취약해졌다고 표현하는 사람이 있더군요.

제러미 리프킨의 『소유의 종말』에 꼭 그렇게 설명한 것은 아니지만 그런 언급이 나옵니다. 인클로저 운동[20]이 중세의 장원 제도가 무너지고 사유재산 제도로 전환해 가는 아주 전형적인 과정인데, 그때 소유권이라는 것은 '배제'를 의미하는 것이다 이거지요.

중세의 사용권은, 토지에 대한 중세의 권리들은 전부 중첩적으로 되어 있고, 말하자면 사유권을 의미했던 것인데 그 중세의 질서는 어떤 영주라도 농노를 쫓아내지 못한대요. 추방을 할 수가 없대요. 그건 자기 권리에 포함되지 않는 것이래요. 자원을 자기가 지배하고 있지만 그 안에 있는 사람을 쫓아낼 수 있는 권리는 없었대요. 그런데 이게 사유재산으로 되면서 쫓아냈다고 해요.

이걸 제가 책에 쓸 것 같지는 않지만 이 얘기가 하나의 사례가 될 수 있겠죠. 재산권의 자유라는 것이 점차 굳어져 가면서 확립돼 가는 과정에서 많은 사람들이 토지와 삶의 터전에서 쫓겨나는 것이죠. 보기에 따라 생존권과 충돌을 일으키는 것일 수도 있습니다. 물론 그 사람들이 도시의 수공업 노동자들로 나와서 수공업 시대를 번영하게 만들었던 계기가 되긴 했죠. 그 뒤 경쟁이 심해지고 기계화 공장으로 발전해 가는 것인데요.

---

20. 인클로저 운동
　　근세 초기의 유럽, 특히 영국에서 영주나 대지주가 목양업이나 대규모 농업을 하기
　　위해서 미개간지나 공동 방목장과 같은 공유지에 경계선을 쳐서 사유지로 만든
　　일을 말한다. 15~16세기의 제1차 인클로저와 18~19세기의 제2차 인클로저로
　　중소 농민들은 농업 노동자 또는 공업 노동자로 전락했다.

애덤 스미스의 『국부론』이 나온 게 1776년입니다. 하그리브스, 아크라이트 방적기니 하는 각종 방직 부문 기계가 개발된 것이 그 이후부터 대략 1980년대까지입니다. 그러니까 영국의 산업혁명이라고 하는 대량생산 기계 발전은 애덤 스미스 직후입니다. 그러니까 마르크스는 애덤 스미스가 못 본 걸 본 거죠. 소위 공장제, 대공장제 기계공업이 발달해 가는 것을 보는 과정에서 독점이 눈에 띄지 않았겠어요? 그래서 그때부터 새로운 이론이나 시장에 대한 비판 이론이 나올 수 있지 않았을까 싶어요.

이건 우리가 깊이 들어갈 수 없고, 결국 국가의 역할이라는 것이 지난날의 역사 속에서 대단히 왜곡되어 있었구나 하는 것을 이해하려는 것이거든요. 그죠? 국가의 역할이라는 것이 참 많이 왜곡돼 있구나.

코리안 드림, '복지, 함께 더불어'

2009.01.31.

본시 책을 써야 된다는 생각은 쭉 하고 있었는데, 조금 자극을 받았던 것은 『미래를 말하다』(폴 크루그먼)라는 책이에요. 얘기를 아주 단순하게 압축시켜 놓은 책입니다. 진보의 시대와 보수의 시대를 대비해 놓고 얘기를 전개하는데 상당히 명쾌합니다. 우리도 그렇게 가죠. 단순 명쾌하게. 그것보다 좀 더 쉽게 중학교 정도 공부한 사람들이면 다 알 수 있게 말이죠. 그래서 일부러 중학교 교과서도 한번 가져와 봤어요. 애들이 얼마나 배우나 알고 싶어서.

국민들이 쉽게 읽을 수 있는 책

그 아이들 수준에서도 쉽게 이해가 갈 수 있도록 해 보자는 것입니다. 『미래를 말하다』를 보고 나서 『유러피언 드림』(제러미 리프킨)이라는 책을 봤는데, 그 책의 글머리에 보면 유럽과 미국을 여러 가지로 역사, 철학 또는 가치관 등으로 비교를 해 놓았는데, 그 중에 국민소득 내지 국민총생산과 삶의 질이라는 것을 비교해 놓은 대목이 있습니다. 고등학교 교과서도 보니까 몇 가지 설문을 제기해 놨습디다. 뭐더라? 이런 것은 국민소득에 들어가는가, 이렇게 해 놨는데 아마도 상당히 불온한 사람이 써 놓은 것 같아.(일동 웃음)

　　제러미 리프킨이라는 사람, 문장도 유려하고 얘기를 잘 풀어

났어요. 그런데 고민은, 너무 잘해 놔서 그냥 베꼈으면 제일 좋겠다.(일동 웃음) 미국에서 보수의 시대와 진보의 시대를 대비해 주는 것, 유럽과 미국을 대비하는 것, 그건 그것대로 대비하기로 하고요. 내가 여기 생가 마당에서 사람들에게 얘기할 때 20프로 국가, 30프로 국가, 40프로 국가, 50프로 국가 얘기를 하거든요. 이게 이해하기 쉬운 모양입니다. GDP에서 국가 재정이 차지하는 비중으로 20프로 국가, 30프로 국가…… 이렇게 분류를 하는데 60퍼센트대까지 있어요. 그런데 그 나라들을 줄 세우면 그대로 국민들의 삶과 복지가 드러납니다. 아마 복지 수준이나 이것이 나란히 갈 겁니다.

하여간에 그런 것을 국민들한테 한번 전달해 보고 싶다는 것이죠. 백 마디 이론이 있지만, 이론은 이 말도 맞는 것 같고 저 말도 맞는 것 같고, 연구 결과를 내놓으면 이런 결과도 나오고 저런 결과도 나오는데, 그건 연구하는 사람들이 그렇게 보기 때문일 겁니다. 움직일 수 없는 사실은 같은 기준에 의해서 정리된 결과가 아닌가 싶어요.

책의 주제는 진보·보수 논쟁

이 책의 주제는 사실은 진보·보수 논쟁입니다. 무슨 논쟁이 있고, 논쟁에서 누구 말이 맞고, 뭐가 사실이고 뭐가 진실이며 그 본질이 뭐냐? 이 얘기가 핵심인데 왜 국가의 역할로 썼냐 하면 약간 비켜 간 것이죠. 연구 마당 만들면서 진보냐 보수냐? 연구 카페 만들어 놓고 그렇게 가면 진부하게 느껴질 것도 같지만 여전히 그 핵심은 국가의 역할 논쟁이거든요. 그것이 사실 논쟁의 본질에 더 가까워요.

오늘날 진보·보수 논쟁의 본질은 국가의 역할 그 본질 안에 숨어 있습니다. 논쟁의 주제가 '국가가 뭐 할 거냐' 이런 것입니다. 뭐할 거냐? 역할이 뭐냐? 옛날 민주주의 이전 시대하고는 좀 다르긴 하지만, 어쨌든 국가기관과 역할을 누구 편으로 할 거냐 이 말입니다. 이 논쟁이라서 국가의 역할이라고 했죠.

제가 생각하는 제목이 몇 가지 있습니다. 말하자면 제안입니다. 검토할 수 있을 것입니다. '보수의 시대·진보의 시대' 이렇게 하는 것은 어떨까? '보수의 나라·진보의 나라'라는 카피는 안 될까? 그다음에 '진보의 시대는 오는가? 올 것인가?' 이거는 우리나라 경우이기도 하고 세계적인 경우이기도 하죠.

그다음에 '경제를 살려라' 이런 제목으로 엉뚱하게 가 보는 것은 어떨까? 경제를 살리려 한다고 경제가 사느냐, 어떻게 살리는 게 문제지. 그러면 이 논쟁으로 바로 들어가게 되거든요. 그거 얘기하면서 앞에서 경제를 살리라고 하는 것의 이데올로기적인 성격들을 설명하면서 얘기를 풀어 가는……. 책 이름을 뭐로 할지 한번 생각해 보자는 것입니다.

국가의 영광이 아니라 우리의 삶을 말하자

미국은 건국의 아버지들 얘기를 참 많이 해요. 클린턴도 건국의 아버지 얘기를 많이 쓰고 오바마도 그런 이야기를 합니다. 기회가 열린 나라가 미국의 정신이거든요. 모든 사람에게 기회가 있다는 것이 미국의 정신인데, 지금 그 기회가 사라져 가니까 그 기회를 다시 살려서 '모두에게 기회를'이라고 주장하는 오바마가 있습니다. 오바마는 복지라는 측면에서 소외된 사람들에게 새로운 기회를 주고, 그들에게도 숟가락 들고 식탁에 동참하도록 하자는 건 확실해 보입니다.

미국이 우리하고 좀 다른 점은, 미국의 영광 같은 것이 좀 있고 해서 그런 걸 갖고 사람의 마음을 불태울 수 있는 여지가 있어요. 우리나라에서는 그걸 내걸기가 너무나 그래요. 코리안 드림이라는 것이 참……

한국에서는 코리안 드림이라는 게 국가적인 측면에서는 우리도 선진국에 들어가자, 이런 선진화를 주장하는 얘기가 사람들한테 감동을 줄 수밖에 없어요. 그러나 개인에게는 기회가 차이가 나고 하니까 선진화라는 틀을 크게 깨지 않는 범위에서 결국은 전략 논쟁으로 갈 수밖에 없어요. 국가적 번영과 개인의 삶이 함께 가는 동반 성장 전략이라든지 또는 사회 투자 전략이라든지 이런 것들을 계속 엮어 나가는 것이거든요. 그런 고민이 있습니다. 우리가 일본을 따라잡자, 이런 식으로 갈 수는 없는 것이고……

다만, 논리적으로 차근차근 설득해 나갈 수 있는 여지는 얼마든지 있다고 봅니다. 오바마가 말하는 아메리칸 드림 같은 어떤 상징과 담론, 사람들에게 벅찬 감동을 주고 막연하게 듣고 있으면 전율이 오는 그런 거는 우리한테 없어요. 대신에 저 사람들이 내건 걸 하나씩 또박또박 비판해야죠. 더불어서 함께 살아야 한다는 것을 말해야지요. 그래야 사람들이 경쟁력이 생기고, 국가 경쟁력이 있는 것이죠. 우리 사회에서 국민들이 요구하는 것은 '복지, 함께, 더불어'입니다. 국가적 영광이 없어도 그렇습니다.

국가적 영광의 문제를 생각하면 갑갑하거든요. 한 방에 우리가 얘기할 수 있는 게 아니죠. 객관적인 조건에서 어렵지만, 남북이 있기 때문에 평화와 공존의 동북아시아를 상정하고 그러면서 삶의 질이라든지 삶의 진정한 가치를 가지고 또박또박 공감을 얻어 나가는 쪽으로 연구할 수밖에 없어요.

보수의 시대라는 것이 뭡니까? 그들이 깔아 놓은 멍석 위에서 진보·보수가 논쟁을 하고 있는 이 상황을 보수의 시대라고 얘기하는 것이잖아요. 그래서 인간의 존엄과 가치, 행복추구권이라든지, 인간다운 삶이라든지, 이런 가치들을 내놓고 국가의 역할을 주장하면 얼마나 좋겠냐마는, 지금 우리 형편이 그들이 깔아 놓은 멍석 위에서 싸울 수밖에 없는 거 아닌가.

보수 진영에서 내놓은 논리를 중심으로 갑론을박해 왔고 보수 진영이 깔아 놓은 멍석 위에서 보수주의 주제를 가지고 논쟁을 하고 있습니다. 기분이 좋지 않지만 우리가 이 판을 걷어치울 힘은 없다. 사람들이 이 판을 들여다보고 있기 때문이죠. 그래서 이것을 이 판에서 결판을 내자. 그 주제를 가지고 이 판에서 그걸 내려 앉혀야 새로운 판을 벌일 수 있는 것 아닌가, 그런 고민들이 있습니다.

성장 일변도의 코리안 드림이 우리를 어둡게 한다

나도 대통령 하고 있는 동안에 비행기 타고 외국 나가서 받은 대접을 생각해 보면 야, 이만하면 우리도 성공했다 싶기도 했어요. 그런데 또 유럽 가서 사람들을 보면 야, 우리가 별 볼 일 없구나 이런 생각도 들어요. 부럽죠.

세계적으로 보면 한국이 코리안 드림을 가지고 있어요. 그런데 우리가 지금 제일 문제는 그 코리안 드림 때문에 우리 미래가 어두운 것이거든요. 성장의 측면에서도 한계에 봉착하지 않을까 염려가 되고, 미래 잠재력도 지금 고갈돼 가는 것 아니냐? 그러면 우리가 도대체 추구해야 할 가치가 무엇이냐? 사람들한테 '세상이 달라졌다'는 얘기를 해 줘야 해요.

우리가 1990년대 초반까지 고속으로 달려왔던 시대와 비교하면 대외적으로도 대내적으로도 세상이 많이 달라졌어요. 그리고 그동안 분배 문제 이런 것들이 큰 문제가 안 됐던 이유가 사실은 1980년대에 거의 완전고용 상태로 가서 노동운동 안 해도 노동조합이 죽어라고 싸울 때보다 분배가 더 잘돼 가는 쪽이었습니다. 그렇게 어느 정도 가고 있는데 1987년부터 1991년까지 노동자들의 임금이 한 세 배 정도 뛰었다고도 해요. 그건 나중에 정확히 알아봐야 하는 것인데, 그때의 꿈을 우리가 갖고 있고, 그래서 우리가 더 두려워하는 것인데, 이명박 대통령만 해도 자신만만해요.

이런 식으로 가도 한국에 미래가 있다고 보는 거거든요. 많은 사람들은 여기에 동조하고 있어요. 미래가 있다고 보고, 국가가 하는 일에 대해서 막 불평하지만 전체적으로 한국의 미래가 지난날의 방향과 속도에 비추어서 어느 정도 그대로 갈 거라는 기대를 가지고 있어요. 그런데 지금 못 갈 것 같으니까 갈피를 못 잡고 있는 거죠. 그 사람들은 턴을 할 생각을 안 하고 그리로만 계속 가려고 합니다. 가려고 하는 동안에는 진보 진영에겐 기회가 없는 것이고, 뿐만 아니라 진보 진영에게 기회가 없다는 것은 세계의 흐름으로 봐서 한국 자체가 기회가 없어진다는 것을 말하는 것이죠.

지난날의 그 전략으로 가서 될 시절이 아닌데, 세상이 바뀌었는데 그냥 자꾸 가려고 하니까 갑갑해요. 이러면 안 된다는 게 우리 얘기거든요. 과거의 전략으로는 안 된다. 이것 봐라, 여기 있지 않느냐. 유럽을 확실하게 보여 줄 필요가 있습니다.

또 하나는 우리나라가 평등에 대한 욕구가 굉장히 강합니다. 미국하고는 환경이 다른 것이 미국에 이민 온 사람은 나는 이민자라서 체념하는 경향이 있지 않겠어요? 나는 피부색이 다르니까 분하더라도 체념을 하는데, 우리 한국 사람들은 도대체 받아들일 수가 없거든요.

복지 확대 100조와 감세 100조의 차이

세금 논쟁이라는 것도 무시 못합니다. 이게 아주 감정적인 부분이죠. 세금 누가 내나? 지난번에 깎은 세금 누가 다 가져갔나? 누구 호주머니로 들어갔나? 우리가 복지 예산을 20프로에서 28프로로 올려놨는데 그게 100조가 넘어요. 1프로라고 하면 쉽게 생각하지만, 통합 재정 200조 정도에서 시작했으니까 200조 곱하기 100분의 1 하면 2조 아닙니까? 그러면 2조씩 우리가 5년 동안 했으니까 2조 올라온 데서 그다음에 1프로 또 올라오고 또 올라오고 이렇게 누적해서 보면 진짜 100조 넘어가 버리거든요? 8프로기 때문에. 전부 계산을 하면 100조 넘는 돈을 우리가 끌어올린 것이지요.

그런데 현 정부에서 전체 재정의 1프로가 깎이면 아무것도 아닌 것 같지만, 종부세(종합부동산세) 포함하고 하면 연간 한 20조씩 깎이죠? 5년 동안 100조의 세금을 깎는다는 건, 누가 이득을 봤는지 계산을 딱 해 보면 사람들이 핏대를 올릴 수밖에 없죠.

어느 나라가 우리의 미래인가

아까 말했다시피 60프로짜리 정부, 50프로짜리 정부 이러는데 우리는 30프로라도 하자. 30프로에서 더 가서 40프로까지 가면 참 좋고……. 그런데 그거는 세금 올리자는 말이라서 좀 그렇긴 하지만 여하튼 상징적으로 그렇고요. 우리가 지금 GDP 대비 재정지출이 28프로인데, 그 28프로에 다시 복지 지출이 28프로입니다. 28 곱하기 28이 우리나라의 사회복지 지출인데, 미국만 해도 36 곱하기 56이거든요?

그러니까 그걸 비교해 주는 것이 나는 이 책의 핵심이라고 생각합니다. 없는 거 하지 말고 있는 거 하자. 없는 걸 그리지 말고 사진 찍어서 보여 주자는 거죠. 이 동네 사진, 이 동네 이 집. 살고 있는 집을 사진으로 찍어서 보여 주잖아요. 그보다는 모델하우스를 딱 지어서 보여 주자 이거지.

그러고 나서 우리 한국은 이 집들 중에 어떤 집이냐? 저 푸른 초원 위에 집이 있어요. 안가만 크고 행랑채는 조그맣고……. 주인집하고 행랑채하고 먹는 밥도 다르고 애들 공부도 따로 시키고 하던 그 집에 우리가 아직 살고 있는 거죠. 숫자로 보면 아직까지 그렇습니다.

법적으로는 똑같은 집을 지을 수 있게 만들어 놨는데, 실제 경제통계라든지 이런 실상을 보면 분명히 엉클어져 있거든요. 그리고 우리 미래가 보이는 게 미국이 빈부 격차로 사회가 분열돼 나가는, 붕괴돼 나가는 그 모습 같은 것으로 보이거든요.

이렇게 미래를 구체적으로 보여 주면 어떨까요? 어느 나라가 선한 나라인가, 어느 나라에 살고 싶은가? 아이를 어느 나라에 살게 하고 싶은가? 어느 나라가 우리의 미래라고 생각하는가? 이 질문을 던지는 것이죠.

주제를 진보주의로 갑시다

2009.02.24

나 같은 경우는 허리도 아프고, 작업들을 하도 많이 해 놓아서 아깝고, 또 하려고 하니까 꿈만 같기는 한데, 그래도 주제 의식을 어떻게 가져갈 거냐? 정치 얘기냐, 민주주의 얘기냐 또는 뭐 여러 가지 기술적인 정치과정에 관한 얘기냐, 다 있을 수 있는데, 이번에는 우리가 경제 얘기로 가자 이렇게 된 거 아니에요?

경제 얘기로 가자 했는데 국가의 역할이 됐단 말이죠. 왜냐하면 논쟁 자체가 국가의 역할을 중심으로 한 것이니까 그것으로 간 건데요, 외부적인 변수로 장하준 교수도 『국가의 역할』이라는 책을 하나 이미 내놨고 그 외에도 책들이 좀 있지 않겠어요? 국가냐 시장이냐 하는 것도 어디 누군가가 내놓은 게 있겠죠?

그런데 그 내용을 보면 결국 진보주의·보수주의로 포장을 하고 있단 말이지. 그죠? 내용을 들여다보면 국가의 역할이라는 내용보다는 진보주의 대 보수주의의 구별, 차별성 같은 것들을 앞에 놓고 논증하려고 하는 것이거든요. 진보주의의 타당성을 국가 개입주의 — 진보주의의 국가 개입, 경제에서 국가 개입이라는 수준에 머물지 않고 진보주의 가치 쪽으로 자꾸자꾸 뻗어 나오고 있거든요.

처음에 시도했던 것이 '시장주의 판에서 한번 놀아 보자' 이런 거였는데, 우리도 다른 얘기를 할 수 있으니까, 진보주의 같은 주제를 중심으로 쓰는 것도 하나의 방법이 아닌가. 그다음, 국가도 시장하고 뭐 관계가 없을 수가 없지만 좀 더 포괄적으로 갈 수도 있지 않을까요?

또 이전에 누군가 제기했듯이 대통령쯤 했으면 좀 거대 담론으로 가야지 무슨 시장 얘기냐 이런 불만도 있는 것 같습니다. 우리 주제를 옮기기는 쉽지 않은 일이지만 기본적으로 적어도 진보주의 정도는 표방하는 것도 괜찮지 않겠냐는 생각이 좀 들어요.

제3의 길은 한국 정치에 어떻게 반영되는가

한국, 특히 김대중이나 참여정부가 신자유주의를 어떻게 받아들였는가 하는 문제에 대한 분석이 좀 필요해요. 실제로 우리가 YS 정부 초기에 세계화를, 그때 우리가 '제3의 길' 쪽의 논리들을 대항논리로 수용해 왔거든요. 그런데 '그 무슨 소리야?' 하고 일거에 박차 버린 사람들이 있거든요? 그게 민노당, 진보신당이죠.

진보신당, 민노당 쪽은 '제3의 길이 무슨 소리야? 심장은 왼쪽에서 뛴다' 이렇게 갔거든요. 리영희 선생이 우리나라에서 하도 좌파를 빨갱이로 모니까, 좌파를 옹호하는 뜻에서 '새는 좌우의 날개로 난다'고 했을라나 모르겠네. 독일에서는 라퐁텐처럼 '심장은 왼쪽에서 뛴다'라고 그냥 내질러도 괜찮은데 한국에서는 '새는 좌우의 날개로 난다'고 해야 몰매를 안 맞는 수준 아니겠어요?

그런 것들이 한국의 정치과정에서 어떻게 반영되고 영향을 미치느냐 하는 것을 보는 것도 조금은 필요하지 않을까 싶기도 해요. 한국에서 현실 여론과 정치가 그렇게 굴러가게 된 그 과정을 서로의 기억도 나누고 토론을 하는 수밖에 없을 거예요. 같이 모여서······.

2 진보와 보수를 말하자

진보·보수 논쟁의 본질

2009.01.21

이 책의 주제는 진보가 맞나 보수가 맞나 하는 거예요. 그다음에 진보니 보수니 하는 논쟁의 본질이 뭐냐 하는 건데 그 말이 '누구를 위한 국가인가' 이런 얘기거든요. 오늘날 진보·보수의 논쟁이라는 것이 주로 경제의 효율성 논쟁에 집중돼 있는데, 정말 그런지 한번 따져 보자 이런 것이지요.

예를 들면, 세금 많이 내는 나라 중에 경제 잘하는 나라 많아요. 지금 전체적으로 진보 쪽이 무너지고 있는 건 사실이지만 잘하는 나라 많습니다. 복지의 정도 문제인데 그거 많이 하면서도 잘하고 있는 나라 많습니다. 이런 사례들을 전부 모아 볼 생각입니다.

근데 이 논쟁이 갖고 있는 본질적 성격은 뭐냐. 그것은 이익투쟁이고, 그 이익이 집단화됨으로써 권력투쟁이다, 계급투쟁까진 몰라도 권력투쟁이다, 이런 취지지요.

문제는 정치다

경제 논리지만 이것은 정치다, 정치적 투쟁이다, 그리고 정치적 대립이다, 이런 얘기를 하려고 하는 겁니다. 그 본질은 이를테면 집단 간의 이해관계를 말하는 것입니다. 그 얘기기 때문에 시민의 역할에 관해서는 책을 따로 쓰려고 해요. 지금 국가의 역할, 시민의 역할 두 개를 쓰려고 하는 것이거든요. 국가의 역할은 뭐냐? 여기에서 국가의 역할은 진보다, 이렇게 말하려고 하는 거지요. 몇 가지 진보적 이상이 있어요. 더불어 사는 사회, 인권을 존중하고 더불어 살고 미래도 준비하고, 이런 것 아니겠어요?

'국가가 그거 할 수 있나?' 하는 거는 새로운 이야기로 들어가야죠. 근데 적어도 국가의 역할에 대한 시민들의 문제의식부터 짚어 봐야 하는 거니까, 국가의 역할에 대한 시민의 문제의식까지를 여기서 던져 놓으려고 하는 거지요. '누구 몫이냐'까지 던지고 싶은데, 어려워요. 지금 힘도 빠지고 해서 결국은 원론적으로 '이건 시민 몫이다'까지 쓰고, '시민이 어떻게 할 거냐'부터는 다시 시작해야죠.

국가가 무엇을 할 것이냐 하는 것이 지금 가장 뜨겁게 불붙은 쟁점이거든요. 우리는 신자유주의 그거 아니다. 진보가 더 낫다. 그럼 그 진보는 누가 어떻게 할 거냐? 이렇게 얘기가 다음으로 넘어가게 되는데, 그다음으로 연결할 수 있는 데까지만 가 보자는 겁니다.

하나 더 시도를 해 보려는 것이 경제 얘기 말고도 똑같은 맥락에서 얘기해야 할 것들이 많아요. 미래의 문제들에 대해서도 얘길 좀 해 보고, 빈곤의 문제라든지 위기의 지구라든지 이런 것도 언급하려고 합니다.

결국 사람이냐 돈이냐

오늘날은 보수주의 시대니까 보수주의 관점에서 전 세계적으로 특히 우리 한국에서 '경제를 살려라' 하거든요? 그래 좋다. 어찌하면 경제가 사는가? 그 관점에 복지까지 넣어서 '그러면 복지는 어찌 되는가'라는 얘기까지 이어 가자는 겁니다. 보수주의에서도 복지에 대해 얘기가 있거든요. 그래서 '성장과 복지를 어떻게 할 거냐'는 지금 보수주의 시대의 가장 큰 논쟁입니다.

지금 복지라는 것이 밀리고 있잖아요. 밀리고 있거든. 이론적으로나 실질적으로 지금 밀리고 있는데, 사실은 그거 경제 논쟁인 것 같지만 분배 논쟁입니다. 성장 논쟁인 것 같지만 분배 논쟁이고, 정치 논쟁이에요. 계급투쟁이고, 정치투쟁이에요. 경제를 중심으로 이루어지고 있지만 그건 다 정치적인 문제예요. 그래서 민주주의의 위기를 얘기하고 싶은 거죠. 성장만 외치다 보면 민주주의 가치는 희생되는 거 아니냐. 민주주의 가치를 함께 안고 가야 한다. 그렇게 얘기를 하고 싶어요.

제가 우리 아이들 성공할 것인가를 가지고 얘기를 많이 하게 되는데, '잘살아 보세' 하는 것이 있고요. 그럼 뭐가 잘사는 거냐? 부자가 돼야 잘산다? 서로 화목하게 협력하고 사는 것이 잘사는 거다? 뭐 이런 논쟁들이 있는데 한번 따져 봐야 합니다.

진보·보수의 논쟁을 보면, 그게 정치적인 문제이고 가치의 문제입니다. 결국 '사람이냐 돈이냐'의 문제인 거죠. 우리가 지금 너무 돈에 매몰돼 있어서 민주주의를 덮어 버리고 민주주의를 위기로 몰아넣고 있다, 그래서 정치를 되살리자, 민주주의를 되살리자는 겁니다.

보수와 진보의 기준을 어떻게 볼 것인가

2009.03.03.

저는 'FTA가 한국에서 정책으로 적절하냐 아니냐'는 문제하고 'FTA를 하면 진보가 아니고, 안 하면 진보냐' 이거하고는 별개라고 봅니다. 이번 책에서는 개방 문제를 크게 다룰 생각이 없어요. 왜냐하면 나는 그것이 진보의 본질이라고 보지 않기 때문입니다. 세계적으로 진보주의 시대라는 것이 개방 반대의 시대가 아니고, 진보 국가가 개방을 반대하는 국가는 아니잖아요?

유럽식 진보주의도 신자유주의의 교리 일부를 수용했어요. 많이 수용한 쪽도 있고 적게 수용한 쪽도 있지요. 신자유주의냐 아니냐의 문제가 아니고, 그와 관계없이 진보적 가치를 추구하면서도 경제정책이나 전략에서 과거의 방법들을 많이 수정을 했지요. 그중에서도 아주 많이 고친 것은 노동의 유연성, 규제 완화 등이고 복지 제도도 일부 조정이 있었지요.

규제 완화와 노동 유연성

그런데 제일 큰 건 노동문제거든요. 노동문제에서 근로자들의 개별적 권리, 개별 근로관계에 얼마나 후퇴가 있었느냐, 집단적 근로관계에 얼마나 후퇴가 있었느냐 이런 것이거든요. 우리가 고용 노동의 유연성이라고 부르는 것은 개별 근로관계를 말하는 겁니다. 개별적인 근로기준법상의 권리를 말하는 거죠. 노동조합법상의 권리가 아니고 근로기준법상의 권리에서 얼마만큼 후퇴가 있었느냐 하는 것인데, 이 노동 유연성은 아주 큰 문제입니다. 그거 안 하고 경쟁이 되냐 안 되냐, 하는 문제가 있긴 합니다만…….

노동조합에 대해서는 법적으로는 규정이 뭐로 바뀌고 안 바뀌고 이런 문제를 떠나서 조직률이 떨어지느냐 올라가느냐 이것만 갖고도 궁극적으로 한번 따져 볼 수가 있겠죠. 실제로 어떤 법적인 변화가 있었기 때문에 조직력이 떨어졌냐 올라갔냐, 이런 것을 우리가 살펴볼 수 있는 거죠. 이렇게 집단적 노사 관계와 개인적 노사 관계가 있는데, 이 부분에 대해서 어느 정도의 것을 수용했느냐가 문제입니다. 개인적 노사 관계 부분에 소위 노동 안정, 직업안정, 직업의 보장 이 부분에 상당한 타협이 있었습니다. 중요한 부분이죠. 그 부분에 타협이 있었고…….

그다음이 규제 문제죠. 규제 완화 규제 완화 해 쌓는데 이게 도깨비 빗자루 싸움 얘기입니다. 한참 싸우고 나서 다 죽였다고 보니까 그냥 살아 있고 하는. 이번 국회도 규제 싸움 국회 아닙니까? 방송법이 문제인데 방송의 자유, 방송 기업의 자유에 대한 규제를 가지고 지금 싸우고 있는 것이죠? 규제를 풀자, 풀면 안 된다. 근데 이 규제 개혁이라는 것이 아주 간단치 않습니다.

지금 합의했다는 것은 '금산 분리[21] 좀 풀자' 이게 규제 풀자 아니에요? '출총제(출자총액제한제도)[22] 좀 풀자.' 이게 풀자 아니

---

21. 금산 분리
　　금융과 산업을 분리한다는 뜻으로, 산업자본이 은행에 대해 4% 이상의 의결권을
　　행사할 수 없도록 제한한 은행법 조항이다. 1982년 대기업 등 산업자본이
　　자기자본이 아닌 고객 예금으로 금융 산업을 지배하는 것을 막기 위해 도입되었다.

에요? 계속 풀어요. 풀고 또 풀고 몇 백 개 풀고. 몇 천 개를 풀어도 계속 규제 완화 규제 완화 이럽니다. 그 핵심이 뭐냐? 일종의 사회적 권력투쟁입니다. 규제라는 것이 그런 것이죠.

개방은 진보와 보수의 문제는 아니다

그런데 정부 혁신, 공기업 혁신 이거는 이쪽 서구의 소위 진보주의 정부들이, 제3의 길 하는 사람들이 그걸 대폭 수용했어요. 정부의 크기, 공기업 민영화, 노동의 유연성, 더한 경쟁주의, 뭐 이런 걸 많이 받아들였어요.

근데 그중에서 개방이 그렇게 문제가 됐냐? 그건 진보주의 보수주의 할 것 없이 전 세계가 함께 그냥 와르르 갔어요. 그럼 반대하는 세력은 어디 있냐? 세계화 반대 세력이 있었죠? 그걸 주도한 세력이 누군지 모르겠어요.

대강 보면 뭐 제3의 길 세력과 전통 좌파 세력 간의 싸움이 있습니다. 영국 노동당의 내부 노선 투쟁이라든지, 독일의 싸움은 꽤 유명하지 않습니까? 이제 그 부분들을 우리가 정리를 해서 가는

---

22. 출자총액제한제도

업종 다각화에 따른 대기업들의 무분별한 사업 확장을 막기 위해 자산 총액 10조 이상인 기업 집단 소속의 기업에 한해 순자산의 40%를 초과하여 계열사·비계열사를 불문하고 국내 회사에 출자할 수 없도록 하던 제도이다. 이 제도는 그동안 대기업들의 과다한 확장을 막는 데는 기여했으나, 기업 퇴출과 적대적 인수 합병을 어렵게 한다는 이유로 1997년에 폐지되었다. 이후 적대적 인수 합병이 한 건도 일어나지 않고, 오히려 대기업들의 계열사에 대한 내부 지분율이 증가하는 등 부작용이 일어나자 1999년 공정거래법을 개정하면서 부활했다. 그 후 기업에 대한 규제의 완화를 이유로 2009년 법 개정 시 조문이 다시 삭제되었다.

겁니다. 이제 그런 부분이기 때문에 개방 문제는 깊이 다루고 가자고 누가 주장하지 않으면 여기선 가벼이 다루고 넘어가려고 합니다. 개방은 본질이 아니다. 개방은 진보주의, 보수주의의 문제는 아니다. 한국 정치에서 적절하냐 안 하냐, 한국의 경제 체질상 유리하냐 불리하냐, 오늘 유리하냐 불리하냐, 미래에는 유리하냐 불리하냐는 데 대한 현실 판단의 문제로, 그런 정도로 타협할 수 있으면 된다고 보는 것이거든요. 그래서 내가 실용적 진보 노선, 실용주의 진보 노선 이런 얘기를 했거든요.

진보의 나라, 보수의 나라로 보자

우리가 진보주의, 보수주의를 제대로 이해하려면 한국의 보수주의하고 유럽의 보수주의를 같이 봐선 안 됩니다. 유럽에서 복지병 얘기하니까 한국에서 복지병 얘기하고, 이건 아닌 것 같아요. 그래서 진보의 나라, 보수의 나라로 아예 분류해서 사물을 인식해 보자. 그래 놓고 두 부류의 나라들을 한번 비교해 보자는 겁니다. 일단 예산과 제도 두 가지 아닙니까? 돈과 제도거든요. 그럼 돈부터 먼저 얘기해 보자. 보니까 미국에서는 진보·보수가 좀 왔다 갔다 하는 것 같지만 미국의 진보라고 해 봤자 유럽의 보수하고 한번 비교해 볼 정도다. 뭐 이렇게 얘기를 풀어 나가는 것이 어쩌면 이 책의 핵심이 될지도 모르죠.

　　보수주의 나라, 진보주의 나라로 한번에 딱 비교해서 결과를 보고 얘기를 해 보자. 그러면 유럽과 미국으로 양분된다. 그럼 한국은 어디에 서 있는가.

규제 완화를 어떻게 볼 것인가

2009.03.12.

규제 완화라는 것을 김대중 정부 때 제일 많이 했고, 우리 정부 때 가장 체계적으로 했어요. 얼마나 잘했는지 모르지만, 우리 정부 때는 280페이지짜리 『규제개혁정책백서』가 있어요. 말하자면 굉장히 체계화된 것이죠.

학계 대부분이 규제 철폐라고 하면 좀 비판적으로 거북하게 생각하는 경향이 있습니다. 그런데 이게 우리만이 아니고 유럽의 제3의 길에서 이 규제 문제를 어떻게 다뤘는가, 예를 들면 유럽의 진보주의 정권들이 규제 완화한다고 규제 철폐와 규제 개혁을 열심히 했을 가능성이 있지 않겠어요? 우리만 앉아서 규제 철폐는 보수주의 의제고, 진보는 규제 철폐 반대다, 이렇게 말하는 건 좀 아닌 것 같아요.

그래서 '규제가 뭐야?' 이런 쪽으로 생각을 해 보니까, 전국적으로 되백이(되박)를 통일해라, 전국적으로 저울 단위를 통일해라, 이게 규제예요. 전국적으로 화폐를 이걸로 써라 이렇게 되는 거지요. 시장에 대해 가장 큰 규제가 화폐 규제거든요. 아무 화폐나 쓰지 말고 이 화폐 써라, 그다음에 도량형 이거 해라. 세금을 내라는 것도 규제지만 세금 받지 마라는 것도…… 아니, 그건 참 규제 완화구나.(웃음)

이제 가만 보면 중상주의 시대의 모든 왕권의 행사가 전부 규제예요. 근데 소위 초기 자본주의 시장주의자들이 맨 처음에는 봉건 규제를 깨부수고 다음에는 중상주의 규제를 깨부쉈단 말이죠. 이게 규제 완화의 과정이에요. 시장 안에만 규제가 있는 게 아닙니다. 시장 외적인 규제가 있거든요. '아무리 그렇지만 마약은 팔지 마라, 성 산업은 하지 마라.' 선량한 풍속, 사회질서, 노동자의 건강, 우리 국민의 안전, 환경 등등 소위 사회적 가치에 의해서 여러 가지 규제들이 쫙 늘어 갑니다. 그 규제 중에 가장 강력한 규제가 근로기준법의 규제입니다. 노동 규제법이잖아요, 그렇죠?

그 사회의 가치 이동에 따라 규제라는 것이 출몰하는 겁니다. 옛날에는 규제 만들어 달라고 주장했어요. 소위 자본주의 거래 방식이 있잖아요? 소유권 보호, 말하자면 내 소유권에 대해서 남이 침범하지 못하게 해 달라. 또 뭐가 있을까요? 시장의 거래를 원활하게 하기 위한 모든 제도들. 그다음에 이제 시장주의 안에서도 싸움이 붙었어요. 시장주의 안에서 붙은 싸움이 독점 금지, 독점 규제입니다. 그러니까 1900년대 시어도어 루스벨트 시대에 독점 규제가 나오거든요. 강력한 독점 규제였지요. 이 얘기를 다 할 수는 없고, 한 줄씩 하고 넘어가더라도 규제라는 것이 진보주의의 전유물이 아니었다는 얘길 해야 합니다. 노동보호, 환경보호, 뭐 이런 규제들이 있는가 하면 심지어는 산업 정책, 국가 관료제의 편의에 의해서 남아 있는 소위 관치 경제식 규제도 있다는 얘기죠.

근데 이 규제라는 것을 두고 신자유주의 의제다 아니다 뭐 이렇게 가면 이 모든 것들이 다 파묻혀 버려요. 보수에서 요구하는 규제들도 많이 있어요. 이제 그런 문제의식을 가지고 생각을 정리해야 합니다.

한국의 진보와 보수

2009.03.21.

진보·보수의 전선은 김대중 노선 대 한나라당 노선

(신자유주의가 한국에서 보수주의와 등치되지 않는 등 한국에서는 진보·보수의 관점이 불명확한 것이 아닌가라는 참석자의 질문에 대해) 바로 그 문제인데, 프리드리히 하이에크[23]의 보수주의인데, 우리 한국에서는 그나마 이래 돼요. 보수주의 하면 신자유주의 이론을 한나라당이 충실하게 따라가고 있습니다.

신자유주의 이론을 충실하게 따라가는데 김대중과 노무현도 그 일부를 또 따라갔거든요. 일부를 또 따라갔단 말이죠. 따라가서 신자유주의 절반을 보듬어 버렸단 말이죠. 그러자 이게 이제 양쪽에서 샌드위치가 돼 버린 것이고요. 그런데 우리나라의 주 전선은 뭐냐 하면 신중도주의 내지 제3의 길과 신자유주의의 전선이거든. 그래서 나는 이걸 보수냐 신자유주의냐를 논리적으로 구분하는 것은 그럴 필요 없다. 전선은 뭐냐? 전선은 한나라당과 국민의 정부, 참여정부 이게 전선이고……

지금 우리 사회에서 전선이 어떻게 돼 있냐 하면, 글을 많이

---

23. 프리드리히 하이에크
오스트리아 태생의 영국 경제학자. 화폐적 경기론과 중립적 화폐론을 전개했고, 신자유주의의 입장에서 모든 계획경제에 반대했다. 필생의 대작으로 불리는 『법, 입법, 자유』를 저술했으며, 1974년 스웨덴의 K. G. 뮈르달과 함께 화폐와 경제 변동의 연구가 인정되어 노벨경제학상을 받았다. 오스트리아 학파에 속한다.

쓰는 사람들의 논쟁은 어찌 되냐 하면, 소위 좌파 원리주의와 신자유주의에 전선이 그어져 있거든요, 현재. 이 전선은 전선이 아니다. 그것은 소수파이고, 다수파는 그나마 제3의 길 정도라도 충실하면 제3의 길과 신자유주의 사이에 있어요. 신자유주의 몇 개 교리는 서로가 같이 채용해 버리는 것이 있기 때문에 제3의 길과 포괄적인 신자유주의하고 전선을 그어 가자. 신자유주의 교리 전부를 가지고 싸울 게 아니고 그중에서 핵심 의제 가지고만 싸우자. 핵심 의제는 뭐냐? 결국 빈부 격차하고 노동보호에 관한 문제, 분배와 재분배에 관한 것이 핵심이지요.

그러니까 김대중 정부의 개혁이란 것이 권위주의와 민주주의, 그다음에 관치 경제와 시장경제, 이렇게 민주주의와 시장경제로 이행한 것이거든요. 한 개 더 나간 것이 민족주의 대 세계주의가 나옵니다. 민족주의 대 보편적 세계주의라는 것이 김대중 정부 국정 목표에 아마 반듯하게 자리를 차지하고 있습니다. 그런데 지금 한국의 전선이 어디로 가야 되느냐 하는 문제에 대해서 나는 그 모든 것들을 유럽의 제3의 길하고 김대중 노선하고 한번 비교를 해 보고 싶습니다. 유럽의 주류 노선하고 제3의 주류 노선하고 유사하게 가는 부분이 있다면, 김대중 노선 대 한나라당 노선으로 줄을 긋고 이쪽은 진보, 이쪽은 보수인 것으로 긋고 가 보자는 겁니다. 이 책의 구성이 그리 돼 있습니다.

논쟁의 핵심은 빈부 격차, 감세, 일자리, 복지

(줄거리 2차 초안에는) 감세하면 누구 세금이 얼마나 줄어들고 누

구 세금이 깎이고, 그럼 뭐가 얼마나 줄어드느냐 하는 질문들이 쭉 있습니다. 그런 것들을 모아서 쓰면 그 안에 신자유주의 논쟁의 주제들이 나옵니다. 아까 신자유주의 한 줄로 그냥 줄여 버렸는데 그 논쟁 한 가지만 갖고도 책 한 권이 나와야 할 겁니다. 물론 그렇다고 답은 없지.

그다음에 규제만 해도 2007년도에 낸 『규제개혁정책백서』, 총리실 규제개혁위원회 사이트에 들어가 보면 이 280페이지짜리 보고서가 있습니다. 그런 거 하나하나를 이제 우리가 어떻게 정리해서 쓰느냐에 따라서 분량이 엄청 많아질 수도 있죠.

다른 책들은 그 부분을 굉장히 깊이 들어갑니다. 특히 장하준 씨 같은 경우는 공기업 민영화 한 개만 가지고도 굉장히 많은 얘기들을 하고 있는데, 만약 다룬다면 우리가 공기업 민영화 과정에서 겪었던 사례들도 얘기를 해야겠죠. 그 사이에 이론적으로 이렇게 이렇게 싸웠다는 것, 그리고 이런 선택을 했다는 것, 그런 게 되지 않겠어요?

민영화가 얼마만큼 효율이 있는지 모르지만, 우선 기본적으로 우리는 동의하지 않았지만, 동의한다 할지라도 그걸로 인해서 피 흘리고……. 나무 옮기는 것과 비슷하거든요. 소나무 잘못 옮기면 죽어 버려요. 나무 위치를 옮기면 좋긴 하겠지만 그것으로 인해 피 흘리는 출혈을 생각해 보면 그 성과를 높이 잡기가 어려워요. 사회적으로 논쟁하고 싸우고 길거리에서 투쟁하고 이런 비용을 생각하면 오히려 이익을 다 까먹어 버릴 수도 있다는 얘기가 나올 수 있겠죠.

사실 보기에 따라서는 신자유주의 논쟁 같은 부분이 이 책의 아주 핵심이 될 수도 있고, 또 아까 어떤 부분은 제3의 길과 신자유주의가 노선 구별이 없이 거의 일치돼 버린 것이 있습니다. 말하자면 김대중 대통령이 채택하고 내가 따라간 부분은 제가 쓰는 책에서는 가볍게 넘어갈 수도 있거든요.

김대중 정부도 확실하고 우리도 별로 한 건 없지만 방향은 분명해요. 복지 이런 건 분명합니다. 지금 우리가 제일 대답하기 난감한 것이 노동의 유연성입니다.

그러면 결국은 양극화, 빈부 격차 문제가 핵심입니다. 빈부 격차가 어디에서 왔는가 하면, 중요하게 다루어야 할 게 소위 창조적 지식 노동자 문제입니다. 신자본가계급이 나온 것이거든요. 요 근래 고소득자가 누구냐 하면 소위 창조적 지식 노동자들이에요. 창조적 지식 노동자라고 이름을 누가 붙였는데 그 계층이거든요.

어느 책에 그게 사례로 나옵니다. 엄청나게 많은 소득을 얻어 가는데 우리가 전통적으로 얘기하는 그런 재벌도 아니고 전통적으로 불로소득으로 얻는, 자산 소득자들도 아닌 근로소득자입니다. 근로소득자 사이에 새로운 신분 계급이, 신귀족계급이 하나 등장했거든요. 이 신귀족계급을 견제할 수 있는 제도적 장치가 뭐냐? 여기에 대해서 지금 답이 없어요. 이 답을 우리가 이제 어떻게 낼 거냐?

우리가 빈부 격차를 얘기할 때 한국에서 가장 중요한 것이 일자리 문제입니다. 1차적으로 일자리의 양이고, 2차로는 일자리의 품질이거든요. 그렇죠? 일자리의 품질을 어떻게 할 것이냐 하는 데 대해서 내가 대통령을 하면서도 충분히 분석하고 충분히 대응해 보질 못했습니다. 지금도 누가 하려고 해도 상당히 어려울 겁니다. 예를 들면 비정규직을 정규직화하는 과정에서 정책 수단이 뭐냐? 소위 자영업자들을 어떻게 할 거냐? 이런 것이죠.

이제 미국의 사례인데, 미국에서 생산직 노동자들이 일자리가 자꾸만 줄어들거든요. 생산직 노동자들 일자리가 자꾸 줄어드니까 이 사람들이 대인 서비스 직종으로 계속 몰린단 말이죠. 그러다 보니 대인 서비스 직종의 근로 조건이 저하되는 것이죠. 그런데 우리는 대인 서비스의 대부분을 또 영세 자영업자들이 맡고 있단 말이죠. 전 세계에 영세 자영업이 그렇게 많이 없는데 우리는 영세 자영업자들이 자꾸 과잉 경쟁으로 궁지에 몰리고 있죠. 이 문제를 풀 수 있는 제도적 답이 뭐냐? 지금 우리가 한다는 것이 기껏해야 재래시장 리모델링해 주고 조금이라도 더 버텨라 이런 것이고, 하나는 여기 와서 직업훈련 받아라, 이런 거거든요? 이런 문제들에 대해서 깊이 고민해서 대답이 안 나오더라도 우리가 더 다루어야 합니다.

그런데 이제 빈부 격차의 문제가 시장의 요건이냐? 미국의 생산직 노동자들이 줄어들고 자꾸 밀리는 것이 시장의 환경이냐? 아니면 제도에 문제가 있는 것인가? 그러니까 전통적 이론, 전통적 좌파는 뭐냐면 제도 문제로 보고 있거든요. 제도 문제로 보고 있고 장하준 씨는 언급이 없어요. 폴 크루그먼은 노동조합을 억압하고 푸대접하고 그래서 노동 조직률이 떨어지고 사회적 압력도 없고 해서 그렇다는 거고요. 제도다, 이거거든요.

그런데 또 로버트 라이시 같은 사람은 그게 제도가 아니라 직업 환경의 변화라는 소위 경제 환경의 변화에 따른 것이라고 명확하게 얘기를 하고 있습니다. 따라서 이 부분은 뭐 합의도 없고 대답도 없고, 이런 부분에서 이제 『해밀턴 보고서』라든지 미국 오바마 진영에서 내놓고 있는 대안은 뭔지 모르죠.

그래서 소위 진보 진영의 전략이 뭐냐? 우리가 얘기해 왔던 것이 소위 근본주의는 제도만 얘기했지, 비정규직 금지법만 얘기했지, 비정규직이 완전히 일자리를 잃지 않게 그나마 일이라도 하고 정규직이라도 가게 하는…… 이게 뭐냐에 대해서 뭔 대책이 있냐고 물어도 답이 없는 거죠. 이런 부분에 대해서 적어도 문제에 손을 대고 가야 되는 것 아닌가요?

정책을 가지고 진보·보수의 전선을 말하자

(한국의 정치 세력 지형과 논쟁을 보았을 때, 진보·보수의 전선이 유효한 개념인지에 대한 질문에 대해) 어떻든 지금 나는 이 책을 쓰면서 어떤 정치 세력보다는 정책 패키지를 가지고 묶음을 만들어서 우리가 선택해야 되는 것이 뭐냐? 결국 진보나 보수라는 것이 보수 맞냐 안 맞냐를 떠나서 누구의 철학이냐, 누구를 위한 누구의 철학이냐를 묻고 싶어요.

그래서 이 책은 전체적으로 현실 정치 얘기보다는, 정책 패키지를 가지고 얘기를 해 나가는 것이죠. 그런데 여기에서 역점을 두고 있는 것 중 하나가 신자유주의 논쟁에 말려들어 가면 갈수록 문제의 본질에서 자꾸 본질 아닌 데로 빠져서 규제가 어쩌고 규제를 하는 게 맞니 안 하는 게 맞니 이러는데, 규제의 실체라는 건 현장에 가 보면 아무것도 없어요.

우리가 규제 완화한다고, 예를 들면 운수 노조 풀어 주고 고물상 규제 풀어 놓으면 오염물 나오는 것 통제 안 되고, 불나면 누가 규제 안 했냐고 하게 되고, 음식이 잘못되면 환경호르몬 나오는데 왜 규제 안 하냐 그러고, 그래서 규제하면 또 했다고 뭐라 하고…… 그렇게 되거든요. 규제 풀어라 규제 필요하다 이것 갖고 옥신각신 하고 있거든. 규제 풀어라 하는데 뭐 가만 들어 보면 수도권 풀어라, 출총제 풀어라…… 5년 내내 규제 풀어 주고 했는데, 그다음에 이것 다 풀어 줘도 그냥 입버릇처럼 규제 얘기를 해요. 규제 많아서 못해 먹겠다, 입버릇처럼 얘기하고…….

그리고 민영화라는 부분도 마찬가지예요. 개방은 문제인데, 여기엔 일반론이 있고, 이제 구체적으로 한·미 FTA가 있는데 이정우 실장은 한·미 FTA가 좀 유감이겠지만 그건 정책의 패키지로서 문제가 아니고 구체적인 현실에서 한국이 적절하냐는 문제가 아닌가 싶어요.

말하자면 어떤 나라는 좀 더 개방하는 게 유리하고 어떤 나라는 좀 닫는 게 유리하고, 뭐 각기 안 다르겠습니까? 다른 것 중에 우리가 이 시점에서 그 선택이 적절하냐, 그 전략적 판단의 문제이기 때문에 그 부분은 별로 부닥치는 문제가 아닌데 우리가 그 개방 반대, 개방 찬성 가지고, 총론 가지고 막 옥신각신 싸워 쌓는 것도 ……. 그래도 뭐 진보신당만은 그렇게 싸워야지. 진보신당은 계속 그걸 걸고 나와야 하지만 우리가 거기에 말려들어 가 신자유주의다 아니다 하면서 '내가 좌파 신자유주의다' 했다가 또 박살 나고 …….(일동 웃음)

그래서 신자유주의 논쟁 부분은 말을 안 꺼내거나 말을 꺼내 놓되 이것은 보수와 진보의 본질적 논쟁은 아니다. 본질 논쟁은 단적으로 말해 시장에서 부자가 나가시는데 불편한 것 다 치워라, 거기에 해당되는 것만 본질적 논쟁이다. 예를 들면 그런 것이죠.

그다음에 진보의 전략이 있는데, 진보 전략의 가장 고민스러운 부분이 『해밀턴 보고서』보다는 우리의 '비전 2030'에 훨씬 잘 정리가 돼 있어요.

거기에는 해결되지 않는 문제들이 있습니다. 해결되지 않은 문제들을 우리가 어떻게 접근해서 성장에 관해서 진보가 갖고 있는 생각을 알리느냐 하는 문제가 있어요. 분배와 성장에 관한 진보의 생각이 뭐다. 일자리에 관한, 빈부 격차에 관한 진보의 생각이 뭐다. 그런데 그중에 가장 중요한 것이 일자리 아니겠느냐? 일자리의 양에 대해서는 생각이 뭐다. 품질에 대해서는 생각이 뭐다. 또 안 되는 건 안 되는 거다. 이렇게 해 나가야죠.

5개년 계획을 할 건 5개년 계획으로 하고 10개년 계획을 할 건 10개년 계획으로 하고, 교육으로 풀 건 교육으로 푸는 쪽으로 확실하게 가져가야지, 우리가 공허한 소리를 계속할 수는 없는 거거든요. 안 되는 걸 갖고 만날 이런 소리 하지 말자, 이런 거라도 분명하게 이제 내걸어 주는 정리들을 해 나가는 것이 필요하죠.

어떤 시장이냐, 어떤 국가냐

(과거 보수 시대에는 '국가에서 시장으로', 이제 신자유주의 위기로 다시 '시장에서 국가로'라는 시장과 국가의 관점이 필요한 것 아닌가라는 질문에 대해) 어떻게 보면 혼합경제 체제라는 점은 신자유주의도 마찬가지고요. 신자유주의라고 해도 혼합경제를 인

정하고 우리가 진보주의라고 얘기하는 쪽도 혼합경제를 인정하거든요. 그래도 글 쓰면서 '국가냐 시장이냐'라는 얘기가 중간중간 나올 수밖에 없는데 우리 결론을 모을 때는 어느 쪽도 못 가요, 그죠? 혼합경제라는 것을 기본으로 하고 있기 때문이죠.

국가의 역할 중에서 표현을 다하지 않았는데 제일 먼저 계획과 산업 정책이 있습니다. 이것이 옛날에는 중상주의, 특허와 인·허가거든요. 중상주의적 통제는 국민 경제적 관점이 아니라 통치적 관점에서 그렇죠? 왕권을 위한 중상주의였는데 이게 이제 우리 동양에 와서, 발전 국가에 와서 써먹는 것이 독일·일본 그다음에 동아시아입니다. 그리고 국가적 계획과 산업 정책 이런 것입니다. '성장을 위한 국가적 개발계획과 산업 정책에 얼마만큼 개입할 거냐'라는 것이 하나 있고, 지금 아무리 보수주의 국가라도 거시경제 관리는 당연한 국가의 기능으로 어떤 신자유주의자도 이것을 부정 안 하거든요.

그다음에 이제 복지를 위한 일에 개입하지 않습니까? 그죠? 복지를 위한 개입. 그다음에 이제 공정, 경쟁의 거시경제하고 연장 선상인지 모르지만 경제 안정을 위해서 금융 감독하죠. 규제도 여러 가지가 있지 않습니까? 환경, 노동, 인권, 안전, 공정거래. 공정 거래라 해서 어떤 의미에서는 시장주의를 떠받치는 개입이죠. 만날 하는 것이 미래의 먹을거리, 새로운 성장 동력 해 가면서 떠드는 게 정부가 개발계획과 산업 정책을 세워서 성장 정책을 하라는 요구거든. 여기에 대해서 사실은 이의가 없어요. 지금 거기 신자유주의가 거부하고 있는 개입은 뭐냐 하면 공정거래 거부하고 세금 못 내겠다 이거거든. 이 두 개가 핵심 아닙니까?

그래서 주로 규제, 공정거래, 세금 이겁니다. 그다음에 노동. 노동자들 좀 잡아 줘 이거 아닙니까? 그죠? 그래서 우리가 규제하면 다인 것 같아도 자기들을 위한 규제는 해 달라는 거고 거시경제도 해 달라는 거고 산업 정책도 해 달라는 거고, 조세 감면해 달라고 하고요. 따지고 보면 조세 감면이 규제는 아니지만 특혜로써 조세 감면이라는 것은 규제의 역방향이거든요? 마찬가지지 않습니까? 왜냐하면 일반 규칙이 아니고 특별 규칙을 가지고 하는 것은 규제나 마찬가지거든요?

진짜 핵심, 진짜 쟁점이 뭐냐? 그냥 작은 정부가 아니고 다 큰 정부 하는데 도둑 잡을 때 큰 정부, 보수주의는 도둑 잡을 때 확실하게 잡아 주고 사람들 구속시키고 뭐 엄격하게 단속하고 그러잖아요, 그죠? 다 하는데 노동자 잡아 주고, 세금 줄여 주고, 거 뭐 우리 장사하는데 왜 자꾸 간섭하냐? 이런 몇 가지 핵심이 있습니다. 이런 부분을 우리가 골라내야 해요. 골라내서 실제로 규제라는 것이 각기 요구하는 것이 다 달라서 그건 하나의 이데올로기이고, 그런 것들은 골라내서 정리를 해 줘야 하고요. 그렇게 이제 쭉 해 가면 사실은 시장이냐 정부냐 하는 이 논지의 설정이 아주 잘못돼 있어요. 나도 쓰고 우리도 쓰고 다 쓰는데 결국 편파적인 것이죠.

관치 경제인가, 시장주의인가

(한국에서 보수는 시장주의보다 관치 경제·정경 유착에 가깝지 않은가라는 질문에 대해) 내가 후보 할 때 윤영관 씨가 어떤 사람인가 알고 싶어서 바쁜 와중에도 윤영관 교수의 『21세기 한국정치

경제모델』이라는 책을 읽었어요. 그 책이 그냥 있는지 없는지 모르겠는데 그 양반이 국제 경쟁, 국제정치 하는데 한국 경제에 대해서 언론하고 뭐하고 자료를 잔뜩 모아서 썼는데, 그 핵심이 정부의 자율성에 관한 것입니다. 독재 정권 때 정부가 재벌의 위에 있어서 정책이 재계로부터 자유로웠다는 정부 자율성을 주장하고, 민주주의로 이행되는 과정에서 정부의 자율권이 훼손되면서 재벌에게 포획돼 나가는 과정을 쭉, 그것만 집중해서 쓴 책이죠.

그래서 그 재계가 정부를 포획하는 것. 요새 미국 경제에 관해서 나오는 책들 중에 예외 없이 정치자금과 포획의 얘기가 계속 나옵니다. 로비스트, 정치자금, 정책의 포획, 이런 얘기들이 쭉 나오는데 윤영관 씨가 그런 책을 쓰더니 우리 한국에서도 아까 말했다시피 참 묘해요. 관치 경제 체제가 노태우 정부 때 오면서 무력화됩니다. 완전히는 아니지만 무력화되면서 재벌의 우위가 이제 나타나기 시작하죠.

그러니까 재벌들이 관치 시대로 돌아가고자 한다는 말은 통하지 않아요. 관치를 거부하거든요. 관치를 거부한 것이 결정적으로 정주영 씨죠. 정주영 씨가 노태우 대통령한테 달려들었다가 융자를 전부 끊기는 철퇴를 맞습니다. 그래서 정주영 씨가 그걸로 소송을 걸죠. 토지 공개념 했을 때인가요? 다섯 배 중과하는데 거기 소송 걸었다가 전부 융자 차단당하고, 그 일로 열을 받아서 내 대통령 할란다 이래 됐거든. 그래서 정당을 만든 것 아닙니까?

우리나라 재계의 자율권이 점점 더 강화돼 나가는 과정, 이런 것들이 있어서 참 힘이 드는 게…… 중상주의라 말할 수도 없고 관치 경제라 말할 수도 없고, 논리적으로는 다 안 맞아요. 우리 한국

경제도 그런 분석이 있고요.

노동조합과 깨어 있는 자본

지금 진보의 시대에 관해서……. 미국의 얘긴데, 진보의 시대가 왜 황금시대였느냐? '왜 황금시대냐?' 했더니 로버트 라이시 같은 사람은 그리 얘기합니다. 대기업이 다국적 기업이지, 대기업이 자기들 사이에 경쟁이 별로 없고 거의 독점적 체제를 가지고 있었기 때문이라고.

그 당시 미국의 대기업들이 시장에서 사실상 독점적 지위를 가지고 있었대요. 그래서 재계, 소위 말해서 기업, 다국적 기업들이 노동자들과 지역 시민사회와 지역구 압력단체와 만나서 노동자 얘기를 했고, 정부가 이 사이에서 일종의 조합주의적 협상이 가능했다는 것이죠. 이 협상에서 노동자한테 많이 준 것은 소비자한테 전가시킬 수 있는, 사실상 시장 지배력을 기업이 가지고 있었다는 것입니다. 이건 라이시의 견해인데 좀 봐야 되겠지만, 그 지배력으로 자기들은 이윤 폭을 조절할 수 있는 넉넉함이 있으니까 그렇게 하고, 노동조합은 그 협상의 구조 속에서 상호 하후상박(下厚上薄)의 사회적 윤리를 계속 주장해요.

노동조합의 사회적 윤리를 계속 주장하고 실제로 대통령도 한마디씩 하고, 케네디가 무슨 노사분규에 대해 한마디 하면 그 기업이 그냥 쑥 들어가고 이런 사례들이 있더라고요. 그러니까 아주 드문 일인데 대통령이 한마디 하면 노사 간 관계가 아주 역전돼 버리는, 뭐 미국에서도 그런 사례가 몇 개 나와요. 나오는데 그중에 아주 극악했던 것이 공항 관제사 파업[24]에 레이건이 강하게 나갔던 것이죠. 케네디하고 클린턴 같은 경우는 노조 편을 들어줬던 사례로 나와 있는데, 그 당시는 협상이 가능한 각계의 협상력을 가지고 있었다는 거죠.

그런데 지금은 노조가 약해져 버리고 시민 단체들도 다 그러고, 남아 있는 것은 기업들이죠. 기업들이 옛날처럼 그렇게 독점적인 지위를 갖고 있는 것도 아니고 자기들끼리 치열한 경쟁을 하면서 소위 로비스트 숫자가 굉장히 많이 늘어나고, 기업과 기업 사이에서 너무 치열한 경쟁이 벌어지고 있다는 점을 쭉 설명해 놓은 게 있어요. 라이시가 『슈퍼 자본주의』라는 책에서 그 부분을 설명해 놓고 있습니다.

우리도 굉장히 헷갈리는 것이 우리는 자유경쟁 원리를 진보주의자들이 좋아하잖아요. 그리고 재벌들이 시장 지배하는 것에 대해서 우리는 굉장히 싫어하는데, 그나마 대기업이 지배할 때는 협상을 해서 나눠 먹기라도 했는데, 이제는 대기업들도 죽기 살기로 싸워야 하기 때문에 자기들이 노동조합하고 협상하고 이런 것 자체가 불가능해졌다는 것이 그 책의 결론입니다.

(『슈퍼 자본주의』에 오면 좀 명확하지 못한 부분이 많이 있다

---

24. 공항 관제사 파업

　1981년 미국 연방항공청 소속 관제사 1만 3,000여 명이 연봉 인상을 내세우며 파업에 들어가자 레이건 대통령은 "48시간 내에 복귀하지 않으면 관련 법에 따라 전원 해고할 것"이라고 경고했다. 이는 연방 공무원의 파업을 금지한 법률에 근거한 것으로, 이 법은 1955년 제정됐다. 그동안 22건의 연방 공무원 파업이 묵인돼 왔기에 관제사들은 이번에도 엄포에 그치리라고 믿었다. 그러나 실제로 레이건은 정확히 48시간 뒤에 1만 1,345명을 무자비하게 해고했다.

는 참석자 의견에 대해) 예,『슈퍼 자본주의』에 와서 자기 의견을 뭐 하나 바꾼다고 한 게 있어요. 이리이리하면 된다고 했는데 가만 보니까 내 말이 틀린 것 같다고 뒤집어 버린 게 있는데…… 패트리셔 애버딘이 쓴『메가트렌드 2010』이라는 책을 보면 — 요새 밥 먹고 할 일이 없으니까……(일동 웃음) 옛날에 읽은 거예요 — 이 책에 보면 이런 게 나와요. '깨어 있는 자본' 그 개념이 나옵니다. 그래서 도덕적 자본, 환경적 자본에 대해서 생태 환경친화적 자본에 대해서 거기에만 투자하는 펀드가 있다는 것이죠. 그 펀드에 사람들이 도덕적 투자를 하기 때문에 앞으로 통제가 가능하다, 이래 된 것이죠. 투자자 외에 소비자도 있을 수 있고.

그다음에 이제 재레드 다이아몬드의『문명의 붕괴』라는 책에도 이런 게 나옵니다. 세계 목재, 목재 유통을…… 무슨 자기들이 조합을 만들어서 환경 보존 등 엄격한 규칙을 지키는 목재만 보증을 해 줍니다. 친환경 인증 제도를 만들어서 그 목재만 팔리게 하는 이런 운동이 되기 때문에 희망이 있다 이래 놓고……. 로버트 라이시도 이런 비슷한 것을 주장했던 것입니다. 옛날에 했는데 도대체 그걸 할 수가 없다. 이익 앞에는 못 이긴다, 그 결론을 내놓고 옛날에 내가 도덕적 투자라는 걸 생각했는데 그것 안 되겠다, 뒤집는다 이렇게 그 책에다 써 놨어요. 나도 그 말을 듣고 사람들한테 몇 번 옮겼지요. 이제 라이시가 안 된다 하니까 나도 이제……(일동 웃음) 이 얘기도 어디 담아야 돼. 담아 놓으면 너무 참담해서 담지 말까요? 아 그리로 가면 답을 못 내요, 이 책에. 우리도 이 책에 답을 못 내게 되는 것이죠.

한국의 보수는 철학이 있는가

어디에 이 얘기를 하나 넣기는 넣어야 해요. 약자 사랑. 정부 차원에서 실천에 앞장서야 한다고 해 놨는데, 어딘가 초안 중에 그 얘기를 해 놨어요. 자선이냐, 제도냐? 어딘가 그 복지 문제에 관해서 우리 사람들이 자선으로 문제를 해결해 가자는 그런 것이 있거든요. 사회적 약자의 문제를 자선으로 해결하자고 하는데 배척할 일은 아니지만 국가 제도가 앞서가야 되는 것이죠. 국가 제도가 앞서가고 그다음에 가야 되는데 묘하게 그걸 가지고 문제 해결 방식에 대해 말하자면 국가 제도를 회피해 가는 방패막이로 쓰는 경향이 있죠. 그런 것도 언제 한번 정리를 해 줘야죠.

(서구와는 달리 한국의 보수는 극우와 가까운 천박성을 갖지 않는가라는 질문에 대해) 굉장히 어렵습니다. 보수에 관해서 정리하기가요. 우리가 이제 극우가 있고 극좌가 있고 이렇게 하다 보니까 보수는 괜찮은 것, 극우는 나쁜 것 이렇게 얘기하게 되는데 하이에크가 어디서 인터뷰한 내용을 보면 거기는 우리가 생각하고 있는 보수가 자유주의자로 표현돼 있고, 물론 새로운 것에 대해서 조금 다르긴 하지만 보수는 형편없는 것으로 표현될 때가 있어요. 뭔 뜻이냐 하면 논리도 없고, 앞뒤에 무슨 일관성도 없고, 무조건 이익만 챙기고, 무조건 자기 편리한 것만 챙기고, 보수는 자존심도 없다, 기억은 못하겠는데 그런 취지예요.

그래서 이제 보수의 철학이 뭐냐? 보수의 철학이 뭐요? 없어요. 보수라는 것은 내가 지금까지 이런저런 글도 읽고 책도 읽고 했는데, 보수는 가치 이론이 없습니다. 한국에서 왜 보수냐 했을 때 철학적인 기초가 없습니다. 그 보수, 보수의 가치를 논리적으로 설명해 놓은 걸 본 일이 없어요. 그냥 이대로 가자, 이대로 가자인데…….

우리 사회가 좀 괜찮은 사회라면 뭐 이대로 가도 되지. 그런데 아무리 괜찮은 사회라도 변화가 없으면 썩는다는 것 아닙니까? 무너진다는 것인데 그래도 천천히 가지, 천천히 가 이러는데 우리 한국처럼 이렇게 문제가 많은 사회, 풀어야 할 문제가 산적한 사회, 청산해야 할 잔재들이 이렇게 많은 사회를 두고 이대로 가자니까…….

진보란 무엇인가

2009.03.24.

(줄거리 초안에서) 수정한 부분이 있는데, 뭐냐 하면 한쪽에서는 '너 좌파지?' 하고 한쪽에선 '너 신자유주의지?' 이렇게 말한단 말이에요. 근데 이게 기준이 뭐냐 이겁니다. 뭐가 기준이에요? 그 기준에 관한 얘기, 결국 '진보가 뭐고 보수가 뭐냐'라는 얘기를 한번 해 보자는 겁니다. 그러면서 신자유주의의 교리라는 것이 뭐냐, 거기에는 보수주의의 핵심 논리도 있고 진보·보수와 관계없이 진보도 보수도 모두 수용할 수 있는 우리 사회의 생산성과 효율성의 논리가 있습니다.

그런데 이 둘을 모두 합쳐서 신자유주의라는 이름으로 공격을 하다 보니까 너무 전선이 넓어지고 불필요하게 우리 편을 적으로 돌리는 이런 문제가 있지 않느냐 하는 것이지요. 이걸 한번 정리해 본다고 지금 막 시작했는데, 몇 년간 그 문제를 가지고 이론적인 토론을 시도해 봤다면 정리가 쉽게 될 텐데, 사실 우리 그 문제로 토론은 안 해 왔거든요.

진보의 가치는 '복지'와 '분배'

이런 고민으로 (줄거리 초안을) 수정하면서 도대체 신자유주의 잣대를 기준으로 해서 보수·진보를 가르는 것이 맞느냐? 아니라고 보는 거지요. 보수와 진보의 핵심 가치를 가지고 가르는 게 맞지 않느냐? 보수의 핵심 논리라는 게 뭐냐, 시장과 경쟁이거든요. 시장과 경쟁인데 진보주의에 어디 시장과 경쟁을 딱 반대하는 사람이, 딱 반대하는 논리가 있습니까? 특히 동유럽의 몰락 이후에 말이죠. 이건 정리된 거거든요. 시장을 반대하는 진보주의가 어디 있습디까? 아주 별난 사람들 말고는 말이죠. 지금 지구상에 현존하는 체제로선 존재하지 않는다는 말이지요.

(앞의 초안에서) 이미 보수의 나라, 진보의 나라로 분류해 놓고 있는데 그 분류 체계 속에서도 시장을 부정하는 진보의 나라는 없거든요. 그러니까 뭐 '너 시장주의 하냐 아니냐, 너 시장주의 할 거야?' 옛날에 그런 질문이 좀 있었어요. '너 시장주의 맞아?' 이러니까 오죽하면 김대중 대통령이 '나 시장주의자다' 이렇게 말씀하시게 된 거 아니에요? 관치 경제 대 시장경제의 그 시기에서 '너 시장주의 맞아?' 하는 데 대한 방어로 '그래, 난 시장주의자야!'라고 해 버린 것이거든요. 그러니까 이미 시장과 경쟁의 논리…… 그것이 보수의 핵심 가치이긴 하지만, 그걸 가지고 진보·보수를 가르게 되면 진보는 한 사람도 남지 않게 되는 거예요. 그렇죠?

핵심적인 대립이 뭐냐, 복지와 분배입니다. '너 분배 정부지?' 그런 것이죠. 옛날에 내가 많이 들은 것은 '파이를 키워야지' 하는 말인데, 이 말은 분배에 대한 반론이거든요. 보수주의의 반론 중에 아주 중요한 것이 '시장경제 해야지. 파이를 키워야지' 그다음에 '너 분배주의지?' 그다음에 '분배 정책으로 경제 다 망쳤다' 내가 들은 순서는 대개 이런 것 같아요. 아닌가? 맞을 겁니다.

이런 순서의 얘기 속에 일관되게 담겨 있는 것이 뭐냐면 '분배해 달라고 하지 마라.' 하나 더, 노동자들의 단결과 단체 행동에 대한 태도에서 '너 빨갱이 아니냐' 하는 것이 있죠. 아무튼 분배가 핵심이라고 해야 할 겁니다. 시장 분배에 관해서는 노사 관계고, 정부 분배에서는 복지와 분배 문제일 겁니다. 세금 문제로 연결되겠죠. 핵심은 그런 거 아닌가 싶어요.

　이런 것을 기준으로 해서 진보냐 보수냐, 그렇게 가르지 않으면 결국 진보가 아주 협소한 자기 땅 이외에는 중간에 있는 많은 영역, 소위 생산성과 능률이라고 하는 측면, 말하자면 시장, 경제, 효율 이 부분에 대한 영토를 다 포기해 버리게 되거든요. 그래서는 안 된다는, 이런 얘기를 어제 온종일 매달려서 써 봤는데 오늘 얘기를 해 보니까 좀 부실하게 써 놓은 것 같네요. 그 부분이 있어요.

　그래서 분배하자는 거냐 말자는 거냐, 분배에 대해서 적극적인 정책을 가지고 있느냐 그렇지 않느냐가 보수·진보의 기준이 아닌가 합니다. 철학적인 문제는 별개 문제고요. 진보도 시장주의 맞고 진보도 효율주의가 맞습니다. 부분적으로 경쟁주의, 효율주의 다 인정한다, 정도의 문제다 이렇게 보는 거죠. 그렇게 하면 제3의 길이라든지 김대중이라든지 노무현이도 진보 진영에 속하는 걸로 볼 수 있게 되는데,(웃음) 무슨 꼭 김대중과 노무현을 진보 진영으로 만들자는 얘기는 아닙니다.

　보수와 진보의 가치 논쟁에서 핵심 쟁점이 결국 분배 문제 아닌가. 나머지는 근본적으로 큰 차이가 없다, 적어도 현재 세계적인 수준에서 진보·보수라는 건 그런 거 아닌가. 진보 나라 보수 나라 또는 보수의 시대 진보의 시대라고 얘기했을 때, 우리 경험상 존재했던 사회구조라는 건 대개 그런 것이 아니었나 하는 생각입니다. 소련과 동유럽을 빼고 나면.

진보에도 경쟁력과 효율성은 필요하다

현존하는 체제 속에선 시장도 기준이 아니고 경쟁도 기준이 아닙니다. 효율성의 문제가 있는데, 효율성에 속하는 것 중에는 민영화 문제가 있거든요? 근데 그 민영화로 이 나라 저 나라 둘러보면은 어느 나라가 민영화를 많이 했어 안 했어, 이거는 하나의 구호일 뿐이더라고요. 민영화라는 것은 개혁이나 혁신의 구호일 뿐이더라는 거죠. 그렇죠? 효율성을 위한 혁신의 구호일 뿐이지 실제로 어느 선에서 경계가 이루어져 어느 쪽이 민영화 노선이고, 어느 쪽이 공기업 노선인지 그게 참 모호합니다. 좀 많다 적다의 문제지요.

대처리즘이 한창 난리일 때 호주와 뉴질랜드 같은 데서 재빨리 정부 혁신을 하면서 전부 아웃소싱으로 해치워 버렸는데, 호주와 뉴질랜드에서 노동당 정부들이 다 해 버렸거든요? '그러므로 너희(호주, 뉴질랜드 노동당)는 보수야!' 이렇게 해 버리면, 그럼 전 세계가 보수화됐다고 해야겠지. 그래서 지금을 보수의 시대라고 하는 건데, 보수의 시대에도 진보가 있기는 있잖아요? 있어요.(웃음)

보수주의가 진보를 공격할 때 대체로 진보주의의 가치를 공격하질 않고 진보주의의 불경제와 도덕적 해이를 공격합니다. 절묘하지요. 보수주의의 정치 전략입니다. 대처리즘, 레이거노믹스라는 것이 그 시기에 핵심적으로 진보주의 정부의 도덕적 해이와 비능률을 공격한 것이거든요. 도덕적 해이는 복지병, 실업수당 받아서 남부 유럽으로 휴가 가는 사람들이 핵심이죠. 그런 거 많이 나왔죠, 옛날에? 남부 유럽으로 휴가 간 사람들 얘기……. 기사들을 막 쏟아 내면 진보주의, 사회주의의 도덕적 타락을 집중적으로 공격하고. 그다음이 방만한 정부 문제를 듭니다. 돈 많이 쓰니까 방만한 정부라는 것이죠? 일 많이 하니까 공무원 많을 수밖에 없는데. 이 방만한 정부에 대한 공격이 민영화고 그다음이 규제 완화이런 것들입니다. 하나 더 있는데 경쟁력이죠. 경쟁력의 논리로 노동의 유연화가 나온 거구요. 그렇죠?

또 개방이 있는데, 개방이라는 것은 좀 다른 세계 자본주의 논리입니다. 이 문제는 개별 국가에서 진보·보수의 문제로 다룰 게아니에요. 그 국가의 수준에 따라서 보수주의 정부라도 얼마든지 보호주의를 할 수 있는 것입니다. 같이 가는 것이 아니죠. 개방의문제는 첨단 선진국 자본주의의 논리라고 해야 합니다.

노동 유연화가 제일 가슴 아파

아무튼 (보수주의자들은) 도덕적 해이와 비능률과 경쟁력에 관한문제 등을 집중적으로 파고들어 이것을 보수의 가치로 재포장한것인데, 이 대목에서 진보주의가 '그거야 우리도 할 수 있어' 이게제3의 길 아니겠어요? '그 말 맞아, 그런 점이 있어. 그건 우리도 할수 있어.' 이렇게 끼어들어 갔는데 '우리도 할 수 있어' 중에 제일 아픈 데가 어디냐 하면 노동의 유연성입니다.

다른 건 괜찮아요. '작은 정부 우리도 할 수 있어', 이거는 행정기술에 관한 문제니까요. 민영화도 막 해치웠거든요? 정부 혁신, 민영화, 이건 진보 정부가 오히려 세계적으로 더 모범적인 성과를남긴 것으로, 아마 그렇게 돼 있을걸요? 캐나다 정부 혁신 그거 다 잘했을걸? 규제 완화도 있는데, 규제 완화라는 것은 전부 이익의 충돌이 발생하는 문제입니다. 모든 부분의 이익이 충돌해서 그거는 균형의 문제이기 때문에 진보든 보수든 고만고만해요. 좀 더할 수 있고 좀 덜할 수 있고. 어떻든 진보주의도 '그거 우리도 할 수 있어' 하면서 규제 혁파 많이 했어요. 그런데 '노동의 유연화, 그것도 우린 할 수 있어' 하고 놔 버린 게 진보주의의 제일 아픈 데죠. 가장 아팠던 것이 이 대목입니다.

이게 세계의 추세였는데, 이걸 따라간 게 제3의 길이고 앞서 간 게 북유럽의 소위 혁신경제조합주의 내지 혁신주의 경제란 말이죠. 우리도 혁신 주도형 경제를 주장했던 것인데, 한국에 오면 이게 모두 신자유주의로 포장돼 버렸어요. 경쟁력 이론이라든지 효율성 이론 같은 것도 신자유주의가 돼 버린 거죠. 하여튼 신자유주의 이론에는 그런 함정도 숨어 있습니다. 보수주의가 그걸 먼저 선점해서 하고, 제3의 길은 그 일부를 우리도 한다고 받아 버린 것이고, 소위 정통 진보라고 하는 사람들, 진보 원리주의 하는 사람들, 근데 이름을 어떻게 붙일 것인가가 싸움이 되는데…… 잘못하면 계속 싸움만…….(웃음)

진보, '함께 타고 가자'는 것

공산주의 혁명 이론이 뭐냐면 버스 딱 세워 놓고 몽둥이 들고 올라가서 '차주 내려와' 하면서 패고,(일동 웃음) '기사 내려' 하면서 패고, 확 끌어내 버리고, '우리가 몰고 가자' 하고 빵 가 버리는 거거든요.(웃음) 진보라는 건 그게 아니고 '차가 좀 비좁나? 그래도 뭐 다

같이 가야 되는 사람들인데 타야 될 거 아이가? 우리도 좀 타자' 근데 못 타게 하니까 '왜 못 타 인마, 김해 사람은 손님 아니야?'(일동 웃음) 이러면서 올라타거든요.

'김해 사람은 손님 아니야?' 그렇게 하고 막 밀고 가는 게 진보죠. 우리 진보. 요새 진보는 그 정도 얘기거든요. '나도 좀 타고 가자' 이거죠. 그럼 나중에 뭐 운전평의회 할 때 '나도 운전평의회에 한 자리 끼자, 왜 니들끼리 코스를 마음대로 정하고 그래?' 이 얘기거든. 진보는 그거고, 보수는 '야 비좁다, 태우지 마라. 늦는다, 태우지 마라' 이거죠. 내가 어릴 때 부산서 출발해서 김해에 오면 김해 정류장에서 늘 요 싸움 하거든요.

그럼 이제 진보의 가치는 뭐냐? 연대, 함께 살자. 이거는 엄밀한 의미에서 하느님의 교리하고도 맞는 거 아니냐? 이런 생각입니다. 그리고 논리적으로 따지면 공존의 지혜이고, 종교적 교리로 따진다면 그건 하늘과 신의 뜻이다. '더불어 서로 사랑하고' 이게 연대 정신이잖아요. 그리고 다 같이 하느님의 자식들로 평등하게 태어나서 서로를 존중해라, 그런 거 아니겠어요? 그러니까 자유, 평등, 평화, 박애, 행복 이게 고스란히 진보의 가치 속에 있는 것이거든요.

'쟤들도 태워 줘라' 이거 아닙니까? 그 차에서 '차장, 오늘 어렵더라도 같이 타고 가야지. 그 사람들도 가서 제사 지내야 되는데' 이렇게 말해 주는 손님이 진보주의자예요. 사람들이 버스 뒤로 좀 들어가면 얼마든지 더 탈 수 있는데, 앞에 딱 버티고 서서 안 비켜 주는 경우도 많지요. 근데 '뒤로 좀 갑시다. 뒤로 갑시다' 하고 앞에서 사람들 헤치고 들어가서 사람 타게 열어 주는 사람, 이 사람은 그래도 괜찮은 진보주의자예요.(웃음)

3 김대중, 노무현은 진보인가

김대중, 노무현은 신자유주의자인가

2009.03.17.

우리가 변화라는 것을 보다 보면, 김대중 대통령은 뭐냐 이거지? 그분이 말하고 글 쓰고 해 왔던 이력을, 정치적 이력을 전체로 들여 다보면 진보주의자인 건 맞거든. 특히 한국 사회에서. 어쨌든 한국 사회에서 뭐가 중심인지 모르지만 중심을 놓고 진보·보수로 구분 하면, 김대중 대통령을 보수로 구분하는 사람은 아무도 없을 것 같 아요.

그런데 김대중 정부의 정책은 신자유주의라고 하는 정책들이 수두룩해요. 김대중 정부의 정책 핵심은 구조조정이에요. 구조조 정. 김대중 정부의 몇 개 국정 원리가 있었는데, 그중에 민주주의 와 시장경제가 있었어요. 또 보편적 세계주의가 있었지. 또 뭐 있 었을 텐데? 민주주의와 시장경제, 보편적 세계주의, 생산적 복지, 또 뭐 있었는데 외우고 있다 까먹었네요.(웃음) 그다음에 4대 부 문 개혁이잖아요. 그 4대 부문 개혁 중에 노동 개혁도 들어 있거든 요. 공공·금융·노동·기업 그랬거든. 공공 부문 개혁은 다 잘라 내는 것이었고, 노동 개혁은 노동의 유연화 하자는 것이었고, 노사정위 원회 만들어서 해 보자는 것도 있었고. 노사정위원회는 서구 진보 주의 국가에서 하고 있는 것이죠. 거기에서 노동자들이 기억하고 있는 것은 노동의 유연화, 즉 해고를 유연화했다는 것 말고는 기억 하는 것이 아무것도 없어요. 우리나라 진보주의자들이 기억하고 있는 것이 그래요. 결국 왜 그리 됐을까? 왜냐? 소위 신자유주의 정책을 수두룩하게 채택을 했거든요. 거침없이 채택했어요. 심지어는 민영화 프로그램 같은 것 김대중 정부에서 만들었어요.

김대중, 노무현은 전향한 것인가

내 생각은 민영화가 진보주의 가치하고 무슨 상관이 있나, 내 얘기는 그런 것이죠. 규제를 더하고 덜하고 하는 것이 진보주의 전략이나 가치하고 무슨 상관이 있나? 신자유주의니까 싫다는 거지요? 진보주의 진영에서는. 규제를 좀 하라는 거지요. 그런데 규제 많다고 진보주의가 잘되나? 필요한 것만 하면 되는 거지. 그렇지 않겠어요? 민영화한다고 진보주의가 되지 말라는 법은 없거든.

거기다 내가 하나 더 얹은 게, 개방이죠. 근데 개방 갖고 왜 그러나. 우리가 지금 세계 경찰국가인가, 세계 은행 국가인가? 우리가 개방의 질서를 전부 통제하는 것도 아니고, 동요하고 있는 경제 질서 속에서 우리나라 먹을거리가 얼마나 더 되느냐 하는 문제, 먹을거리, 우리 경제에 이 개방이 유리하냐 불리하냐, 하는 것인데······ 내 대답이 그거였거든요.

그래서 나도 지금 여기에 나열해 놓고 있는데, 신자유주의에 몇 개의 교조가 있는데 그 교조 몇 개를 가만히 들여다보면 처음부터 진보하고는 아무 관계가 없는 거죠. 진보의 가치를 반드시 방해하는 것은 아니다. 감세······ 이건 반드시 방해하죠. 감세하면 돈이 떨어져 복지가 줄게 돼 있어. 복지 깎는 것, 글자 그대로 감세하면 무조건 줄게 돼 있어요.

그것 말고는 이제 민영화, 개방 뭐 그런 것이고, 노동의 유연화 부문은 그야말로 진보적 가치의 아주 본질적인 것이에요. 핵심이거든요. 복지나 감세만큼 핵심이죠. 일자리가 그렇고요. 그 부문에 대해서 물러선 걸 가지고 '너 신자유주의다' 이건 말 된다 이 말이지. 말 된다. 그런데 우리가 왜 밀렸나? 왜 김대중 대통령이 갑자기, 말하자면 전향해 버렸나? 노무현은 왜 전향해 버렸나? 김대중 대통령은 노동의 유연화라든지 그 밖에 여러 가지를 진행했는데 몇 가지는 본시 진보하고 관계없는 거고, 진보 가치하고는 충돌하는 게 아니죠. 그런데 노동의 유연화에서는 분명히 충돌한단 말이지요. 왜 받아들였나……? 궁핍했어요. 그때 내가 지방의 노동자들하고 만나러 다니고 했거든요. 그걸 했는데, 이제 그 문제에 우리가 부닥치니까…….

1992년도에 내가 대통령 선거운동 많이 하고 다녔는데, 그때 유세에서 김대중 선생이 무슨 말을 많이 하고 다니셨는지는 잘 모르겠어요. 기억이 잘 안 나요. 기억을 잘 못하는 게 오래된 일이라서 그렇기도 하겠지만 그 당시에는 김영삼 후보가 거부해서 TV 토론을 안 했을 거예요. TV 토론이 없었기 때문에 나와서 조리 있게 국민들에게 정책이 이렇고 저렇고 할 일이 없었던 거지요. 그건 자료를 좀 봐야 돼요. 김대중 후보가 『대중 경제론』을 새롭게 편집해 놓은 것도 1997년 선거 때지 싶은데요.

1997년 선거 때는 W이론[25]이니 어쩌니 하는 것들이 유행하

---

25. W이론

　서울대 이면우 교수가 『W이론을 만들자』(1992)에서 주창한 이론으로, 외국 것을 무분별하게 수입하지 말고 한국형 기술, 한국형 산업 문화, 한국형 발전 전략을 통해 한국 실정에 맞는 독창적인 경영 철학을 세우자는 뜻으로 제시한

고 있었어요. 앨빈 토플러를 많이 인용을 했고, 김민석 씨가 TV에서 찬조 연설을 할 때 그런 걸 한번 넣었고, 김대중 대통령도 그걸 인용하거나 했을 거예요. 만날 신나게 일하게 해 줘야 한다, 뭐 이런 얘기를 많이 했을 거예요. 부자의 윤리와 기업의 윤리는 다르다. 기업은 열심히 돈 벌고 열심히 해서 일자리를 만들어 주는 것이 기업의 윤리고, 돈 내서 장학금도 내고 도서관도 만들고 하는 것은 부자의 윤리다, 뭐 이런. 김대중 대통령은 특색이 있어요. 몇 개 딱 잡으면 같은 얘기 반복하는데, 그 시기에 세계적으로 유행하던 사조가 들어 있어요. 그중에 하나가 클린턴 정부 들어서면서 로버트 라이시의 글도 좀 소개가 되고 했어요.

대처리즘, 레이거노믹스 할 때는 행정개혁, 기업 혁신, 이런 바람이 불었어요. 1990년도 초에 내가 지방자치연구소 할 때 강연 같은 걸 하면서 혁신이라는 말을 자주 썼고, 리엔지니어링(Reengineering), 리스트럭처링(Restructuring), 다운사이징(Downsizing) 하는 것들이 퍼질 무렵이었는데, 그중에 왜 경영 혁신이 들어 있었냐 하면, 인건비가 갑자기 올라 버렸어요. 심지어 상대적인 인건비는 세 배 올랐다고 얘기하는 사람들까지 있어요. 싱가포르나 대만이나 이런 데하고 비교하면 상대적 인건비가 폭등한 시기였습니다.

이론 틀이다. 이 이론의 실체는 한민족 고유의 특성인 '신바람'에 있으며, 이론을 정립하기 위한 정신적 기반은 선조들이 제창한 실사구시 정신에서 찾는다.
W이론에 따르면, 한국의 토양을 무시하며 해외의 종자에만 주책없이 집착해 온 잘못된 관행을 바로잡기 위해서는 실사구시 정신에 입각한 숭고한 지도자 정신과 투철한 지도자의 역할이 필요하며, 지도자는 항상 사회의 변화를 추구하면서 국민으로부터 깊은 신뢰와 존경을 받을 수 있는 인물이어야 한다.

그래서 우리 한국의 상품이 미국 백화점 진열대에서 전부 뒤로 밀린다고 했고, 그때 넛크래커[26] 이론이 유행했고, 그마저 경쟁력이 없어서 뒤로 밀린다는 얘기가 나오고, 그래서 그때 경영 혁신과 기술혁신이 강조되곤 했어요. 핵심 기술을 가지고 있는 기업은 경영이 좀 허술해도 성공하지만 핵심 기술이 없는 기업은 경영만 잘해서도 안 된다, 이런 등등의 얘기도 있었어요. 그다음에 내가 그때 열심히 얘기했던 것 중에 정부 혁신이 많아요. 그 시기에 경제, 경영 또는 행정 쪽에 출판된 책들을 한번 보면 경향이 좀 나올라나 모르겠어요.

그 당시에 그런 바람이 참 많이 불었어요. 김영삼 대통령의 세계화 얘기에서부터 그 바람이 불고, 소위 혁신을 주제로 한 바람이 많이 불고, 그다음에 '제3의 길'이라는 것이……

왜 우리는 '제3의 길'을 고민했는가

그런데 그 오는 과정이 나름대로 이유가 있는데, 제일 우리가 거역하기 힘든 것이 시장이 통합되면서 미국 사람의 생필품을 중국 사람이 만드니까 미국의 노동자가 어려워지는 이런 구조들. 그러면

---

26. 넛크래커(Nut-cracker)
   1997년 IMF 외환 위기가 일어나기 직전 미국의 컨설팅 기관인 부즈 앨런 & 해밀턴은 『한국 보고서―21세기를 향한 한국 경제의 재도약』에서 "한국은 낮은 인건비가 절대 강점인 중국과 고부가가치, 높은 기술을 가진 일본의 협공을 받아 마치 넛크래커 속에 끼인 호두처럼 되었다"고 지적했다. 넛크래커는 원래 호두를 양면에서 눌러 까는 호두까기를 말하며, 일본과 중국 사이에 끼인 한국의 어려운 처지를 빗댄 말로 '샌드위치론'과 같은 의미로 쓰인다.

서 경영자라고 하는 새로운 형태의 지식노동계급이 출현한 것, 이게 이제 도리 없이 경쟁이 치열해지고 과열되는 이유가 돼 버린 것이지요.

옛날 같으면 다 하고 싶어 하지만 그렇게 치열하지는 않았는데, 지금은 이 차이가 너무 커지니까 교육과정에서도 심해지는 이런 문제들이 생긴 거죠. 이런 상황에서 소위 진보주의가 무슨 대답이 있냐 이런 것이죠. 어떻든 '제3의 길'이라는 것을 말하지 않을 수 없었던 것 아니냐? 여기서도 내가 진보주의의 대응을 좀 중요하게 다루고 있거든요. 왜냐하면 한국에서 학자들은 신자유주의를 막 퍼부어 버리고 김대중 대통령은 신자유주의를 받아들여 버렸으니까. 물론 나보고는 한술 더 떴다고 하는데······.

몇몇 부분에 대해서 타협을 하고 들어간 것이 '제3의 길' 아니에요, 그죠? 다른 거는 관계가 없다. 그러나 노동의 유연화는 관계가 있다. 있는데 대안이 없지 않냐? 이런 거지. 노동의 유연화는 관계가 있는 수준이 아니고 핵심이라고 해야겠죠. 핵심인데 대안이 없잖아? 대안이 없으니까 우리는 새로운 국가 전략으로 갈 수밖에 없었다. 그래서 뭐 『해밀턴 보고서』가 어쩌고저쩌고······. 뭐 대단한 것 같아도 그럴 것도 없어요. 우리도 보고서 다 했던 거예요, 따지고 보면. 지금 외우라면 다 외워.

시험공부하듯이 참 부지런히 했어요. 일자리, 일자리 어디 있나? 그러면 전략은 뭐냐? 일자리 전략이 제일 중요한 전략이고. 그다음이 국가적 혁신 역량이고. 교육 잘 시켜야 돼요. 창의적인 교육, 창의력 있는 인간 만들어 내고, 보편적으로 생산성 높은 일 잘하는 사람 만들어 내고, 비인간적이라고 할지 모르지만 하여튼 만들어 내고, 그다음에 그 사람들이 안정된 토대 위에서 미래를 바라보면서 희망을 가지고 살 수 있도록 사회적 조건을 구비해 주자. 그래서 걱정 없이 일에 몰두하게 해 주는 게 복지거든요. 출산·보육·교육·노년, 이 시기에 들어서기 전에 불안이 없는 사회를 만들자. 그러면 그걸 누가 해야 하나요? 정부가 해야 합니다. 정부가 돈을 내야 합니다. 돈이 어디 있냐? 돈 얼마 쓰고 있나? 이래서 하나씩 살펴보게 되는 거죠.

세계의 변화인가, 보수 사상의 세례인가

나도 그걸 한번 시도해 보려고 합니다. 우리가 보수주의 사상의 세례를 받은 것이냐, 아니면 실질적으로 세계의 변화를 받아들인 것이냐는……. 1980년대 말, 1990년대 초를 지나면서 우리나라의 진보주의가 흔히 진보 진영이라고 할 만한 사람들이 분화돼 나가고 그중에서 정권을 잡은 사람은 우리밖에 없으니깐. 김대중 대통령과 나밖에 없으니까요.

　　김대중 대통령이 처음 정권을 잡아서 왜 IMF 권고라는 것이 그대로 신자유주의 아닌가? 그리 말할 수 있지요. 김대중 대통령은 왜 신자유주의자가 됐나? 진짜 신자유주의자가 맞나? 신자유주의라는 말이 남용된 건 아닌가? 이미 유럽에서도 위기를 맞았는데 위기를 안 당한 나라에서도 구조조정이라는 과정에서 그 부분이 수용됐던 것 아니냐는 거죠. 이런 문제들에 대해서 김대중 정부와 우리 정부의 성격을 좀 분명하게 해 주는 것이 필요하거든요.

　　(줄거리 초안 글에서) '보수 시대의 진보주의'라고 얘기해 났

는데, 진보의 대응이라는 것이 우리가 예사로 한국에서는 그냥 신자유주의에 대해서 통박하는 진보주의만 있는 것으로 생각하고 우리도 신자유주의에 대해서 똑같은 이름으로 반박을 많이 하는데, 그 신자유주의 패키지 안에 있는 절반, 상당히 많은 패키지를 김대중과 노무현이 채택을 해 버렸다 이 말입니다. 우리를 지지하는 많은 사람들은 신자유주의 하면 이를 가는데, 김대중, 노무현이는 수용해 버렸다 이겁니다.

유시민 말마따나 이상과 현실, 정책이라는 것은 충돌과 타협 속에 나오는 거라고 했던가? 그래서 그랬다고 말할 수도 있고요. 아니면 한국에서는 신자유주의의 원리주의 관점에서 보수주의를 계속 비판하고 있지만, 1990년대 초반에 김대중 대통령이든 나든 소위 세계적으로 새로운 물결의 세례를 듬뿍 받으면서 지나왔어요. 거의 1990년대는. 그렇지만 지금 거기에 대한 평가를 해 봐야 되겠죠. 진짜 이거…….

우리 쪽에 너무 많은 사람들이 신자유주의 하면서 민영화, 개방, 규제, 일반적인 구조조정까지 전부 포함해서 그냥 몰아치고 있으니까 조금 나도 헷갈릴 때가 있다니까.(일동 웃음)

하여튼 이게 얼마나 위력이 있냐 하면 우리도 신자유주의라는 얘기를 많이 쓰게 돼 있어요. 씁니다, 이 상태로. 쓰는데, 그 말이 결국은 우리가 채택한 일부 정책을 싸잡아서 매도해 버리는 그런 모순에 스스로 빠지게 되죠. 아마 김대중 정부의 지식 전문인, 지식인들이나 우리 정부의 지식인들이 아마 거기에 빠져 있을 겁니다. 그래서 혼란스럽죠.

생산적 복지, 할 것은 하지 않았는가

2009.03.20.

김대중 정부 뭐 했냐? 노무현 정부 너 뭐 했냐? 왜 비틀거렸냐? 세계적인 보수주의의 흐름이 있고, 세계화의 흐름이 있고, 제3의 길이란 흐름이 있거든요. 김대중 정부가 소위 생산적 복지를 내세웠는데, 나도 지금 정확하게 다 짚어 낼 순 없는데 김대중 정부가 신자유주의 정부라고 욕먹은 거 맞지요? 신자유주의 정부라고 막 몰아붙였는데 그분 전력을 봐서는 해당 안 되는데, 정치적 지지 기반도 뻔하고. 그런데 왜 그러냐?

그 사회를 지배하고 있는, 이미 그 시기에 우리 한국에 들어왔던 새로운 학문적 조류라든지 사상적 조류 같은 것이 바닥에 깔려 있는 그 흐름을 넘어서질 못하거든요. 그래서 우리가 그때 흐름을 얘기해 줄 수 있어야 합니다. 그 당시 우리가 읽었던 1990년도에 소개된 책들이나, 1992년 대통령 선거 구호라든지 당시 김대중의 캐치프레이즈가 뭐였냐 하는 것들을 살펴봐야 합니다. 왜 그리 됐냐 이거지요. 왜 그때 김대중 후보가 경제에 대해서 이런 말을 했고 왜 이런 말이 나왔냐는 당시의 상황을 살펴야 하고, 당시 국내에 들어왔던 새로운 조류들도 봐야 한다는 것이지요.

국민의 정부에서 만든 복지 제도

(결국 김대중 대통령은) IMF가 요구했던 신자유주의를 받아들였

어요. 받아들였는데, 그러면서도 김대중 대통령은 자기가 하고 싶은 것을 했단 말이죠. 그게 주로 복지 제도 아니에요? 그죠? 복지 제도의 기본 틀들을 딱 짰는데, 이게 성과가 언제 나타나고 있냐 하면 지금 나타나고 있거든요. 우리가 지금, 내가 대통령 하면서도 그걸 계산을 다 못해 봤는데, 국민의 정부에서 만들어 놓은 제도 때문에 자동적으로 예산이 매년 얼마씩 통합 재정에 복지 지출이 늘어나게 돼 있는 것이 얼마냐를 봐야 돼요. 내가 바빠서 보고를 못 받았지만 그것이 중요하거든요.

그때 만들어 놨던 제도가 지금 소위 예산의 비탄력성 때문에 쭉 올라가도록 곡선을 그리게 돼 있어요. 사실 2009년 예산에서 복지 예산이 못 줄어요. 안 줄어요. 거기에 경직 부분이 있고 일반 회계 부분이 있고 기금 부분이 있거든요. 그런 걸 우리가 찾아낼 수 있을 겁니다. 나도 이거 찾을 힘이 없는데, 사실은 그런 걸 이제 찾아서 쭉 맞춰 나가는 이런 작업들이 필요합니다. 이 작업이 간단치 않은 이유가 그런 데 있는 겁니다.

참여정부는 관료주의에 포획되었나

2009.03.24.

우리나라에서는 관료들을 배제하곤 정부가 돌아가지 않아요. 관료들은 하나의 권력이죠. 정치권력 못지않은 막강한 권력입니다. 관료들을 배제하고는 돌아가지 않아요. 그리고 총론은 있는데, 관료들이 동의하지 않으면 각론이 안 올라와요. 말하자면 우리 영화에서 보듯이 막 닦달하고 몰아붙이는 그런 방법이 아니고는 각론적 정책이 올라오질 않거든요. 근데 그런 방법의 행정을 계속할 수 있느냐, 과연 성과가 나느냐 하는 것을 우리가 생각해 봐야 합니다.

중요한 거는 설득하는 것이지요. 다른 건 안 해도 우리나라 복지가 형편없다는 거는 곧이들어요. 우리가 말했던 '분배 없이 성장 없다'는 이 얘기는 논리적으로 곧이들어요. 동반 성장 하자면 끄덕끄덕합니다. 확실하게 자기 것으로 받아들이고 그 정책을 추진합니다. 동반 성장만 해도 그랬어요. 근데 '비전 2030' 가니까 얼떨떨해 갖고 '야 저거 그렇게까지 되겠나?', '저게 무슨 소리냐?' 이렇게 갔던 것 같아요.

경제정책을 제어할 사회적 기반 약해

아무튼 복지, 분배 얘기하면 어느 정도는 맞다 하는데, 그 대신 대통령이 '정리해고? 그게 무슨 소리야. 정리해고 안 돼' 이러면 '그게 어찌 말이 되느냐, 그럼 회사가 부도나는데?' 이렇게 됩니다. 인수위(대통령직 인수위원회) 때 처음에 '아 우리 자본이 빠져나가면 큰일인데, 외국 자본 빠져나가면 큰일인데……' 이래서 날 암참(주한미국상공회의소) 데리고 간 거 아니오? 유로참(주한유럽연합상공회의소), 암참 가서 인사하라고 한 거 아니오? 그 부분은 우리 중 아무도 부정 못했어요. 암참 가지 마라, 유로참 가지 마라, 말 못했단 말이지요.

근데 민노당이 봤을 때 그건 신자유주의로 보이지 않았겠어요? 노동의 유연화, 가서 얘기하라고 써 놨더구만요. 거기 가서 한 게 노사분규 없도록 하겠다, 규제를 최대한 줄이겠다, 또 기업하기 좋은 나라 만들겠다. 그런 얘기했죠? 이 맹세 안 하면 우리 경제가 안 되는 것으로, 관료도 학자도 다 그 점에서는 큰 차이가 없었어요.

그 뒤에도 이제 법인세 감세했거든요? 관료들이 감세안을 가지고 와서 밀어붙였는데 청와대에서도 국회에서도 아무도 방어해 주는 사람이 없었어요. 나는 핵심이 그거라고 봐요. 그때 법인세니까 아마 외자 유치 쪽 아니었겠어요? 근데 그 감세를 우리 쪽에서 막아 주는 사람이 아무도 없어. 마음은 어쨌는지 모르지만 나한테 와서 강력하게 브레이크 걸어 주는 사람이 없었어요.

우리 내부에서 갈라진 것은, 내가 아주 곤란했던 것은 아니지만…… 이라크 파병 문제였죠. 근데 그 부분은 최소화를 통해서 적당하게 타협이 됐던 것 같고, 그다음 핵심적인 것이 FTA인데 그 이전에도 아마 관료들하고 학자들 사이에 많이 부닥쳤던 금산 분리, 출총제, 집단소송제…… 그다음에 분식회계에 대한 면책, 그런 부분에서 좀 부닥쳤을 거예요.

우리 사회 기반이 약해서 그게 안 돼요. 학자들이라 할지라도 그것을 다 제어해 나갈 만한 사회적 기반이 있는 것도 아니고요. 두 번째로는 우리나라 재벌 정책에 대해서 반감은 많이 있지만 구체적인 정책에 관해서는 정말 그렇게 다 틀어막는 것이 맞냐 하는 데 대한 확신이 없어요. 그 정책들이 다 상징적 정책들이지, 현실에서 큰 효과가 있는 것들이 아니에요.

재벌 경제, 경제력 집중과 효율성의 문제

이미 재벌들의 경제력 집중이라는 것이 내가 중간에 보고 받은 우리나라 삼성, LG의 매출액의 85프로가 전부 해외시장에서 나고 있어요. 제가 볼 때 출총제라는 것은 어떤 상징이에요. 금산 분리는 어찌 됐든 명분이 있어서 우리도 안 열어 줬어요. 근데 솔직히 출총제는 모르겠어요. 왜 얼마나 중요한지 정말 실질적으로 꼼꼼히 들여다보면 잘 모르겠어요. 매우 상징적인 싸움이죠. 안 풀어 줘도 뭐 재벌들이 이미 경제 전체에서 차지하는 비중이 크고요. 재벌 경제가 효율성의 측면에서 나쁜지 좋은지에 대해서도 확신이 없어요. 신자유주의 되게 싫어하는 장하준 교수도 재벌 규제에 대해서 거의 말하지 않죠?

재경부라는 것이…… 지금은 기획재정부죠? 우리 재경부도 경제계획에 관한 것이 있지만, 기획예산처가 따로 있었고, 청와대가 기획 업무를 가지고 있었어요. 재경부는 경제적 측면에서 부처 간 업무를 조정했던 것이에요. 막강한 권력이 있는 것 같지만 그렇지 않아요. 조정하고, 제일 중요한 게 위기관리였어요. 거시경제 관리잖아요, 거시경제 관리. 특히 그때는 우리 경제에 위기 징후가 있었기 때문에 경제 위기 관리하는, 거시경제 관리하는 것이 컸거 든요.

그다음에 금융이라든지 투자라든지 이런 부분에 제도 관리를 했으니까, 그 제도 관리에 재벌 관리가 있으니까 그게 무슨 뭐 대단한 것처럼 돼 있지만, 국가 기능 전체로 봤을 때 재벌 정책이 그렇게 큰 것이 아니었어요. 재벌 규제가 중요한 것이 아니고,(웃으며) 우리 그때 급했던 것이 의료보험이었어요. 재벌 규제보다 훨씬 더 중요한 것이 건강보험, 그 돈 더 올려 주는 것이었어요. 재벌 규제라는 그 부분은 상당히 이념적인 주제였어요. 그 재벌 정책 몇 개 가지고 전체적으로 관료주의에 포획됐다 안 됐다, 이런 건 별로 의미 있는 것은 아니에요. 그게 그렇게 핵심적인 문제는 아닌 것 같아요. 왜냐하면 재벌의 경제력 집중이라는 것이 오늘날 주제가 아니잖아요? 경제력 집중이라는 것이 오늘날 커다란 주제가 안 돼 있어요. 그렇지요?

옛날에 언론 보도에서 은행 대출의 얼마를 몇 개 재벌이 다 가지고 있었고, 시장 매출의 몇 프로를 몇 개 재벌이 가지고 있었다, 이 내용이 언론에 매년 보도됐어요, 매년. 심심하면 그 기사가 계속 방송을 탔어요. 근데 우리 정부 동안에는 그런 방송이 거의 한 번도 안 나왔을 거요. 뭐냐 하면 이미 경제력 집중에 관한 문제가 국민들 관심에서 멀어져 있었어요. 왜 그러냐? 이미 그들이 한국 선수가 아니고 세계적인 선수로 변해 버렸기 때문에, 전 세계를 무대로 뛰는 선수로 커 버렸기 때문이에요.

LG, 삼성이 한국 전자 업체의 몇 프로를 차지하고 뭐 이거하곤 아무 관계가 없는 것이죠. 그리한다면, 그 비율을 낮추려고 일제가 들어와야 되는데, 일본 제품한테 시장을 내줘야 될 것이고, 뭐 얘기가 이래 변해 버렸기 때문에 달라졌어요. 그 기업 인수에 대한 규제라든지 뭐라든지 이런 것도 따지고 보면, 줄줄이 엮어 놓으면 선단(船團) 경영을 하면서 다 잡아먹는다 이거거든요? 선단 경영 하다가 확 자빠지면 왕창 자빠지니까 나라 경제가 치명적인 타격을 입는다는 거죠. 그런데 경영학적으로 보면 '선단 경영이 유리하다, 독립 경영이 유리하다'에 대해서 답이 없어요.

아마 내가 얘기한 장하준 교수, 장하성 교수와는 다르지? 그 사람은 아마 선단 경영 그게 뭐 문제냐, 이런 취지일걸요? 선단 경영의 폐해란 것은 경영 성과의 문제이고 지금 우리 한국에서도 선단 경영이 효율적이냐 전문 경영이 효율적이냐, 이 문제에서 누구도 답이 없고 통계상 아무 답이 없어요. 그냥 호불호를 가지고 옛날부터 재벌 비판하던 사람은(웃는 이 있음) 선단 경영 싫어할 것이고, 재벌 싫어하는 사람은 선단 경영 지금도 비난하고, 나 같은 사람은 한번 따져 보자, 그래 선단 경영을 한 데는 실패했고 전문 경영을 한 데는 다 성공했냐?

반대로, 주인 찾아 주자는 데 대해서는 어떤 주인이 경영하는 곳이 과연 잘했고, 전문 경영 하는 데는 잘 안 됐냐? 잘만 하더라. 한국이 지금 그런 거 아니야? 포스코 잘하고 있잖아요. 예를 들면 이런 것이거든. 이거 아직까지 평가가 충분히 안 돼 있어요. 그건 모른다……. 옛날에 우리 고민 많이 했어요. 옛날에 공직에 있던 사람 지자체 단체장 성적이 좋으냐, 정치하는 사람이 하는 단체장 성적이 좋으냐, 이거 해 봤는데 답을 못 낸 거 아니에요?

그다음에 뭐냐 하면 부당 내부 거래할 거다 이 말 아니에요?

엮이면 부당 내부 거래할 거다. 그것은 10대 재벌에만 해당되는 것도 아니고 10조 재벌에만 해당되는 것도 아니고 1조짜리만 해도 부당 내부 거래는 할 수 있고요. 오히려 이 부분을 원천 봉쇄할 거냐, 안 할 거냐의 문제입니다. 나는 그거 쓸데없다고 본 거죠. 그 뭐 부당 내부 거래를 사전에 원천 봉쇄하기 위해서 순환출자, 출자총액 막아라 그랬는데 그게 뭐 효과가 별로 없을 거라고 본 거죠. 그 대신 공정거래위원회를 강화해 줘라, 사후 관리를 강화할 수 있게. 공정거래위원회 경제경찰을 아주 강하게 하자, 그쪽으로 간 건데요. 공정거래위원장을 강철규 교수로 했으면 그래도 신뢰할 만한 사람 시킨 거 아닌가요?

진짜 무너진 건 노동

우리가 진짜 무너진 건, 그 핵심은 노동이에요. 핵심적으로 아주 중요한 벽이 무너진 것은 노동의 유연성을, 우리가 정리해고를 받아들인 것이에요. 정리해고는 김대중 대통령 때 받아들인 것을 우리가 그대로 정리한 것인데, 핵심은 그건데……. 정리해고를 거역할 방법이 없더라니까……. 노동부 장관이 다 학자 출신, 노동계 출신이었고 핵심적인 자리에 있었어요. 뭐 관료 조직 전체에서 노동부가 조금 밀리는 것도 사실이지만, 그런데 노동부가 안 밀리면 어쩌겠어요? 난들 정리해고 못하게 할 수 있어요? 내가 노동부를 한참 뒤에서 밀어줬어요. 우리 정부에서 노동부가 근로감독관 숫자를 몇 백 명 늘려 줬잖아요. 애들 장난이겠어요, 그게? 고용안정 센터 이런 건 조직적으로 굉장히 많이 밀어주고…….

그 용역, 편법 그거를 규제해 보려고, 편법 용역과 용역 파견이 구별이 어려워요. 법무부하고 노동부가 그거 구별할 수 없다고 장문의 책 한 권으로 보고서를 써서 올리는데 대통령이 그걸 보고 어쩌겠어요?(웃음) 우리나라에 뭐 노동법 한다는 내로라하는 사람들도 거기 데려다 놓고 그 문제 딱 맡기면 해결을 못해요. 그거 할 수 있는 학자가 없어요. 그럼 못하는 거지요. 나도 그놈 갖고……이거 좀 갈라 봐라. 소위 탈법적 용역, 편법적 용역 이걸 자르지 못하면 비정규직 별짓을 다해도 이건 성공 못한다.

마지막에 부당 해고로 농성하고 그랬던 이랜드. 이랜드가 결국은 아웃소싱이 합법인가 아닌가로 논란이 되었잖아요? 아웃소싱을 잘라 버릴 수 있으면 노동자 편을 들어줄 수도 있는데, 아웃소싱을 우리가 불법이라고 규정해서 잘라 내지를 못하니까 정부의 칼이 현장에서 파업하는 사람들한테 겨눠질 수밖에 없는 것이죠. 그 아웃소싱을…… 아웃소싱을 불법화해서……. 그때 내가 보고서 빨리 가져오라고, 그 이전부터 지시했던 보고서인데, 그때 빨리 가져오라고 독촉하고 했던 것이 말년이긴 한데……. 이랜드 사건 때 '아웃소싱 저거 불법 용역으로 볼 수 없나?' 그러니까 뭐 아무도 그럴 수 있다는 사람이 없는데 나라고 어쩌겠어요. 진보 학자면 어쩌는데요? 진보 학자가 와서 한번 해 봐라……. 대개 짐작할지 모르겠습니다마는 대통령이라는 자리가 되게…….

무식하게 할 걸 바보같이 해서

이거 하나는 내가 좀 잘못했어요. 내가 잘못했던 거는 오히려 예산을 가져오면 색연필 들고 '사회정책 지출 끌어올려' 하고 위로 쫙 그어 버리고, '여기에 숫자 맞춰서 갖고 와' 이 정도로 나갔어야 하는데…… 뭐 어디 어느 부처는 몇 프로 깎고, 어디는 몇 프로 올리고……. 사회복지 지출 몇 프로 올라가고, 앞으로 10년 뒤에는 어떻고 20년 뒤에는 어떻고 이러니까 가만 보고, '야 그것만 해도 많이 올랐네' 이리 간 거거든.

　지금 생각해 보면, 그럴 거 없이 색연필 들고 쫙 그어 버렸으면 되는 건데……. '무슨 소리야 이거. 복지비 그냥 올해까지 30프로, 내년까지 40프로, 내후년까지 50프로 올려.' 그냥 쫙 그어 버렸어야 되는데, 앉아서 '이거 몇 프로 올랐어요?' 했으니……. 지금 생각하면 그래요. 그래 무식하게 했어야 되는데 바보같이 해서……. 논리적으로 해서 성과가 많지 않은 것인지…… 그리했으면 되는 건지 안 되는 건지, 아직도 잘은 모르겠어요.

　그다음에 다른 거는 돈 만드는 사업을 발굴해 오라 했는데, 사업 발굴이 안 되더라고요. 정부 돈을 쓰는 사업인데, 정부 돈을 풀어서 국민들의 복지를 증진시키는 쪽으로, 국민들의 역량을 향상시키는 쪽으로 하는 사업인데요. 이거 몇 가지 있잖아요? 국민 개개인의 역량을 높이면서 일자리를 늘리는, 그래서 국민 복지로 연결되는, 그런 거 아니겠어요?

　우선 예산을 써서 국민 복지가 향상돼야 하고, 개인의 능력이 향상돼야 하고, 그것이 일자리와 결합되고, 뭐 이런 것이 목표였죠. 그런 것을 찾아오라 해도 사업 발굴이 잘 안 되더라니까요. 그게 아까 말했던 공무원들 행정 얘기겠지요. 총론적으로 복지에 많이 써야 된다 하는데, 각론으로 가면 공무원들이 옛날부터 하던 일에 예산을 자꾸 더 가져가려고 하지, 새로운 사업을 발굴해서 예산을 받아 가려면 시간이 많이 걸리니까 잘 안 돼요.

그래서 막 그쪽에 압력을 넣고 재촉하고, 새로운 사업을 발굴하라고 막 독촉하고, 돈 줄게 하고, 교육시키고, 뭐 그래 하는 거지요. 그렇게 그냥 앉아서 관료에 포획됐고, 잘 안 됐고, 이래 얘기해서는 참……

시대의 기온으로 관료주의를 극복해야

나는 그 관료들을 보고 관료들이 자기들의 이익에 충실한 거는 맞고, 자기들의 사고방식을 기준으로 세계를 이해하려는 것도 맞고, 관료들도 사람이고 조직에 소속된 이상 조직 이기주의가 있는데, 말하자면 관료주의라고 하는 이기주의가 있는 것도 자연스러운 현상이라고 생각해요. 적대시해선 안 되는 것이죠.

그러면서 어떻게 하면 관료주의를 조금이라도 해소시키고 희석시켜서 열심히 일하게 하느냐, 그리고 일하는 방향을 바꾸게 하느냐, 그래서 가치관을 바꾸느냐 그것이 중요하죠. 가치관이라는 것은 개인의 가치관 문제가 아니고 그 시대의 가치관이라는 것을 실용하게 하는 것이거든요. 관료 조직도 시대와 동떨어져서 가려고 하진 않아요. 봄이 오면 봄옷으로 갈아입어요. 여름 되면 여름옷을 입게 돼 있고. 아무리 보수적인 사람도, 아무리 진보적인 사람도 체질적으로 여름에는 여름옷 입고 가을 되면 가을옷 입고 겨울 되면 겨울옷 입어요. 관료들이나 국민들이나 역사에 대한 반응이라는 것은 그런 것이라고 봐야죠.

그러나 이제 다른 것은 봄·여름·가을·겨울처럼 규칙으로 운행하지 않는다는 것이죠. 운행하지 않고, 그 시기마다 도도한 민심들이…… 말하자면 기온이 계절을 만들어 내는 거 아닙니까? 계절을 만들어 내는 것이거든요. 진보 정권이 들어가면 관료들이 봄이라는 것을 느끼게 되는 그것이죠. 갑자기 어느 날 호루라기 딱 불어서 '야 옷 벗어' 이게 아니고, 봄이 왔다는 것을 계속…… 지금은 봄이다, 지금이 진보주의 시대다, 진보주의가 우리의 살 길이고 우리의 미래다, 이런 것을 끊임없이 확산시키고 거기에 맞는 일들이 생기도록 신호를 주는 그런 게 중요해요. 총론적으로 신호를 주고 각론적으로도 최대한 신호를 주고 해서 그렇게 하게 만드는 것이죠.

4 진보의 대안과 전략을 고민하다

금융 위기, 어떻게 볼 것인가

2008.12.31.

이번 금융 위기를 얘기할 때는 전통적인 공황이론하고는 좀 안 맞는 것 같죠? 이번 위기는 전통적인 공황이론이나 그와 유사한 이론으로는 설명이 잘 안 되는 거 같아요. 한번 정리를 해 보려고 하는데 정리가 힘들어요.

전통적인 공황이론에 의하면 부의 불평등에 의해서 수요와 공급의 불균형이 발생하고, 그래서 수요 부족이 생겨 공황이 온다는 것 아니요, 그렇죠? 내가 그것을 약간 변형해서 얘기했던 것은 부의 편중에 의해서 축적된 자본이 금융으로 몰려서 금융자본의 비대화를 가져왔다는 것이죠. 금융자본 과잉의 결과가 투기를 가져오게 되고, 그 투기 자본이 실물경제에 거품을 집어넣고 교란시켰는데, 그 거품이 붕괴되면서 금융자본도 함께 쓰러졌다. 이렇게 본 거죠.

여기에서 한발 나아가서 덧붙이면, 세계적으로 금융 산업 세력이 생겼다는 것이죠. 금융자본 과잉 정도가 아니라 그 과잉을 부추기는 세력이 있다는 거죠. 과잉이 구조화되어 많은 사람들이 거기에 종사하고 있는데, 그 종사하는 사람들이 하나의 이해 집단을 이루어서 금융자본을 계속 빨아들이고 계속 투기를 조장하는 소위 금융 세력으로 커 버렸다는 거죠.

금융자본 자체도 문제지만 금융자본을 받아들여 먹고살고 하는, 말하자면 사회적 직업군으로서 금융 세력이 경제 논리를 지배해 나가고, 금융자본의 지배 논리를 창출하고 스스로 금융자본과 결합되어 나가게 됐다는 거죠. 이것이 점점 더 심해지고 있다, 구조적으로는 이렇게 볼 수 있는 것이죠.

그래서 단순한 부의 편재 문제가 아니고, 금융자본의 과잉 문제도 아니고, 세계적으로 금융 세력이라는 것이 하나의 지배 세력으로 등장하고 있는 것 아니냐, 이렇게 생각합니다. 거기에 우리도 자리 하나 얻어 편승하자고 했던 것이 동북아 금융허브론[27]입니다. 내가 동북아 금융허브론을 얘기했던 건 우리나라의 고학력 일자리 때문에 그랬던 것인데, 아무튼 이제는 부의 편중 문제를 넘어서는 단계로 가 버린 거 아닌가 싶어요.

금융자본에 대한 규제와 감독이 필요하다

이리 얘기를 해도 풀리지 않는 게 있어요. 금융자본이 과잉되지 않았던 시대에도 금융 투기가 있었고, 말하자면 산업자본이 형성되기 이전부터 실물 투기라는 게 있었거든요? 투기 광풍은 여러 차례 있었고 또 그것과 더불어서 공황도 여러 차례 있었단 말이죠.

---

27. 동북아 금융허브론
    참여정부 때 '동북아 금융허브 추진 로드맵'을 발표하면서 2020년까지 우리나라를 도쿄, 홍콩에 버금가는 아시아 3대 금융허브로 발전시키겠다는 전략을 내놓았다. 4대 전략 과제로는 규제 혁신을 통한 금융업권별 금융회사 역량 강화, 동북아 틈새시장으로서 자산 운용 시장 육성, 국내 금융회사의 해외 진출 활성화, 금융 인프라 개선과 전문 인력 양성이다. 자본시장통합법이 2009년부터 시행되는 데 맞춰 시행령과 감독 규정 등을 선진국 수준으로 정비하고 금융 투자업 간 겸영 확대로 대형화를 유도해 선진 투자은행과 경쟁할 수 있는 투자은행의 출현 기반을 만들 방침이었다.

소위 금융자본이라는 것이 등장하기 전에도 있었고, 부의 편재 문제를 크게 이야기하기 전에도 다 있었다는 점이 하나 있습니다.

그리고 이번 금융 위기의 메커니즘을 설명하면서 많은 사람들이 파생 상품 얘기를 해요. 그런데 이번은 파생 상품이 직접적인 원인은 아니라고 봅니다. 골이 깊어지고 수습을 어렵게 하는 데는 파생 상품이 크게 작용했지만, 발생은 여전히 고전적이라는 것이죠. 쉽게 얘기해서 금융자본의 이익을 위해서 부동산에 투기를 한 겁니다. 실물경제에 투기를 해서 거품을 넣었던 것이 터져 버린 거죠. 물론 이걸 도저히 수습할 수 없게 만든 것은 파생 상품이지요.

이것을 금융자본의 속성을 중심으로 본다면, 또 더 깊어진 것이 파생 상품 때문이라고 한다면, 금융 상품의 규제라고 하는 기술상의 문제가 되겠죠. 우리가 내세울 수 있는 대응책이라는 것은 규제를 철저하게 해야 된다, 이렇게 되겠죠. 여기서 규제는 사전 규제뿐만 아니라 사후적 통제 혹은 감독에 의한 규제 이런 게 있을 수 있겠죠. 이런 관점에서는 규제와 감독을 어떻게 할 거냐 하는 문제로 넘어가게 될 겁니다. 이제 우리가 첫 번째로 생각해 볼 수 있는 것이, 뒤엉켜서 누구도 상황을 이해할 수 없게 만드는 것은 막아야겠다. 너무 복잡하게 꼬이지 않도록 관리가 가능하도록 규제해야겠다. 규제의 틀과 감독의 틀이 맞물리도록 제도를 만들어야겠다. 이것이 첫 번째 대책일 수 있죠.

이것은 어떻게 보면 금융자본의 이해관계라기보다는 금융 테크노크라트[28]들의 이해관계하고 맞물린다고 봐야죠. 금융 테크노

---

28. 테크노크라트(Technocrat)

크라트들이 이런 걸 만들어 낸 거죠. 월급 받고 수수료 받고 스톡 옵션 받고 거기다가 부자까지 되는, 심하게 말하자면 이익을 극대화하기 위해 기술적인 방법을 끊임없이 개발한 데서 문제가 생겼기 때문에, 금융자본 자체에 대한 규제를 해 줘야 한다, 이런 것이 있을 수 있겠습니다.

그다음에는 투명성이 문제가 되는 것이죠. 금융 산업의 투명성과 안정성을 확보해야죠. 파생 상품을 복잡하게 만들지 마라, 이런 것이 있겠고, 파생 상품을 복잡하게 안 만들기만 하면 되느냐? 우리나라에는 복잡한 파생 상품이 없어도 대출 경쟁을 통해서 여전히 실물경제를 교란하게 돼 있거든요. 선물 시장도 일종의 파생 상품이긴 한데, 선물 시장 갔다가 외환시장 갔다가 이런단 말이에요. 프로들은 또 그런 데 안 가요. 부동산, PF(프로젝트 파이낸싱)로 끊임없이 하는데 이걸 전부 규제로 막기는 또 굉장히 곤란해요. 대출이 집중되거든요. 대출이 집중되면서 금융에 쏠림 현상 같은 것을 만들어 내는데 이걸 어떻게 할 거냐 하는 문제가 있습니다. 여하튼 이제 금융자본에 대한 규제 문제로, 규제와 감독 문제로 가는 것이고요.

내가 이 문제에 부의 불평등한 분배와 빈부 격차 문제를 바로 갖다 붙인 것은 좀 억지인 것 같아요. 조금 안 맞는 것 같아요. 금융은 금융으로서 고유한 것일 수 있으니까 말이죠.

과학적 지식이나 전문적 기술을 소유함으로써 사회나 조직의 의사 결정에 중요한 영향력을 행사하는 사람으로 기술 관료라고도 한다. 과학과 기술이 빠른 속도로 발달하고 있는 현대사회에서는 과학자·기술자·경제학자 등 전문 기술자가 사회 변화에 중요한 역할을 하며, 이들의 정치적 중요성이 높아지고 있다.

그렇지만 전혀 관계없다고 말할 수도 없어요. 이런 일이 발생하는 데는 금융자본의 이익 추구라는 것이 기본적으로 깔려 있는 것이 사실이거든요. 부의 집중에서부터 발생된 것이라고 볼 수 있는 거죠. 그렇지만, 전혀 관계없는 건 아니지만 지금 이 시점에서 우리가 위기관리라는 측면에서 볼 때는 그렇게까지 얘기하기는 좀 그래요. 부의 집중이 없었던 때에도 말하자면 투기는 있었고 공황은 있었다. 이렇게 본다면 그렇게 얘기하는 건 조금 억지 같다는 생각이 듭니다.

그렇지만 위기 국면이 왔을 때 빈부 격차가 굉장히 심해지는 건 사실입니다. 살아남기만 하면 다시 초과 이익을 얻게 되는 것이죠. 말하자면 거품이 빠졌을 때 투기 자본에게 또 엄청난 기회가 오는 것이 사실이고, 부자들에게 기회가 생기는 것도 사실이고, 기업들 역시 이 시기에 살아남기만 하면……

지금 주식 투자의 요령은 이 시기에 가장 많이 붕괴된 시장에서 살아남을 수 있는 기업을 찾아라, 이런 거 아니에요? 산업적으로 현 상황이 괜찮아서 모두가 살 수 있는 곳에 대해서는 별 관심이 없고, 전망이 나쁘지는 않지만 나빠질 수밖에 없는 상황에서 살아남는 기업, 여기에 투자하는 것이 투자 요령 아니겠어요? 그러니 부자가 부자 되는 상황이 될 수 있는 것이죠.

규제 완화, 규제 철폐 하는데, 시장의 공정한 거래와 거래의 안전을 위해서는 적절한 규제가 필요한 것 아니냐? 이런 생각으로 규제 쪽으로 생각을 하고 있습니다. 규제할 것은 규제해야 한다. 그리고 사실 금융이라는 것이 경제에 대한 지배력이 원체 크기 때문에 정부가 운영하는 게 낫다.(웃음) 투기보다 안 낫겠나? 정부가 운영해라, 이건 아직까지 정리된 생각은 아니고 만일에 그렇게 하면 어떻게 될까? 이를 하나의 가설로서 생각해 봅시다. 연구해 볼 필요가 있는 것 아닌가요? 차제에 금융은 정부가 지배해 버려라.

두 가지가 있죠. 금융을 공기업으로 해 버리는 방법이 있고, 아니면 정부가 금융 지주를 하는 방법이 있죠. 그 각기의 이해득실에 대해서는 내가 추론을 할 수 있는 능력이 없지. 그렇다면 어떻게 될까?

규제와 동시에 분배를 고민해야

지난번 아시아 금융 위기 이후에는 세계적으로 헤지펀드에 대한 규제를 어떻게 할 거냐는 문제가 주로 논의됐습니다. 투기 자본으로 인한 세계경제 교란 같은 것이 문제가 됐죠? 예를 들면 조지 소로스라는 사람이 영국 파운드를 집중 공격해서 영국 정부가 손을 들었던 사례가 있죠? 그런 것에 대한 규제가 문제였고, 이번 금융 위기 이후에는 전반적으로 금융 산업의 영업 형태에 관해서, 기업 형태에 관해서 '규제가 필요한 것 아니냐'라는 쪽의 얘기가 본격화될 거 같아요.

내가 지난번에 우리 FTA에도 문제 있는 게 없는지 검토해 보자 했는데, 그것 말고도 오히려 우리가 자본시장통합법[29]이라는

---

29. 자본시장통합법
　　'자본시장과 금융 투자업에 관한 법률'로 금융 투자업 상호 간의 겸영을 허용하고, 금융 상품에 대한 규제를 철폐하며, 투자자 보호를 확대하는 것 등을 주요 내용으로 하고 있다. 종전의 증권거래법과 선물거래법, 간접투자자산운용업법,

걸 만들었는데, 이건 그거하고 관계가 있는지, 이것도 차제에 한번 들여다봅시다.

어쨌든 규제에 대해 기본적으로 이런 건 있어요. 크게 말해서 정부의 역할에 대해 사회적 가치의 관점에서는 소위 복지국가와 자유방임 국가의 이념적 대립이 있었거든요. 여기에서 보수주의 가 대세를 잡았던 시대가 대처와 레이건 때부터거든요. 아마 그렇 게 하면서 정부 역할에 대해서 방임주의 이론이 득세를 하게 되는 데, 방임주의라는 건 두 가지입니다.

하나는 복지를 줄이라는 것이고, 하나는 경기의 거시경제 관 리에 관해서 정부가 손 떼라는 것이었거든요? 대처가 노동조합과 복지 정책에 대해서 강력한 공세를 퍼붓고 있을 때 다른 한편으로 영국·뉴질랜드·호주 이런 데서 소위 정부 혁신의 바람이 불었거든 요. 정부 혁신은 정부의 효율성을 높이라는 것인데 그 혁신의 바람 속에서 자연스럽게 규제 완화까지 한꺼번에 가게 되거든요.

이와 같이 경제 위기가 분배의 문제에서부터 발생했든 규제 의 문제에서부터 발생했든, 그 결과로 이제 수많은 사람들이 빈곤 의 나락으로 굴러떨어지게 돼 있어요. 그래서 규제 문제와 분배 문 제가 정책의 전면에 등장할 수밖에 없는 것이죠.

그런데 그것이 지금 오바마의 정책으로서 이제 어떻게 현실 화되느냐 하는 것이 관심사예요. 만일 오바마가 이 시대를 진보 시 대로 바꾸겠다고 얘기한다면, 진보 시대 진보 대통령이 되겠다고

신탁업법, 종합금융회사에 관한 법률, 한국증권선물거래소법 등 자본시장과 관련된 6개 법률을 통합하여 제정된 법률(법률 제8635호)로서 참여정부 때인 2007년 8월 3일 공포되어 2009년 2월 4일부터 시행되었다.

얘기하는 것이 성공한다면 세계는 진보의 시대로 다시 돌 가능성이 있는데, 한국은 보수적 논리가 여전히 득세하고 있고 그쪽으로 가자고 하는 것이 사실이지 않나요? 그래서 시대착오적인 방향으로 가고 있는 것 아닌가요?

다만 여기서도 우리가 생각해 볼 수 있는 것은 미국의 경우에는 진보주의가 소위 규제와 더불어 분배의 문제로도 나타날 가능성이 높아요. 분배와 복지 쪽으로 얼마만큼 가게 될 거냐 하는 것은 주목의 대상이고, 또 상당히 갈 수 있는 부분이 있어요. 여유와 폭을 가지고 있거든요. 그런데 유럽의 경우에는 오늘날 복지의 수준이나 이미 가 있는 국가 제도 자체가 분배의 문제에서 보수화를 어느 정도 멈추는 수준이지, 그렇다고 더 진보주의 쪽으로 가게 될 가능성은 별로 높지 않는 게 아닌가 싶어요.

미국은 분배의 방향과 규제의 방향이 함께 가게 된다면, 유럽은 규제의 방향 쪽으로만 가게 될 가능성이 있지 않을까요? 전환이 되더라도 미세 조정 수준 아니겠는가, 그렇게 큰 틀로 보면 예측할 수 있지 않을까요? 한국은 정부가 분배에 얼마만큼 관여할 거냐 하는 문제하고 규제의 수준을 얼마만큼 높일 것인가 하는, 결국에는 정부의 역할일 것인데, 한국의 경우 산업 보호라는 측면에서 규제는 상당히 높은 수준에 있어요. 아직도 미국하고는 비교가 안 될 수준이지만. 분배의 수준에서는 미국보다 훨씬 떨어져 있는 수준, 훨씬 낮은 수준이기 때문에 한국이 갈 방향이라는 것은, 규제 제도는 세계적 추세에 맞춰서 정비를 해야 되는 것이고, 분배에 관한 문제에서는 좀 집중적인 노력이 필요한 것이 남아 있습니다.

빈부 격차에 대한 진보의 답은 무엇인가

2009.03.17.

지금 내가 느끼는 제일 큰 고민은 '빈부 격차의 핵심이 뭐냐'입니다. 그런데 이게 답이 안 나오고 있어요. 실태에 대해서는 이런저런 자료들을 통해서 여러 관점에서 빈부 격차를 볼 수 있는데, 그 이유가 뭐냐? 이걸 명료하게 답변할 수 없어요.

그리고 이게 우리 한국 사람한테 조금 헷갈리는 게 뭐냐? 빈부 격차 원인에 대해서, 로버트 라이시 같은 사람의 주장은 결국 세계무역이거든요. 선진국에서 빈부 격차가 커지는 건 자유무역으로 인해서 선진국의 생산직 노동자가 갈 데가 없어졌다. 이게 빈부 격차의 핵심이라는 겁니다. 미국에서 빈부 격차의 핵심은 이 책에 의하면 선진국에서 생산직 노동자들, 이를테면 단순 생산직 노동자들이 인도의 노동자, 중국의 노동자하고 경쟁을 해야 되니까 도저히 경쟁이 안 된다, 일자리가 자꾸 없어진다는 거지요.

그러니까 대인 서비스로 자꾸 몰리게 되고, 그러다 보니 대인 서비스에 공급과잉이 발생해서, 노동력의 공급과잉으로 임금이 내려갈 수밖에 없게 된다는 겁니다. 그런데 여기는 전부 뿔뿔이 흩어져 있어서 노동조합을 만들 수도 없고 싸우려고 해 봐야 주인도 별 볼 일 없는 사람이라 이거죠. 특히 우리나라야 더 그렇죠. 주인하고 싸운다고 해 봤자 진짜 10명 고용한 사장하고 10명 이내 노동자가 싸우는 꼴밖에 안 되니까 이런 것이지요.

빈부 격차는 어디에서 오는가

선진국은 그렇게 설명할 수 있는데, 후진국에서는 뭐라고 해야 할지 모르겠어요. 후진국은 자유무역 때문에 자기 나라의 독자적인 산업을 유지할 수 없다 이런 것이거든요? 그런데, 보호주의 다 있을 때도 국내 산업 못 일으킨 건 마찬가지고, 지금도 못 일으킨 건 마찬가지일 겁니다. 후진국 문제는 우선 덮어놓고, 우리나라는 선진국형이냐 후진국형이냐? 우리나라는 지금 선진국형 쪽으로 이미 들어섰단 말이죠.

우리가 인건비 가지고 미국의 노동자를 실업 시키는 쪽은 아니고, 이제는 소위 말해서 해외 생산 때문에 우리 노동자 일자리가 도망가는 그 모델이니까 양분한다면 선진국 모델에 들어간다고 해야지요. 우리나라 빈부 격차가 뭐냐 했을 때 이렇게 빈부 격차의 원인을 설명하게 되는 게 아닌가 싶은데, 다른 사람들은 별 설명이 없어요.

장하준 교수는 이 점에 대해서 뚜렷한 설명을 하지 않아요. 보호무역 하고 싶은 사람하고 자유무역 하고 싶은 사람하고 답은 자기 국익 따라 하는 거다. 보니까 제도주의를 주장하더라고. 제도주의 이런 걸 주장하는 것으로는 답이 없어요. 빈부 격차가 왜 생겼는지에 대해서 말이 없고요. 옛날에 『한겨레』 같은 것들로 주로 접하고 했지만, 우리나라 진보주의 학자들이 빈부 격차에 대해서 원인 분석이나 대책이 별로 없어요. 그냥 개방에 대해 공격하고 민영화에 대해 공격하고 노동의 유연화에 대해 공격하고. 공격하는 것이 이제 그런 것이죠.

빈부 격차의 주원인은 노동의 유연화

빈부 격차의 원인을 우리나라에서 얘기하면 노동의 유연화라는 게 굉장히 크게 작용하고 있거든요. 정규직 일자리 점점 줄이고 해고하고, 그렇게 해서 임시직으로 일용직으로 점차 비정규직으로 떨어지니까 일자리 품질이 자꾸 격차가 벌어지니까 빈부 격차가 생기는 거죠. 그런데 '이게 왜 벌어지냐?' 이렇게 물어보면 민주노동당은 한마디로 법을 바꾸어서 딸려 나온다는 것 아니요? 그런 것이거든?

그래서 말하자면 해고 금지법을 그냥 유지하라는 것인데 해고 금지법 있을 때도 해고 다 했고, 노동의 유연화라는 것을 제도적으로 받아들이냐 안 받아들이냐로 얘길 하는데 경제적인 상황이 너무 바뀌어 버리면 제도를 유지할 수가 없거든요. 그래서 그 얘긴 답은 아닌 것 같아요. 지금 노동자들 일자리가 쭉 이렇게 불편하게 나가는데, 이 원인이 진짜 보수화 때문에 그러냐? 아니면 세계화 때문에 그러냐? 이런 문제를 봐야죠.

세계화라는 것의 요인이 단순히 무역정책 때문에, 관세 제도나 교역 제도를 바꿨기 때문에 세계화되는 것이냐? 운송과 통신, 기술의 발전, 특히 전 세계가 인터넷으로 묶여서 미국 기업의 데이터를 인도에서 처리하고 있는 것이 현실인데, 자동차 부품은 안 그럴지 모르지만, 미국의 기업이 다른 부품을 전 세계적으로 구입 안 할 수 있느냐? 안 하기 위해서 보호 장벽을 쌓을 거냐? 이미 부품 경쟁이 벌어지는데 말이죠. 운송과 통신이 이렇게 눈부시게 발전하니까 세계화라는 것이 몇몇 다국적 기업의 이익만을 위해서 봉사한다, 이런 수준은 넘은 거죠.

다국적 기업이 이미 전 세계적으로 일을 한 거는 오래된 얘기고, 다국적 기업이 기업의 이익을 위해서 세계화를 요구하고 나가지만, 다국적 기업 아니라도 이미 기술적인 트렌드가 지금 그렇게 변해 버렸는데 그런 것이 세계화라는 것이고, 세계화라는 것은 그렇게 굴러가는 것입니다. 그로 인해서 인도의 노동자와 미국의 노동자가 일자리를 놓고 실질적으로 경쟁하고 있고요. 우리도 지금 그렇고…….

시장을 관리하고 조직하는 신종 계급의 등장

그다음에 이제 여기서 우리가 생각하는 것하고 다른 것 한 가지가 있어요. 창조적 지식기술자들, 지식기술자들이라고 흔히 얘기해요. 지식형 서비스를 하는 사람들이 늘어났습니다. 어디 무슨 책에 보면 한국 경제가 어려울 거다, 한국 경제는 영감에 기초하지 않고 그냥 투입에 기초하고 있기 때문이다, 이렇게 나오는데 영감이라는 것이 지식 서비스라 하더라도 영감을 서비스하는, 영감으로 하는 것이 있고 숙련으로 하는 것이 있거든. 그런데 그걸 통틀어서도 굉장히 격차가 많아요.

소위 말해 경영을 관리하고 조직하는 사람들, 생산요소를 관리하고 조직하고 시장을 뚫어 내는 사람들, 시장을 관리하는 사람들, 이 사람들이 엄청난 보수를 받게 된 것인데, 계급적으로 지난날의 자본가들이 아니에요. 신종이거든. 우리는 여전히 지난날의 재벌들 보고 얘기를 하고 있는데, 이미 선진국, 특히 미국의 경우를 보면 신종 계급이 태어난 것이에요.

보수의 시대라고 얘기할 때 돈을 누가 많이 가져갔냐 이러면 자본가계급, 말하자면 자기자본을 가지고 굴리는 이들 자본가계급이 크게 가져갔겠지만, 요즘은 소위 남의 돈 가지고 굴리고, 기업의 조직과 시장을 창출하고 기업 조직을 운영하는 이 경영자라는 사람들이 엄청나게 많아진 거죠. 그래서 상위 5프로, 상위 1프로 얘기했을 때 그 새로운 계급은 얼마냐? 이런 건 명확한 통계는 없는데 이 점에 대한 지적이 있어요.

개념을 새롭게 해서 자본가와 노동자계급의 계급 문제가 이미 자본가나 노동자의 계급 문제가 아니고, 분배를 이렇게 해도 좋은가 이런 문제가 된 거죠. 아직 고용 시장은 국내에서 움직이는 것 아니냐 하는데 실제로 고용이라는 게 세계시장이 움직여 나가고 있다는 거죠.

우리나라에 유독 많은 건 아니지만 외국 기업의 한국 지사, 한국 법인에 있는 CEO들이 받은 급여를, 어디 통계가 있는지 모르겠는데, 그걸 우리가 조사를 해 보면 한국의 CEO들 급여를 올리는 요건으로 그런 것들이 작용을 하거든요. 외국 기업이 한국에 들어와서 돈을 많이 주고 스카우트를 해 오고, 그러면서 헤드헌팅이라는 것을 시작하고, 헤드헌팅 과정에서 배팅이 세게 들어가거든요. 이런 현상들이 있는 거는 맞아요. 이제 이런 것이 오늘날 새로운 격차를 발생시키고 있는 거죠.

옛날에는 어지간하면 국내에서 월급 많이 받는 사람들이 국내에서 소비를 일으켰는데, 요새는 그것도 제대로 안 돌아갑니다. 국내에 지식 서비스 노동자들이 많아졌는데, 그 사람들이 돈을 벌면 그게 시장에서 리사이클이 되나요? 옛날에는 됐습니다. 옛날에는 중견 간부들 대량생산하던 시절에는 그게 됐는데, 지금은 안 돌아간다는 거죠. 지금 그걸 인정 안 하고 싶지. 왜냐하면 그걸 인정하는 순간 도대체 답이 안 나오니까요.

김대중, 노무현마저 노조의 적이 된 현실

폴 크루그먼은 임금 격차가 커진 것은 노동조합에 대해 적대적인 정부, 적대적인 정책으로 이렇게 됐다고 한마디로 해 놨는데 그렇지 않겠어요? 그것도 맞는 얘긴데, 실제로 그것만 있나요?

그래서 노동조합을 뒤에서 받쳐 주면 이런 문제들이 좀 극복이 될 수 있느냐 하는 문제입니다. 노조가 활성화되면 이런 문제가 좀 해소가 될 거냐? 아무래도 맞겠지요.

그러나 우리 한국에서도 노동 쪽의 변화가 굉장히 크게 나타납니다. 왜냐하면 일자리가 줄어드는 것은 현실이고, 구조조정을 계속하면 비정규직이 늘어날 수밖에 없고, 더욱이 노조의 조직률이라는 것이 뚝 떨어져서 노조에 힘이 없어지고 있거든요.

한국에서 지난 10년간 노동조합을 탄압했는가. 사실은, 조합원 자신들이 까먹은 게 많지 않은가요? 그 사정을…… 정말 안타깝게 지켜봤을 뿐이고……. 안타깝게 지켜본 거 아니요? 일반 국민들이 보기에 또 우리가 봐도 대책 없는 요구를 하고 대책 없이 싸우니까 결국은 아무것도 들어줄 수 없고 안 들어주니까 이제 적대화되고, 결국은 김대중, 노무현마저 노동조합하고는 적이 되고 말았으니 노조를 밀어주겠다는 사람들이 무슨 힘을 쓸 수가 있겠어요?

한쪽에서는 교섭력이라는 것이 그렇게 무너졌고, 아까 말한 대로 시장 상황은 여러 가지 그런 상황에 부딪혀 버렸고…… 지금 이거 뭘 어떻게 해야 하냐 했을 때 답이 잘 안 나오죠.

그래서 비정규직을 어떻게 할 거냐? 우리가 답이 있었어요. 중소기업에 일자리 많으니까 중소기업 밀어줘라. 서비스도 일자리 많으니까 서비스 활성화시켜 줘라. 뭐 해라 뭐 해. 그리고 어떻든 간에 전체적으로 경쟁력이 있어야 하니까 부품·소재 산업 열심히 한번 해 봐라. 무슨 서비스 산업 해 봐라. 혁신해서 전체적으로 경쟁력을 높여라. 그다음에는 사람을 숙련시켜라. 별것 다 했죠, 우리가. 외우라고 하면 쭉 다 외워요.

일자리 면에서는 내가 금융, 뭐 지식 서비스 키워라. 그중에 제일 큰 게 그거 아네요? 금융허브 해 보자. 다 일자리 만들자고 한 소리인데. 그런데 요새는 금융이 사고 친 자식이 됐으니까 금융허브 하자고 했다고 욕먹을까 봐 지금 눈치 봐야 하게 생겼어요.

결국 일자리로 풀어야 한다

일자리 될 만한 것 다 했어요. 심지어는 그것까지 했어요. 사회적 일자리까지. 우리가 서비스, 서비스 하는데 소위 영세 자영업이라는 것이 전부 서비스예요. 이미 포화 상태인데 거기다 뭔 서비스를 또 해요? 요새 보도를 보면 사회적 일자리라고 하는, 소위 복지 서비스 쪽 일자리가 너무나 황폐해요.

사회 서비스 일자리라는 것도 보육 체계부터 우리는 민영화 체계였거든요. 그래서 민영 사업에 국가 보조를 하는 방식으로 보육 서비스를 하게 됐거든요. 출발할 때 이미 그렇게 딱 되어 있었어요. 그래서 공공 보육을 늘리려고 하니까 비용이 많이 들고 해서 공공 보육은 보육대로 계속해 가면서 이제 민간 보육에 대해서 뭐 서비스하고, 그게 상당히 정치적으로 갈등이 돼 버렸지요. 그것과 마찬가지로 '재가 노인 돌봄'이라든지 이런 사업들을 우리가 새로 시작한 것이 대부분 공영이 아니고 민영이거든요. 거기에 대해서 지금 복지 부분에서 문제 같은 것이 제기되고 있기는 한데, 그것을 갑자기 공영 체제로 못 돌리라는 법은 없지요. 하지만 공영 체제로 돌리는 것이 맞는지는 나도 잘 모르겠어요. 그로 인한 문제점이 많이 생기는 것은 맞는데, 이런 건 누가 기획한다기보다 시간이 가면서 곪아 터지면 제도 개혁이 이루어지게 될 겁니다.

어떻든 간에 일자리라는 것이 그렇게, 일자리를 구한다는 것이 그렇게 힘이 들고 교섭력이라는 측면에서 노동자들의 교섭력은 여건도 나빠지는데, 상황을 무시하고 자신들의 딱 그 교범적인 요구, 일종의 원리주의 같은 주장만 계속하다가 결국은 교섭력을 완전하게 못 가지게 된 것 아닌가요? 몇몇 노동조합은 기업 내 교섭력을 갖고 있겠지만, 소위 노동 조직이 사회적 교섭력을 전혀 못 가지고 있거든요.

혁신과 사람에 투자하는 것이 기본

참 어렵죠. 그럼 시장 분배에 어떻게 개입하느냐? 이거는 사람 개개인의 역량을 교육하고 훈련시키는 것이 기본일 수밖에 없어요. 기업에 국적이 어딨냐 이러지만 사람에게는 국적이 있을 것입니다. 기업에 무슨 국적이 있냐? 자본에 국적이 있냐? 하지만 사람에 겐 국적이 있어요. 그래서 교육 훈련 얘기가 나온 것이죠. 교육 훈련 제도 그 길밖에······.

한때 경영자들이 막 다니면서 컨설팅 한번 하고 와 해 쌓던 그 분위기. 그런 것 좀 바꾸고요. 사람 교육, 직장 없는 사람한테 훈련 제공하고, 결국은 돈 걷어서 혁신에 투자하고 사람에 투자하는 수밖에, 그 외에는 다른 방법이 없어요. 혁신에 투자하고 사람에 투자하는 방법밖에요.

그래서 재분배라는 것이 정말 중요할 수밖에 없는 것 같아요. 옛날에는 재분배를 돈으로 했지만 재분배 과정에서 국민들의 역량을 향상시킨다든지, 전체적으로 국민들의 혁신 역량을 높이고, 연구 개발 투자를 한다든지, 교육 투자를 한다든지 이런 것 아니겠어요?

결국 진보주의 대안을 얘기하려고 하니까 진보주의 쪽에서 제기하는 것이 신자유주의에 대한 비판까지만 있었지, 대안은 결국 보수주의 대안하고 크게 다르지 않게 생각될 수도 있겠네요. 좀 다른 게 있어야지.(웃음) 다르니까요. 하여튼 결국 우리 한국에서는 다른 게 별로 없어요. 그 문제가 최대 고민입니다. 답이 뭐냐 했을 때 결국 조금 전에 내가 얘기했던 이런 수준으로라도 답을 낼 거냐? 아니면 진짜 뭐가 다른 게 있냐?

이 얘기는 뭐냐 하면 보수주의 시대가 정치적인 선택의 결과다, 이리 말할 수 있냐는 것이죠. 아닌 것 같죠? 『미래를 말하다』 저 책이 갖고 있는 제일 큰 한계가 그런 것입니다. 이 과정에서 할 수 있는 일이 뭐냐? 그 점에서 좀 갑갑한 부분이 있어요.

돈과 제도로 진보의 대안을 고민하자

2009.03.20.

(진보와 보수를 얘기하자면) 신자유주의 교리를 중심으로 해서 얘길 하게 되는데, 내가 보기엔 신자유주의 교리 중에 상당 부분은 쓸데도 없는 논쟁이란 말이지요. 민영화가 어쩌고, 규제가 어쩌고 하는데, 그 규제라는 게 참 결판이 안 나요. 개방 문제 갖고 옥신각신할 수도 있는데, 이제 그런 것은 좀 빼놓고 얘기를 해야 되거든요. '빈부 격차 어쩔래?' 그다음에 이건 핵심 쟁점이 될 수 있을지 없을지 모르지만, 경제 파탄 이거 어째야 되느냐, 이런 것이거든요.

보수주의 경제, 소위 시장 원리주의의 핵심은 이 두 가지로 귀착되는 겁니다. 부익부 빈익빈이 가속화되는 것이고, 그다음에 주기적으로 시장이 터져 버린다, 붕괴된다는 것이거든요. 그렇게 시장이 붕괴됐을 때 잘나가는 사람들이 죽진 않고, 바닥에 있는 사람들만 다 거리로 몰려나고 실업자가 되는 방향으로 가는 것입니다. 이거 어찌할 거냐, 이게 핵심이죠. 여기에서 이제 보수한테 답 내놔라, 당신들 대답이 뭐냐, 우리 대답은 이거다 하고 나가야 되거든요. 그래야 되는데 신통한 게 없어요. 신통한 대답이 없다는 데 고민이 있는 것이죠. '우리 대답은 이거다'라고 던져 놓고 진보주의의 가치라든지 역사라든지 이런 거 갖고 싸워야 합니다. 미래도 얘기하고 말이죠.

진보주의, 보수주의는 한참 설명을 해도 사람들이 보기엔 그게 그거 같고 그 말이 그 말 같고, 정말 둘의 차이를 분명하고도 쉽게 보여 주는 방법이 뭐냐? 내가 고심해서 꺼내 든 것이 '돈으로 계산을 해 보자' 이거 아닙니까? 돈으로 계산해 보자. '세금 얼마냐?' 이 말은 재정으로 바로 통하게 돼 있고 복지로 바로 통하게 돼 있거든요. 세금 얼마 받아서 재정을 얼마만큼 크게 운영하고, 그중에 얼마를 복지로 쓰냐. 요새는 복지, 교육 부분이 상당히 중요한 요소로 들어가고 있는데, 얼마를 복지로 쓰느냐 이게 이제 핵심이고요.

돈 얘기 끝나고 나면 제도입니다. 시장에서 강자의 자유냐 공정한 자유냐, 여기에 대해서 어떻게 규제를 할 거냐 하는 문제가 있습니다. 소위 공정거래라는 게임의 규칙에 대해서 어떤 태도를 취하고 있느냐는 문제가 있고, 노동보호를 어떻게 할 것인가 하는 문제가 있습니다. 시장에 관해서는 딱 그 두 가지입니다. 두 가지고 나머지 부분, 노동의 유연성, 민영화, 개방 뭐 이런 건 여기에 딸려 있는 문제입니다.

그 밖에 환경보호 어떻게 할 거냐 등등에 관한 규제는 사실은 싸울 필요가 없어요. 화재 예방을 위해 규제하는데 그 뭐 보수가 있고 진보가 있어요? 그런데 노동자의 작업 안전과 건강을 위해서? 이건 싸움이 있습니다. 이건 싸움이 붙습니다. 이게 뭐냐면 YS가 신경제 100일[30] 하면서 규제를 풀어 버리거든요. 풀리면서 환

---

30. 신경제 100일

경기 활성화를 위해 금리 인하, 통화 공급 확대, 규제 완화 등을 주요 정책으로 김영삼 대통령이 1993년 3월 19일 특별경제담화를 통해 밝힌 일련의 경기부양정책이다. 당시 한국 경제는 호전된 통상 환경과 고평가된 엔화 등으로 1994년 8.3%, 1995년 8.9%의 높은 성장률을 기록했다. 그러나 과도한 규제 완화와 과잉투자, 경기부양정책은 1997년 외환 위기의 파국으로 치달았다. 이러한 인위적 경기부양책으로 6공화국 시절 '주택 200만 가구 건설', 문민정부 때 '신경제 100일 작전', '신경제 5개년 계획', 국민의 정부 시기 '신용카드 활성화 대책'을 꼽을 수 있다.

경 규제가 일부 풀리고 노동 규제가 일부 풀립니다.

어느 나라가 잘사는 나라요?

이런 게 아주 쟁점적인 것인데, 이 제도를 가지고 그 스펙트럼을
만들 수 있느냐? 몇 개 제도를 뽑아서 스펙트럼을 만들 수 있다면
이게 이제 일종의 투입 부분의 스펙트럼이거든요. 돈을 어떻게 들
이느냐 제도를 어떻게 하느냐인데, 산출 부분에 이르면 빈부 격차
가 얼마나 되느냐, 사람들의 삶의 질이 어느 수준이냐, 그리고 아
이들의 기회균등 문제가 따라옵니다. 기회는 공정하냐? 이런 것들
이 일종의 산출 지표로 나오는 거 아니겠어요? 이걸 가지고 그냥
쭉 세워 놓고 '어느 나라가 잘사는 나라요?' 하고 (봉하마을을 방
문하는 사람들에게) 물어보면 사람들이 저절로 답을 냅디다. 산출
지표 부분을 정리하면 '어떤 나라가 좋은 나라다, 잘사는 나라다,
우리는 어떻게 하는 게 좋겠다'에 대한 답이 나오는 것이지요.

그다음에 미국이 지금 사고를 쳐 났으니까, 진보·보수의 나라
들을 먼저 보여 주고, 그다음에 미국을 중심으로 해서 진보의 시대,
보수의 시대를 보여 주자는 겁니다. 그러면서 지금 사고를 내 났는
데, 당신들 처방이 뭐냐 이렇게 가자는 거죠.

그다음에 진보의 대안이 뭐냐? 이게 이제 뭔 대안이냐 하면 빈
부 격차 문제를 해결해 줘야 되는 것이고, 양극화 문제를 해결해
줘야 되는 것이고, 성장에서 낙오하지 않아야 되는 것이고, 성장을
유지해야 되는 것이고, (웃으며) 경제가 파탄이 안 나야 되거든.

이 문제에 대해서는 정답을 말하라고 하면 얘기가 다 돼요. 근

데 이런 경쟁 현실 속에서 '당신이 내놓은 그 대안이 맞느냐'는 문제에 부딪히게 되죠. 그러므로 경쟁력을 유지해 갈 수 있는 방법과 일자리를 찾아 주는 방법, 이 두 가지를 동시에 얘기할 필요가 있습니다. 진보주의는 경쟁력도 유지하고 일자리도 유지해 줄 수 있고, 그러면서 빈부 격차가 완화될 수 있는 비전을 내놔야 됩니다.

핵심은 사람이다

2009.03.27.

보수 진보를 놓고, 시장이냐 국가냐 이러는데, 요새 시장주의 반대하는 사람이 어디 있어요? 그리고 국가의 역할을 전면적으로 부정하는 사람은 또 어디 있어요? 상징적으로 그 얘기를 서로 유리하게 써먹고 싸우는 것이죠. 시장주의는 진보주의를 국가라는 이미지로 묶어서 때리려고 하는 것이고, 진보주의로서는 수세에 몰려있으니까 소위 시장 만능주의에 대한 반격을 해 보는데, 전문가들 사이에서는 말이 통하지만 대중적으로는 자꾸 밀리죠.

경제의 본질은 분배

근데 사실은 진정한 의미에서 경제의 본질은 분배 문제예요. 복지와 분배란 말이지. 복지를 할 거야 말 거야, 세금 더 걷을 거야 말 거야, 돈 어디 쓸 거야 이거거든요. 정부냐 시장이냐가 핵심이 아니고, 정부가 돈을 얼마나 더 거둬서 얼마나 더 쓸 거냐, 어디 쓸 거냐 이걸 둘러싼 분배 싸움이에요, 분배 싸움. 시장이냐 국가냐 이런 종류의 책이 자꾸 나오고 하는데, 정부가 분배에 개입할 거냐 말 거냐 이 얘기예요.

그 분배는 시장에서의 분배, 그다음에 국가 재정에 의한 분배 이 두 가지 차원에서 분배 문제지요. 시장 차원의 분배에서 (국가가) 분배에 개입하는 것도 있고, 시장 분배 이후에 (국가가) 다시 분배에 개입하는 것이 있거든요. 분배와 재분배가 달라요. 그게 핵심적인 싸움인데, 이제 뭐 얘기를 하다 여기까지 와 놓고 감당을 못해.(웃음) 하여튼 분배 문제가 핵심인데 그것 말고도 지금 우리가 풀어야 할 문제가 있어요.

한쪽에선 몇 가지 정책으로 신자유주의냐 아니냐, 이렇게 공격한다는 말이죠. 신자유주의는 뭐냐 하면 '시장이냐 국가냐'라는 걸 핵심으로 하지만 거기에 몇 개의 교리를 더 추가하고 있거든요. 시장주의의 연장선에 있지만 민영화해라 규제 완화해라, 또 노동을 유연화해라 개방해라, 뭐 이런 몇 가지 구체적인 내용들을 갖다 붙여서 신자유주의냐 아니냐 하고 있는데, 이 잣대는 주로 진보 진영에서 많이 쓰지요. 나는 뭐라고 하든 핵심은 분배 싸움이다. 이렇게 주장하는 쪽이고요.

금융 규제에 대한 진보의 대안은 무엇인가

사실, 경제의 안정을 위한 규제 부분이 큰 문제지요. 그 문제가 지금 굉장히 커서 우리가 예의 주시해서 수집해 보자 하는 것도 그런 이유지요. 국제사회가 진보든 보수든, 소위 경제를 위험하게 만드는 도박을 어떻게 막을 것이냐 하는 문제는 중요합니다.

세계가 어떻게 대응해 가는지 모르겠는데, 문제는 진보주의 진영에서 그 점에 대해서 어떤 합리적인 대안을 가지고 있느냐 하는 겁니다. 분배의 문제를 떠나서 경제 시스템 자체를 안정적으로 운영하기 위한 대책이 필요합니다. 있는 금융을 어느 날 마음대로 없앨 수도 없는 일이니까요. 금융이 상업금융만이 아니고 투자금융이 있는데, 옛날과 달리 요새는 투자금융이 보편적인 것이 됐거든요.

'거기서 발생하는 시스템 위기를 어떻게 방어할 거냐'라는 것은 진보·보수를 넘어서는 문제인데, 이 점에 대해서는 상대적으로 진보주의가 적극적일 수밖에 없어요. 왜냐하면 보수주의라는 것은 개인 플레이어들의 자유를 극대화하자는 것이거든요. 진보주의는 그런 건 아니거든요. 보면 규제에 대해서는 진보주의가 좀 더 적극적일 수밖에 없고, 시스템에 대해서 진보주의가 요새 금융 규제 시스템에 대해서 대안을 좀 내놔야 되는데…….

우리 여기 진보냐 보수냐 하는 것치곤 좀 많이 나가는 것인데, 이 문제가 논란이 될 거요. 이전에도 금융 규제에 관해서 논란이 있었고, 지금도 있고. 돌이켜 보면 케인스는 벌써 1930년대에 투자금융을 도박이라고, 강력하게 그냥 도박이라고 표현했더라고요. '금융은 도박하는 것이 아니다.' 경제 돌아가는 데 말하자면 윤활유 노릇이나 해야지 지가 무슨 노름판 벌이는 것이 금융이 아니다. 뭐 이런 취지의 것이 있더라고요.

어떻든 도박 형태의 금융이 있는데 그걸 지금 뭐 없애라 할 수는 없는 것이고, 감독을 철저하게 하고, 문제가 있는 것마다 하나씩 제도 개선을 통해서 봉쇄해 나가야 되거든요? 하나하나 제도 개선을 통해서 개별 행위를 봉쇄해 나가고, 그다음에 개별 행위로 도저히 봉쇄가 안 됐을 때 원천 봉쇄를 하는 것입니다. 우리 출총제라고 하는 것이 명색이 원천 봉쇄 제도예요. 안티 트러스트 액트(독점금지법)라든지 하는 것들도 일종의 원천 봉쇄 개념이거든요. 개별적인 부당행위나 위험한 행위를 막다가 안 되니까 원천 봉쇄

하는 겁니다.

근데 미국의 원천 봉쇄는 거의 성공하지 못했다는 것이 평가입니다. 독점 금지 뭐 이런 거라든지, 지금도 반독점 규제를 하긴 하는데, 얼마간의 성과는 인정할 수 있으나, 별로 성공하지 못한 것으로 보는 거죠. 별로 성공하지 못한 데는 보수주의의 집요한 공격이 있었다고 봐야 할 겁니다. 근데, 개별 규제도 마찬가지고 원천 봉쇄도 마찬가지고 어쩔 수 없는 일인 것 같은데 어떻게든 우리가 거기에 대한 대안을 내줘야 돼요.

소득 불균형, 양극화를 어떻게 볼 것인가

두 번째로는 소득 불균형을, 양극화를 어떻게 해소해 갈 거냐는 것이죠. 양극화를 어떻게 해소해 갈 거냐. 로버트 라이시가 1992년에 펴낸 『국가의 일』에 나온 것이 가장 현실적이지 않은가 싶어요. 근데 그 논리의 가장 큰 약점이 뭐냐 하면 '미국 자본이 어디 있고 미국 기업이 어디 있느냐?' 하는 거예요. '미국의 저축이 올라가면 전 세계에 투자가 된다.' 초국가 체제를 전제해 놓고 있다는 게 약점이에요.

그럼 (라이시가 제시하는) 국가 전략은 뭐냐? 인프라 좋고 인적자원의 질적 수준이 좋으면 미국 돈이든 무슨 돈이든 다 투자가 발생한다, 이런 거죠. 그 투자가 발생하는 곳에 일자리가 생기고, 소비가 생긴다는 겁니다. 그래서 인프라를 확충하기 위해서 공공투자를 많이 하는데, 공공투자는 물적 인프라에 눈에 보이지 않는 인프라까지를 포함하는 것이겠죠. 연구 개발 투자 이런 것까지 포함해서 하고, 인적자원을 양성하라는 얘깁니다. 그래, 뭐 말이 되죠.

여기에 더해서 우리 참여정부 때 한 가지 더 썼던 전략이 뭐냐 하면, 생활환경을 쾌적하게 만들어라. 투자하는 사람이 돈만 던져놓고 가지는 않는다. 투자를 하려면 돈과 사람을 묶어서 보내게 되는데, 사람이 안 오려고 하는 데는 투자를 안 한다는 거죠. 역시 투자는 사람이 결정하는 것이고 투자 사업을 관리하는 사람이 꼭 필요한데 그 사람들은 살기 좋은 곳이 아니면 안 할 것이다. 국제 수준의 교육 환경, 국제 수준의 의료 환경으로 조성하자. 이렇게 된 거죠.

특구 안에서만 사람이 살 수 없는 거 아니에요? 특구에선 예외를 만들어 줘야 되지만요. 그럼 이제 전국적으로 쾌적한 환경을 우리가 조성해 가는 것이 결국 경쟁력이다. 논리가 이렇게 풀려 가는 것이거든요. 그리고 생각해 보면 한국의 문화적 자산이나 환경적 자산이 빈약하지 않느냐, 문제의식은 대개 그렇게까지 갔어요. 그러니까 우선은 공장, 사업장 지으면서 장사하기 좋은 인프라를 구축해라. 도로·통신·운송 뭐 이런 거 다 해당돼요. 그런 점에서 한국은 꽤 괜찮은, 아주 환경이 좋은 곳이죠. 그다음에는 일 잘하는 사람, 그다음에는 교육·생활환경까지 조성하고, 이렇게 만들어야 된다는 것인데, 그걸 우리가 한번 해 보자고 이런저런 계획은 세웠는데, 5개년 프로젝트 갖곤 되는 게 아니더라고요.

그러니까 환경을 얘기하고, 노동자 권익을 얘기하고, 양극화 문제를 제기하고, 교육의 기회균등을 얘기하고, 문화를 얘기하는 것은 바로 미래의 경쟁력을 확충해 가자는 것이지요. 이것을 당장의 개별 사업에 불편하다고 해서 그냥 다 망가뜨리자고 하는 사람들은 '급하니까 기둥 뽑아서 불 때자' 하는 얘기에 다름 아닌 거죠.

그렇긴 한데, 그게 답이 되냐 하는 데 가장 큰 애로 사항이 뭐냐 하면, 전부 넥타이 매고 일하는 사람만 사는 동네가 된다는 가정이 있어야 되는 것이죠. 전부 창조적 전문가 사회로 이동한다는 것을 전제로 하고 흔히 말하는 단순 생산직, 분업 구조에 있어 단순 작업을 반복하거나 숙련하는 이런 사람들의 경쟁력 문제는 별로 고려하지 못한 거예요. 여전히 같은 냉장고를 중국서 만들 거냐 미국서 만들 거냐, 같은 자동차를 한국서 만들 거냐 미국서 만들 거냐, 여러 가지로 경쟁을 하기 때문에 노동자 간 경쟁력이 벌어지는 것이죠. 여기에 대해선 대답이 안 나와요.

그런 방식으로 이동하는 것이 가능하냐는 것이 뭐 확실한 답은 없는데, 한국의 경우에도 그 부분에서 넛크래커라는 얘기가 이제 나오는 것이 그런 이유죠? 어차피 다 한계가 있는 건 맞는 것 같고, 여기에 뚜렷한 답이 없어요. 일단 전체적으로 논리적인 완결성, 말하자면 논리적인 어떤 완성도라든지 이런 것으로 봐서 장기적인 경쟁력이라고 얘기하는 거. 그것이 국민의 복지로 이어지는 것을 전제로 했을 때 진보주의 진영의 전략이 맞는 것 같아요. 맞는 것 같은데, 놀라운 것은 그럼에도 그 문제가 해결이 안 돼요. 단순 생산직이나 우리가 지금 전부 넥타이 매고 전문가가 될 수 있느냐는 문제하고, 전환이 가능하냐는 문제하고요.

라이시 그 사람은 대인 서비스라고 표현을 해요. 대인 서비스 영역에 인력이 몰리게 돼 있다는 것이죠. 우리나라로 치면 그중에서 가장 전형적인 부분이 영세 자영업자들입니다. 일종의 대인 서비스거든요. 자영업 부분이 과잉돼 있는데, 그 문제에 대한 간결하고 명쾌한 대답은 없어요. 거기에 문제가 있고, 대인 서비스는 외국하고 거의 경쟁하지 않아요. 경쟁이 상대적으로 적고, 단순 생산직은 외국하고 경쟁을 해야 되죠.

노동생산성에 걸맞은 소득 산출

근데 이 문제에서 우리가 조금 더 들어가 볼 수 있는 것은, 이렇게 되면 정치나 정책 수준을 좀 넘어서는 것인데······. 조선업 하는 사람 얘길 한번 들어 봤더니 우리가 뭐 1인당 생산성이 중국의 열 배라는 겁니다. 생산성은 설비의 고도화에 따라서 높아져요. 노동생산성이 노동자가 잘해서 생산성이 올라가는 것이 아니고요. 가끔 전경련 사람들은 노동자가 숙련되고 일 잘하면 노동생산성이 올라갈 것처럼 얘길 해요. 그래서 노동생산성 올라가는 만큼만 임금도 올려 주겠다 이러거든요. 그런데 노동생산성이라는 것은 자본 투자가 가장 결정적이거든요. 자본 투자를 얼마만큼 하느냐에 따라서 노동생산성이 달라지게 돼 있어요.

하여튼 그 문제를 자꾸 이상하게 왜곡하는데, 실제로 한국의 노동자들은 자기 숙련도를 놓고 노동생산성이 높다고 합니다. 자본 비용이 비슷하다, 즉 동일한 자본 설비를 제공했을 때 중국 사람 몇 배로 일을 한대요.(웃음) 그러니까 똑같은 설비 장비를 제공했을 때 한국 사람이 세 배 더 일하면 세 배 더 받는 거지요. 두 배 더 일하면 두 배 받는 것이고요. 능률이 두 배 높으면 두 배 받는 거지요.

생산 현장에서도 그런 것이 있을 수 있고, 그다음 대인 서비스

하는 사람들은 그 동네 소득이 높으면 그에 따라서 소득이 올라가고, 그 동네 전반적인 소득이 낮으면 따라서 소득이 낮아지게 되죠. 연봉 1억짜리가 다니면서 쓰는 동네의 대인 서비스는 연봉 3,000만이나 5,000만 수준으로 가고, 연봉 5,000만짜리가 쓰고 다니는 동네에 가면 대인 서비스하는 사람은 연봉 2,000만밖에 안 된다든지, 상대적으로 그렇게 서로 연결이 되게 돼 있지요.

국가 간 노동의 이동과 질 경쟁

오늘 아침에 내가 읽은 책의 한 대목을 보니 공공 인프라 같은 것을 강조하더라고요. 기본적으로 이건 국가 간 노동력의 질 경쟁이거든요. 그런 거 아닙니까? 국가 간 인프라 경쟁, 노동력의 질 경쟁이고, 그게 아주 결정적이죠.

예를 들면 아프리카에 사업하러 안 가거든요. 어지간하면 거기 가서 사업을 할 것 같은데, 안 가는 이유가 전기도 시원찮지 물도 시원찮지 도로도 시원찮지 통신도 제대로 안 되지, 그렇습니다. 그러니 첨단산업이라는 게 아프리카로 못 가게 돼 있는 거지요. 일자리에 위협을 받는 사람들은 이동을 반대해요. 직접적으로는 그렇죠. 그런데 우리의 경험으로는 조금씩 이동이 쉬워져 가는 시대에 살고 있죠.

이동이 쉬워지는 거 맞죠? 한쪽에서는 지금 그런 것이 생기는 것이죠. 벌이가 되는 쪽으로 이동하는 거. 가나에 의사가 없어 가나에서 열심히 의과대학 공부시켜 놓으니까 전부 남아공으로 다가 버렸다잖아요? 남아공의 의사들은 어디 갔냐? 사우디아라비아에 다 가 있어요. 근데 거기는 왜 가 있냐? 사우디아라비아에서 근무한 경력이 있으면 미국으로 진출하기가 아주 좋대요. 의료 시설 운영 코스가 그렇게 돼 있는 겁니다.

가나에서는 남아공으로 가고, 남아공에서는 사우디아라비아로 가고, 사우디아라비아에서 몇 년 근무하면 이제 미국으로 가는 게 순서예요. 그럼 가나 사람은 누가 치료하냐? 쿠바의 의사들이 자원봉사를 나와서 해 준대요. 근데 쿠바는 어찌 그걸 해 주냐? 그것은 사회주의니까 된대요. 사회주의니까 쿠바의 의과대 학생들은 졸업하면 아프리카에 가서 자원봉사를 2년인가, 3년을 의무적으로 하게 돼 있대요.

이동을 하게 되면서 똑똑한 사람만 다 빠져나가 버리고, 대책이 없어요. 국가나 인류 사회의 문제를 들여다보면 이런 모순이나 충돌들이 끊임없이 발생해요.

진보의 전략은 결국 '교육'

그럼에도 우리들의 전략은 뭐냐? 아주 무식한 수준의 질문인데, 결국 사람들한테 마지막으로 하게 되는 메시지가 뭐냐? 결국 교육이에요.

교육의 기회균등, 그것을 위한 공공적인 투자, 이런 거 아니겠어요? 인간에 대한 투자, 교육, 직업훈련, 또는 교육과정에서 인격 양성, 창의력 기르기 이런 거 아니겠습니까? 말하자면 사람에게 친화적인 것들이죠. 사람에게 향하고 사람을 존중하는 방향성이 필요합니다. 요새 기업 같은 데서도 새로운 트렌드라고 말하는 것이 사람 얘깁니다. 기업의 핵심 인력은 결국 '사람 관계가 좋은 사람'을 선호하고 중시한다는 것이죠.

세계경제 흐름 안에서 한국 경제를 보자

2009.04.03.

우리가 처음 시작할 때, 나도 처음 시작할 때 신자유주의 핵심 논리와 각론의 쟁점에 계속 관심을 두고 있었어요. 핵심이라는 것은 결국 '성장이냐 분배냐' 같아요. 아무리 봐도 현실적인 쟁점은 그거더라고요.

학자들은 '시장이냐 정부냐' 이러는데 이쪽저쪽 아무리 봐도 시장론 정부론 가지고 양단간에 결판을 내자는 쪽은 없더라고요. 큰 정부 작은 정부 이거는 전체를 포괄하고 있는 건 맞는 것 같은데, 국민들이 느끼는 건 결국은 성장이냐 분배냐 하는 겁니다. 이 콘셉트 속에서 우리가 전체적으로 밀리고 있다고 봐야 해요. 분배론이 밀린다는 거지요. 국민들은 성장론을 선택해 버린 것이거든.

성장론을 선택한 국민

우리도 성장론을 얘기했지만 우리 성장론은 인정 못 받았죠. 사람들은 성장의 방법이 뭐냐 하는 성장 방법론에 관심을 가졌지, 분배문제에 관심을 가진 것은 아니란 말이죠. '분배는 성장으로 달성된다.' 여기에 오케이 해 버린 것이거든요. 18대 대통령 선거도 그렇습니다. 우리는 '분배 없는 성장은 없다'고 주장했지만, 동의를 얻지 못했죠. 물론 우리 정치 지형이 그런 것은 아니지만 다소 기만적으로 공중에 떠 있던 여론을 중심으로 하면 그렇게 볼 수 있을 겁니다.

언론과 미디어를 중심으로 주고받았던 사회적 이슈를 봤을 때는 성장과 분배의 선순환 논리에 대해서는 '성장하면 해결돼'로 그냥 간 것이고, 심지어는 '그 성장론은 감세야, 분배는 성장의 걸림돌이야, 정부는 손 떼' 이렇게 가 버린 것이 있거든요. 성장주의냐 분배주의냐로 결론이 나 버린 겁니다. 사실은 분배주의가 큰 정부인 건 맞는데, 딱 그대로 들어맞는 건 아니거든요. 꼭 그대로 들어맞는 건 아니지만 어떻든 큰 정부 작은 정부론과 함께 묶여서 성장주의, 분배주의 이 논리 속에 가 버린 것이고, 그 성장주의는 작은 정부론과 결합돼 있는 것이거든요. 그리고 끝나 버린 것이지요.

성장론과 감세, 작은 정부, 규제 완화의 결합

작은 정부는 규제를 줄이는 것이고 규제 완화 속에 노동의 유연성도 포함돼 있지요. 무역에 대한 규제를 줄이면 무역자유화가 되고, 노동에 대한 규제를 줄이면 노동의 유연화가 되고 그런 거 아니에요? 그다음에 수도권 규제 줄여라, 재벌 규제 줄여라 이렇게 되는 거죠. 재벌 규제가 출총제로 가는 것이고, 수도권 규제 줄여라 이게 수도권 규제 완화로 가는 것이고, 그다음에 노동으로 가면 노동의 유연화로 가는 것이고, 이렇게 가니까 그 작은 정부론 하나로 정부 규모를 줄여라, 규제를 줄여라, 정부가 만지는 돈을 줄여라, 정부가 가지고 있는 권한을 줄여라, 이렇게 연결되는 거거든요. 작은 정부라는 게 그런 거 아니에요?

정부 규모를 줄여라. 재정이 정부 규모죠? 그러면 당연히 복지 줄여야죠. 재정 규모 줄이니까. 줄이는 것 중에 제일 핵심이 뭐냐 하면 복지거든요. 복지 줄이자니까 당연히 감세해야죠. 그다음에 감세는 성장 전략론에 들어가잖아요. 감세는 줄이는 거하고 맞아떨어지니까 작은 정부와 자유 시장론이 결합되는 것이죠. 자유 시장론과 작은 정부론이 감세에서 딱 결합되거든요. 이게 민영화까지 가는 거예요.

그런데 성장하면 다 되는 거야? 감세하면 성장하는 거 맞아? 성장하면 이 문제는 해결되는 거 맞아? 이런 얘기들을 하자는 겁니다.

성장 일변도 시대, 한국 경제를 되돌아보다

오늘날 덮어놓고 경제가 위기라고들 하는데, 이미 10년 전에도 그러지 않았느냐, 그런데 분명한 규명이 없었다, 뭐 다 아는 얘기겠지만 지나고 생각해 봤을 때 왜 그랬는지 분명하게 규명하지 못한 거 아니냐, 정말 이거 어디서 비롯되었는지를 짚어 봐야 합니다.

이것이 단순히 기술적 관리의 실패에서 비롯된 것이냐, 시스템은 좋은데 기술적 관리를 실패했기 때문이냐, 아니면 이 시스템에 구조적으로 문제가 있는 것이냐, 이런 식으로도 한번 볼 수 있는 것이거든요? 진보 시대도 가 보고 진보 나라 보수 나라도 한번 가 보고, 그렇게 해서 한 바퀴 돌고 난 다음에 우리 한국도 이렇게 말할 수 있나? 이렇게 가자는 것인데, 한국은 그렇게 말하기가 어려운 점이 있어요.

한국은 우선 보수 시대 진보 시대가 아니고, 성장 일변도 시대

뿐이었고, 그때 우리는 종속이론 갖고 막 싸웠는데 나중에 보니까 그거는 아닌 것으로 드러났죠. 성장 이론이 상당 부분 성공을 거두었던 것이거든요. 이것에 대해 내가 검증 없이 한마디 한 것이 그때는 완전고용의 시대였다, 성장은 분배를 해결한다, '성장하면 분배는 된다'라는 명제가 사실 그 당시에 성립하고 있었다는 것이거든요. 내 주장은 1988년까지.

그래서 성장주의의 승리가 된 것이죠. 어떻든 그 당시까지는 그랬는데, 이게 이제 한계에 부닥치기 시작합니다. 1987년 6월항쟁이 오고, 1987년 1988년 이 시기에 3저(저환율, 저유가, 저금리) 호황 지나면서 양적 팽창의 시대가 한계에 부닥치면서, 거품이 들어가고, 그때부터 상황이 바뀌는 거죠. 그래도 요소 투입형 경제에서 나름대로 혁신형 경제로 전환하는 계기를 제공한 것이 1987년 6월항쟁과 그에 영향을 받은 7, 8월 노동자 대투쟁이었죠. 이를 통해서 경제 체질이 바뀌었다고 말할 수 있는 부분이 있습니다.

그 뒤로 인건비 폭등이 나타나는데, 인건비 폭등을 두고 200만 호 건설이 주범이라고 보는 쪽과 노동 투쟁이 주범이라고 보는 쪽이 있습니다. 이 두 가지 다 맞지 않나 싶어요.

그래도 어떻든 그 고비를 우리가 한 번 넘겼고, 그러면서 이제 우리가 한계로 점차 빠져들면서 무역 적자가 나기 시작합니다. 무역 적자가 쭉 지속되는데 그때를 뭐라고 규정해야 될지 모르겠는데, 그때 우리가 엄청나게 대가를 치르고 거품을 뺐는데, 그 과정에서 우리가 대가를 치르는 소위 관리상의 문제가 발생하는 것이죠. 노사 갈등이라는 구조적인 문제이기도 하지만 점차 정부의 통제력이 상실돼 가면서 경제 자유화라는 것이 국내까지 확 번지면서 과잉투자가 되고 개방되고 하는 과정에서 정부가 갖는 통제력을 상당 부분 잃게 되고, 새로운 경제에 우리가 대응할 만한 경제적 시스템을 못 갖추고 있는 상태에서 외환 위기를 그냥 맞게 되는 거죠. 거기서 쥐어짜면서 재정비를 해 간 과정이 지난 10년이라고 봐도 무방해요.

새로운 경제 시스템을 구축한 지난 10년

완전히 새로운 경제를 관리해 나가는 시스템을 구축해 온 과정이 지난 10년인데, 그중에서 5년이 빚을 내서 먹고사는 시대, 빚내서 경기를 살리는 시대입니다. 그 5년뿐만이 아니고 10년 전체가 그럴 가능성이 좀 있어요. 우리 정부 때 빚내서 경기를 살리는 것을 철저히 통제한다고 했는데, 부동산의 요소가 좀 있었어요. 자크 아탈리가 쓴 『위기 그리고 그 이후』라는 책에 미국 경제를 빚내서 먹고 버틴 경제라고 분석을 해 놨더라고요. 빚내서 부동산에 투자하고, 수치로만 부자가 되는 것이죠.

부동산 가격이 자꾸 올라가니까 숫자로만 부자가 되고, 장부상 부자, 장부상 국부는 자꾸 성장하는데 실제로는 소비자들의 부채로 그 수치를 뒷받침하고 있는 것이거든요. 소비자들은 장부상 가격이 올라가니까 자꾸 부자가 되니까 자꾸 빚을 내도 된다는 공식이 성립되잖아요. 허황한 공식이 만들어지면서 내 집값이 오르니까, 오늘도 은행에 담보 맡기고 빚을 써도 내 집값이 계속 오르고 있으니까, 한쪽에선 주식 오르고 있고 한쪽에선 땅값 오르고 있으니까 빚을 내서 집 사고 계속 써도 되는 그런 구조가 만들어진 것인데, 우리 1990년대에도 그런 성격이 좀 있고요.

우리 정부가 그 거품을 빼려고 굉장히 애를 많이 썼죠. 그렇게 될 수밖에 없는 게 카드채가 터져 버렸기 때문에. 거품을 빼려고 쥐어짜고 쥐어짜고 하는데 부동산에서 계속 거품이 들어가려고 하고, 또 우리는 쥐어짜고…… 결과적으로 보니까 그래요.

그 이전에 1990년대에도 그 부분에 거품이 들어가 있었는데, 왜냐하면 무역 적자가 엄청난데도 불구하고 자본수지에서 흑자가 계속되니까 단기 외채 빌려 와서 장기 대출을 했거든요. 장기 대출을 했는데 외국 돈하고 우리 돈하고 금리 차가 있으니까 그걸로 그냥 계속해서 밀고 간 거지요.

그 금리 차를 버티어 준 게 뭐냐? 그걸 잘 모르겠어요. 그때는 부동산도 안정돼 있었거든요. 그때 국내 금리가 그만큼 높았다는 것은 뭐냐? 그건 생산적 과잉투자였어요. 그 당시는 산업 생산에 과잉투자가 벌어지는 것이죠. 부동산에 대한 믿음이 있고, 산업 생산에 대한 믿음이 있으니까 막 투자를 한 것이죠. 돈은 외국에서 얼마든지 들어오고, 금리는 싸고. 그래서 경제 전체에, 말하자면 생산 경제 전체에 거품이 들어갔어요. 그 거품이 빠지면서 성장률이 딱 끊어져 버린 거 아닙니까? 거품이 빠지면서 기업가들의 도전 정신이 일대 타격을 받았거든요. 그 이후 경제가 투자 안 된다고 자꾸 투자 투자 이러는데, 기업이 이제는 되는 것만 하자, 그래서 빚 많이 안 내는 경제로 가 버리니까, 기업 경제가 성장은 느려지는 대신 튼실해졌죠.

대개 그런 것인데, 1987년 6월 이후부터 진보의 시대가 시작됐는데 많이 교란되고 하는 바람에 제대로 이루어지진 않았지만 어떻든 뭐 잠깐 있었다고 볼 수 있고, 근데 이 점에 대해서 우리 사회의 평가는 '우파 정부다 좌파 정부다'라는 식으로 팽팽했는데, 일반 국민들은 성장주의를 선택해 버렸다고 봐야 합니다. 정책이란 형식 논리로 보면 그렇습니다. 다소 위선적인 사회적 쟁점이라는 것을 중심으로 보면 성장주의를 선택해 버린 것이죠.

그래서 지금 '성장주의 그거 맞나요?' 하고 국민들한테 다시 질문을 던지는 것이 이 책입니다. 그건 '우리 그렇게 선택했는데 경제적으로 보면 맞는가'라는 것이 이 책입니다.

경제 세계화에 상응하는 세계 정부 필요

미국 같은 덴 뭐 진보의 시대, 보수의 시대에 대해 정리를 해 놨으니 그거 갖다가 그냥 조합해서 보면 바로 보여요. 뭐 간단하게 보여요. 보이는데, 우리 한국에서 진보주의, 보수주의 논쟁의 실마리를 어떻게 풀어 나가느냐가 문젠데, 시장이냐 정부냐 이러는 건 좀 아니고, 우리는 그게 아니라 김대중 정부도 우리 정부도 보수의 공격 핵심은 '너, 분배 정부지?' 두 번째로, '너, 반기업 정부지?' 하는 겁니다. 반기업 정서 이런 거 아닙니까? '반기업 정부지?' 이게 핵심이거든요. 그러니까 '이런저런 규제를 많이 하는 정부지?'

근데 우리도 관료적 규제, 관치 경제적 규제를 철폐하는 쪽으로 스스로들 선택했죠. 김대중 정부는 관치 경제 안 한다. 그래서 시장경제 들고나온 거거든요. 아주 절묘하게 서로 초점들이 안 맞습니다. 우리나라 소위 좌파들은 돈 얘기는 적어도 안 하고, 부유세 얘기하고 돈 얘기는 그 후에 별로 안 하고, 나머지는 법적으로 규제를 가지고 전부 다 하라는 뜻이었거든요.

그래서 규제 안 하니까 '너 신자유주의지?' 이래 된 거거든요. 그래서 규제를 중심으로, 법으로 직장을 보장하라, 법으로 이거는 못하게 해라, 몇 가지 못하게 해라 하는 것이 쟁점이었어요.

우리나라에서는 강원대 이병천 교수가 제도주의를 얘기하고, 장하준 씨도 자기 입장을 제도주의라고 자기 책에 소개를 해 놓고 있는데, 가장 큰 문제점은 우선 어느 나라가 제도주의적 대응이 가능하냐는 데 있어요. 미국이 만일에 제도주의로 대응해 온다면 어떻게 될까? 예를 들면 그 제도주의 속에는 보호무역도 들어 있고, 당연히 최저임금 끌어올리는 것도 들어 있고, 노동조합의 입지를 강화해서 교섭력을 키워 임금을 올리는 뭐 그런 것도 들어 있을 수 있을 겁니다. 참 마땅히 없긴 없어.

생산직 노동자들의 빈부 격차 해소를 위해서 생산직 노동자들의 임금을 올려 줄 수 있는 방법이 뭐가 있냐, 했을 때 그 인건비 때문에 제품의 경쟁력이 떨어지는 문제를 어떻게 할 거냐 하는 문제가 하나 있고, 그래서 소득 불균형을 줄이기 위해서 할 수 있는 일이 생산직 인건비를 올려 주는 것밖에 없는데 어떻게 할 거냐 하는 문제가 있고, 그다음 한 가지는 누진세 제도거든요.

학자들의 얘기에는 누진세 때문에 기업이 도망을 간다는 얘기가 많이 나와 있어요. 기업은 기업 환경 따라서 언제든지 이동할 수 있다는 것이 기본 생각이고, 『한겨레』에 글 올려놓은 이정우 교수 생각은 '그 이동이 쉬우냐?' 이런 것이거든요. 내가 보기에도 이동이 쉽진 않아요. 근데 안 올 순 있어요. 지금도 수많은 신규 투자가 진행되고 있는데 안 올 수는 있다 이거죠. 그게 굉장히 고민스러운 것이야. 그래, 그 문제는 어떻게 할 거냐…….

제도라는 게 그런 거 아녜요? 어떻든 간에 시장 분배 과정에서 개입하는 것은 규제밖에 없고, 그다음 조세에 의한 재분배 과정에서는 국가가 바로 걷어서 나눠 주는 것인데, 확 거둬들이는 건 누진세밖에 없는데, 두 개 다가 하나는 생산비 경쟁을 통해서, 하나는 기업의 수익 구조에 미치는 영향을 통해서 지금 각국이 세금 낮추기 경쟁을 하고 있는 마당에, 개별 국가가 그 선택을 할 수 있느냐는 거죠.

『경쟁의 한계: 리스본 그룹 보고서』에서는 조심스럽게 세계정부가 필요하다는 대답이 있고, 『유러피언 드림』 같은 데서는 그런 초국가적인 기구에 대해서 조심스럽게 '이게 미래 아니냐'라고 타진하고 있고, 자크 아탈리는 세계정부에 해당하는 기구를 해답으로 내놓고 있어요. 명쾌하더구만.

국가가 있고 시장이 생겼어요. 그런데 시장은 있는데 법치성은 없다는 겁니다. 그동안 모든 시장은 국가라는 틀 속에서 법치적 통제를 받고 있었는데, 이 법치의 통제가 무너지는 것이 오늘날의 시장이다, 시장이 법치의 통제를 뛰어넘어 가 버렸기 때문에 아무도 통제할 수 없게 됐고, 그래서 시장이 고삐 풀린 망아지처럼 다니기 때문에 오늘날 경제가 이 모양이 됐으니까, 여기에 법치성을 확보해 줘야 된다, 그건 세계정부밖에 없다 이거예요.

고등어 잡는 그물과 고래의 싸움

아탈리 책을 내가 안 보려고 『위기 그리고 그 이후』만 대강 보고 올려놔 버렸는데, 도로 꺼내서 봐야겠어요. 그 사람의 대답이 이 위기 이전에도 그런 문제의식을 갖고 있었는지 이후에 나온 것인지 모르겠는데요. 아무튼 이제 정부가 개입해야 된다는 것이 학자들의 공통된 생각 같아요. 폴 크루그먼도 그렇고, 장하준도 그렇고, 이병천도 그렇고……

근데 제도주의가 할 수 있는 한계가 있거든요. 장하준 교수가 어디다 글을 써 놨는데 보니까 노무현이가 뭐 '권력은 시장으로 넘어갔다' 이랬는데 시장을 잡아야 된다는 거를 말했더라고요. 나는 시장을 잡는 데 한계가 있다는 것이거든요. 그 말 안 해도 되는데 뭐 하러 물고 들어가는지 모르겠어요. 아주 단순한 얘기거든요? 권력이 시장으로 넘어간 건 사실이거든요. 시장을 통제하라고 정부가 있는 거 아니냐, 그 사람 말은 그거거든요. 그거 맞습니다. 맞는데…….

누가 그걸 모릅니까? 한계가 있다. 국가가 가지고 있는 그물이 시장의 고래 힘을 못 이긴다. 지금 내 얘긴 그거거든요. 국가가 가지고 있는 포경선이 이미 시장의 고래를 잡기에는 역부족이다. 내 얘긴 그거거든요. 이미 시장 싸움은 고래 싸움이고 우리가 가지고 있는 것은 고등어 그물 정도다, 내가 그 얘길 한 거죠. '그거 다 잡히나?' 내가 묻고 싶은 건 그런 건데, 어떻든 간에 누구도 이게 없어요.

한 국가가 취할 수 있는 조치의 한계를 분석하지 않아요. 아까 『리스본 그룹 보고서』 같은 데서도 거기에 대해서는 언급이 없어요. 그다음 이제 폴 크루그먼 같은 사람들 책을 보면 거기에 대해서 어디까지는 정부가 아직도 할 수 있고, 어디까지는 아직 안 되고 이런 데 대한 분석이 없이 '정부가 잡아야 된다' 여기까지만 나와 있다는 거죠.

요새 나오는 게 '정부가 해야 된다'는 건데, 정부가 어디까지 할 수 있는지, 시장에서 분배에 관해서 어디까지 관여할 수 있느냐, 재분배 과정에서 얼마만큼 할 수 있느냐는 것이 내 질문이죠. 미국은 팍팍 깎아서 팍팍 후퇴해 버린 것이고, 유럽은 조금씩 후퇴해서 버티어 온 것이거든요. 보수의 나라, 진보의 나라가 영 다른 것이 아니지요. 미국은 화끈하게 내놓고, 워싱턴 컨센서스[31] 발표해 놓고 우린 화끈하게 그냥 보수로 간다, 말하자면 시장 중심으로 간다 하고 확 해 버렸고, 유럽에서는 '야 이거 뭐 시장 맞는 건 아니지만 시장 따라 안 갈 수야 있나? 그게 좋은 건 아닌데' 이 말이거든?

유럽에선 '그게 좋은 건 아닌데, 그러면 우리 다 죽는데, 근데 뭐 막상 기업들이 경쟁이 안 되니까 어쩔 수 있겠어? 기업이 떠난다는데……' 그런 거 아니에요? '기업이 떠난다는데 그거 뭐 풀어 줘야지 어쩔 수 있겠어?' 뭐 이래서 말하자면 임금이 깎이는 조치라든지 이런 것들을 하고 한발 물러서고, 프랑스 같은 데는 우리 35시간 일하고 안 해, 그리고 여성 인력의 취업률이나 이런 건 낮고……. 그런 것들이 있어요. 이게 다 이제 정보가 부족한데요.

---

31. 워싱턴 컨센서스

미국식 시장경제 체제의 대외 확산 전략을 뜻하는 말이다. 미국의 정치경제학자인 존 윌리엄슨이 지난 1989년 자신의 저서에서 제시한 남미 등 개도국에 대한 개혁 처방을 '워싱턴 컨센서스'로 명명한 데서 유래됐다. 이후 1990년대 초 IMF와 세계은행, 미국 내 정치경제학자들, 행정부 관료들의 논의를 거쳐 '워싱턴 컨센서스'가 정립됐다. 세계경제 시스템을 미국의 자본과 기업이 진출하기 쉽게 만들어 미국의 이익을 증진시키려는 술수라는 비판도 있다.

투자금융에 대한 정교한 규제가 필요하다

이겁니다. 정부가 어디까지 그래도 좀 할 수 있는 여지가 있는데, 지금 유럽에서 굉장히 고민하고 있는 것이 '이거 이래도 되나?'거든요. '이거 여기까지 정부가 간섭을 하고 밀고 나가도 기업이 도망을 안 갈까?' 요 부분에 대해서 진지한 고민이 담겨 있는 책을 아직 보질 못했어요. 왜냐하면 기냐 아니냐의 문제가 아니고 정도의 문제니까.

어느 수준까지 각국이 견딜 수 있느냐라는 것은 매 시기 어떤 의미에서 — 이제 국회에서 옥신각신하는 것이 어떤 의미에서는 — 현실적일지도 몰라요. 근데 우리나라 같은 경우엔 통계 없이 옥신각신하거든요. 통계나 연구 조사, 분석 결과도 없이 옥신각신만 하는 거죠.

결국은 어느 수준에서 할 거냐 이런 것인데, 지금 우리가 할 수 있는 일 중에 급한 것이 금융 규제만큼은 확실하게 하자, 그건 세계적 차원에서 금융 규제만은 확실하게 해 줘야 되고, 한국 수준에서 지난날의 금융 자유화 정책에 관해서 우리도 새롭게 정리를 하고 재검토를 하자. 왜냐하면 자본시장통합법이란 것이 금융 자유화 쪽으로 쭉 가는 그런 시간표인데, 큰 사고 나기 전에야 그런 시간표를 가지고 갔지만 이제 큰 사고 났으니까 국가적으로 검토해 봐야 되고, 이런 것을 전제로 해서 세계 무대에서 우리가 어느 수준에서 금융 통제를 놓고 어떤 의견을 제시할 것이냐를 정리해야죠.

내가 안 봐서 그렇지 지금 금융 전문가들이 그런 얘기를 많이 내놓고 있지 않겠어요? 금융시장에 대한 금융 통제, 그런 부분에 대해서 기술적인 문제 제기는 시스템 문제고, 이건 뭐 시장경제든 진보 경제든 보수 경제든 간에 이제 노름은 그만하자 이런 취지거든요.

실질적인 생산이 없는 곳에서 이익만 발생하는 구조가 금융 산업이거든요. 근데 그것이 실질적인 생산에 필요한 자금 순환의 과정에 참여하는 만큼은 이익이 발생하는 것이 맞는데, 그게 아니고 그냥 단순히 돈 놓고 돈 먹기, 우리가 흔히 말하는 투기적 투자라는 것이 그걸 말하는 것이죠. '투자냐 투기냐' 했을 때 그 구별이 무의미한 것이기는 하지만, 실물 생산과정에 따라붙어서 그 과정과 결합돼 있는 것은 상업금융이고, 투자금융은 그냥 모든 것을 차익을 실현하는 칩으로 보거든요.

모든 것을 칩으로 보고 샀다 팔았다 하는 대상으로만 보는 것인데, 그 특성은 꺼지지 않아요. 모든 선물 투자는 위험부담 해소라는 생산 기업과의 관계가 있는데, 어쨌든 뭐 그런 것에 대해서 이제 아주 정교한 규제를 해 줘야 되는 것이죠. 보수주의든 진보주의든 관계없이 이건 기술적 문제, 시스템 문제에서 좀 해야 됩니다.

금융 위기와 '분배의 불균형'의 관계를 보다

어제저녁에 내가 휙 일별하고 말았는데 꼼꼼히 한번 보긴 해야겠는데, 자크 아탈리라는 사람을 철학자로만 생각했지 경제구조에 대한 이론에 상당히 밝은 줄은 몰랐어요. 지난번에 『자크 아탈리의 미테랑 평전』을 보고 그냥 그런 정치사회학자라고만 생각했는데, 여기서는 아주 해박한 지식을 바탕으로 이제 이런 진단을 해요.

내가 항상 질문했던 거 있죠? 소득 불균형하고 금융 위기하고 관계가 있느냐? 내가 그거 물었잖아요. 묻고 얘기하고 이 말이 맞을 거다 안 맞을 거다 했는데, 이 사람은 그걸 아주 초반에 딱 '근본적으로는 분배의 불균형에서부터 비롯되는 제도적 취약성이다, 분배가 불균등하니까 이런 문제가 터질 수밖에 없다, 터져도 대책이 안 선다' 기본적으로 그렇대요.

그 두 가지가 상호 어떻게 연결되는지에 대해서 자세한 설명이 없었는데 이 양반이 그걸 딱 제기하고 있습니다. 〈민주주의2.0〉[32] 에서 누가 신자유주의와 이 금융 위기가 관계있냐 했을 때 나는 거기다가 관계있을 거다 하는 글을 올려놨는데, 어째서 관계가 있는지 설명을 할 수 있어야 될 거 아녜요? 관계가 있다고 봤죠. 그 전통적인 공황 이론대로 금융 쪽만 자가발전하고 거품만 계속 생기게 했으니까 터지는 게 당연하지 않냐, 그러니까 이거하고 관계있는 거 아니냐, 이렇게 봤는데, 이 두 가지가 다인 것 같아요.

하나는 계속해서 장부상 가액만 계속 올리는 거품 넣기가 있고, 장부상 가액이 자꾸 올라가면 모두 부자가 되니까 계속해서 소비를 하는데, 임금이라든지 이런 실제 생산과정에서 장부상 거품과는 관계없이 생기는 소득이 있어야 진정한 의미에서 소비가 계속 가는 것인데, 그 부분이 분리된 데서부터 온 위기라는 것이죠.

---

32. 민주주의 2.0(http://www.democracy2.kr/)
   노무현 대통령이 퇴임 이후, 2008년 9월 18일에 오픈한 사이트. 개방, 공유,
   참여의 웹 2.0 정신에 책임이라는 가치를 더해 운영 원칙으로 삼았다. 대통령은 이
   사이트를 통해 새로운 협업 방식 연구 모델을 발전시키기 위해 노력했다.

왜 그런지 설명을 잘 못하겠는데, 어떻든 아탈리는 그렇게 주장하고 있어요. 꽤 재미있어요.

내 고민이 이제 이런 복잡한 얘기들을 우리가 할 수 있냐는 겁니다. 나는 할 줄 아는 게 질문밖에 없거든요. 가만 생각해 보니까 이제 오늘 얘기했던 것을 차근차근 다시 시작해서 체제를 만들면서 하나씩 질문을 해 가면서…… 우리가 질문을 하자 이거지. 질문이라도 하자. '아, 이거 이런 건데 말이 왜 없노?' 이렇게 응? '이 문제는 뭔 책도 없노?' 이런 책 있으면 좀 소개해 주라. 그리 갈 수도 있는 거 아니냐 이거죠.

세계와 한국의 시차를 함께 보자

그동안 한국의 논쟁은 세계적 논쟁하고 조금 다르긴 달라요. 그죠? 세계적 논쟁도 비슷하게 가긴 가지만 시차가 있고, 우리는 1980년대 말에 오히려 진보의 시대로 가고, 그렇잖아요? 그다음에 우리는 어떻든 1980년대 말까지 성장으로 분배 문제가 그렇게 극단적이지 않게 갔고, 1980년대 대투쟁을 통해서 또 문제가 고개를 넘어왔고요.

뭐 이런 과정이 좀 있어서 세계적인 보수의 시대, 진보의 시대가 똑같진 않지요. 오늘날 세계적인 관심이니까, 오늘의 위기 도래에서부터 출발해서 보수 시대 진보 시대 이렇게 가고, 보수 나라 진보 나라 갔다가 우리 한국에서 그동안 해 왔던 얘기, 한국에서도 똑같은 질문이냐, 이렇게 풀어 가면서 구성을 그렇게 쭉쭉 풀어 가면서 마치 (웃으며) 팔괘진법(八卦陣法)처럼 잘 풀려 나와야 되는데…….

대통령이라고 맡았더니, 김대중 정부에서 여당 한 번 해 보고, 시원찮은 국회의원도 했지만, 한쪽에서는 신자유주의라고 하고 한쪽은 뭐 좌파로 모는 지경이 됐는데, 이 시점에 와서 우리가 탁 들여다보니까 이게 뭐 우리는 완전히 세계 흐름하고 따로 가고 있는 거 아니냐 하는 생각이 들어요.

세계경제 때문에 한국 경제가 같이 물렸다는데, 결국은 우리가 이게 혼자 잘산다고 되는 게 아니고, 우리나라만 잘한다고 되는 것도 아니고, 이게 세계경제 속에서 전부 물려 있는 거니까, 한국 경제도 큰 틀에서는 마찬가지인데, 그러나 우리 안에서는 게임을 이런 방식으로 이런 시대를 이렇게 풀어 왔고, 이제 우리의 선택은 뭐냐, 우리 고민은 뭐냐? 이렇게 큰 틀에서 둘로 나누어서 얘기 좀 하고, 그러면서 다시 전체를 포괄해서 진보·보수를 둘러싼 미래의 주제들로 좀 넓혀 가는 것이 가능하지 않을까요?

이런 것을 이렇게 풀어 나가면, 글이 너무 어려워질 것 같기도 하고…… 그런 고민들이 있습니다. 근데 지금 뭐 다른 방법도 없죠? 우리가 해야죠, 그죠? 우리가 풀자고.(웃음)

일자리 전략이 중요하다

2009.04.07.

진보주의의 대안이 문제지요. 양극화의 원인에 대한 인식 부분이 걸리죠. 기술과 시장이냐, 정치와 제도냐? 기술과 시장이라고 한 다면 시장이라는 관점에서 얘기를 풀게 됐을 때 경쟁주의를 더 높은 수준으로 수용하지 않을 수 없는 한계를 갖게 되는 것이죠? 그렇지 않겠어요?

거기서 우리가 대답해야 되는 게 일자리 전략인데, 우리가 내놓은 대부분의 전략이라는 것이 국가들 차원에선 우리 애들 공부 잘 시키자, 세계 차원에선 그럼 어찌 되는가?

연대주의 강화로 경쟁의 불안 해결

근데 보수주의, 신자유주의 같은 데선 미래에 대한 개념 자체가 존재하지 않고 시장에 대한 신앙만 존재할 뿐이죠. 어떻든 간에 진보주의의 노력, 다만 이런 현실을 수용하고 현실이라는 것을 인정하고 그 안에서 실용적인 전략들을 짜 맞추어 나가는 수밖에 없는 거 아닌가요? 결국 그런 것 같아요.

경쟁이라는 것은, 우리가 글을 써 나가면서 정리를 하겠지만, 피하기 어려운 상황의 변화, 거역하기 어려운 상황의 변화인 것으로 받아들이고, 그래서 불안해진 현실 속에서 더욱더 연대주의의 제도를 강화할 필요가 있다는 것이죠.

보기에 따라 더 강력하게 연대주의의 법과 제도들을 만들어 나가고, 사회 문화들을 그렇게 만들어 갈 수밖에 없다는 것이고요. 그러다 보니까 우리가 생각하고 있는 기본적인 성장의 개념부터 다시 손질하지 않으면 안 된다는 생각 때문에 비판적 검토가 필요한 것이죠.

어떻든 진보의 시대가 다시 오는 것인가 하는 그 얘기예요. 한국은 그런대로 세계적 조류와 어떻게 맞춰 나갈 것이냐, 이 안에 이제 내용을 얼마만큼 채워 넣을 거냐, 그게 관건 아닐까 싶은데요?

미국, 유럽의 일자리 상황과 비교해 보자

특히 이제 한국적 상황에서 일자리의 고민 문제를 짚어 줘야 돼요. 우리 영세 자영업자들의 문제, 한국의 특수한 문제들로서 우리 자영업자 문제가 있다든지, 뭐 이런 것들을 짚어 줘야 됩니다. 이런 얘기는 꼭 좀 들어가야 돼요. 내가 여기서 지적하지 않았던 많은 얘기들이 나올 수 있습니다. 학자들 모두가 다 답이 있는 것처럼 얘기하지만 그렇게 답이 간단하지 않았던 몇 가지들이 있어요. (웃으며) 뭐냐 하면, 일자리가 어디 있어요? 일자리가 어디 있느냐고 물으면 다들 벙벙하게 답을 하는데 진짜 일자리가 있는지 나는 제대로 보고를 받은 일이 없어요, 실제로. 미국에서는 일자리의 품질이 영 형편없이 떨어지고 불안정해졌고, 유럽에는 실업률이 왜 그리 높은지요. 우리가 유럽 얘기를 하면서도 제일 그런 게 유럽의 실업률이에요. 실업자들은 어떻게 사는지.

보수의 나라, 진보의 나라를 비교했을 때 유럽의 실업률에 대한 문제가 나오고, 그다음에 실업한 사람들의 처지가 어떻게 돼 있는지, 얼마만한 여유를 가지고 얼마 만에 다시 취업이 되는지, 이런 데 대한 평가를 자세하게 하지 않으면 우리가 함부로 말을 할 수가 없거든요. 우리가 여기에서 그런 얘기들을 써 가야 합니다. 미국의 실업과 유럽의 실업, 그렇지 않아요?

그러면 그것을 어떻게 비교할 거냐? 실업수당으로 비교할 거냐, 재취업까지의 기간, 실업수당 등등 이런 걸 통해 비교해서 직업 없는 사람들이 일하는 사람의 일상으로 복귀하느냐 못하느냐가 제일 큰 거거든요. 그렇지 않겠어요? 완전히 배제되는 사람들이 얼마나 나오고 어느 정도가 복귀하느냐, 완전히 배제된 사람이 다음에 가는 코스가 어디냐, 나도 사회학적으로 잘 모르는데 우리가 뭘 담는다면 여기서 그런 문제들을 담아야지요.

취업의 길에서 완전히 배제된 사람들 비율이 유럽과 미국의 차이가 얼마나 되고, 그들이 다음으로 가는 코스가 어디인지를 사회적으로 분석하고, 얘기가 그렇게 가야 정책이라는 것을 제대로 세울 수 있는데, 우리나라 행정조직이 그 수준이 안 돼요. 대통령이 자꾸 물어도 대답 자체가 안 돌아오니까. 거기까지 얘기를 할 건지 모르지만 어쨌든 그건 매우 중요한 겁니다. 그런 것들을 명확하게 지적하고 거기에 대해서 원론적인 대응책이라도 우리가 말해야 되는 것이죠.

목표를 분명히 잡고 길게 가자

이거 하면서 우리가 지금 넘어서야 할 고비들도 굉장히 많습니다. 이 테이블에 있는 사람들 사이에서도 심각하게 우리가 생각을 해 봐야 돼요. 넘어서야 하는 고개를 어느 수준으로 할 거냐. 내가 무리한 목표를 설정했는지 모르겠는데 이 안에서 그런 수준까지 우리가 갈 수 있으면 이 체제로 그냥 가는 것이고, 그런 수준이 아니면 방향을 조금 선회를 해야 돼요.

뭐냐면 이거 가지고 장기 과제로, 말하자면 진짜 연구 과제로, 저술 과제가 아니고 진짜 연구 과제로, 장기적인 과제로, 왜냐하면 어느 정도까지만 갈 수 있으면 이거야말로 제1판…… 보통 1판만 내고 2판, 3판 책은 잘 안 나오거든. 실제로 2판, 3판은 없단 말이에요. 근데 이 책이야말로 세상이 달라져서가 아니고, 처음 낼 때 올려놨는데 보니까 이거는 별 의미 없는 숫자들이고 진짜 의미 있는 건 이런 거다 하면서 하나씩 정리를 해서 2판, 3판을 제대로 만든다고 가정하면…….

내 얘기는 여러분들이 요 이후로 작업을 진행해 갈 수 있어야 이 작업이 그냥 가는 것이에요. 지금 아니고 내가 이걸 쭉 하나하나 작업을 해 간다고 생각하면 이 작업은 장기적인 것으로, 그야말로 출판 일정 없이 연구 과제로 그냥 가는 수밖에 없는 것이죠. 그러면 이런 원칙을 하나 정해서, 일주일에 한 번, 또는 일주일에 이거 한 번 이거 한 번, 한 달에 요거 한 번 뭐 이렇게 계획을 세워서 그 계획에 따라서 반복해서 같은 일을 해 나가는 것이죠.

그래서 결국에 어찌 되냐 하면 조직과 업무의 구조라는 것이 만날 모여서 똑같은 얘기를 할 수 없잖아요. 계속 새로운 걸 얘기할 수밖에 없거든요. 주제는 엄격하게 한정해 놓고, 계속해서 같은 얘기를 반복해 나가면서 다듬을 수밖에 없거든요. 그렇다고 뭐 대단한 쟁점이 많이 있는 건 아니고, 일자리 어디 있냐 이거거든요, 내 얘기는. 일자리 어디 있냐, 이 얘깁니다.

5   역사의 진보와 시민의 역할

시민 개념을 넓혀 보자

2008.12.03.

현시대를 보면 우리 한국의 경우 전체적으로 진보를 이룬 시대 아닌가 싶어요. 해방 이후 지금까지, 어떤 기준을 두든 간에 진보를 이룬 시대인 건 틀림없거든요. 이렇게 말해도 되겠죠?

그런데 진보를 이룬 동력이 뭡니까? 우연적인 요소와 필연적인 요소가 있을 터인데, 역사적 맥락에서 보면 역사의 주체가 스스로 좌우할 수 있는 영역이 있고, 그런가 하면 거역할 수 없는 환경의 영역이 있어요. 근데 매 시기 환경적 요인이 더 큰 거 아닌가 하는 생각이 들어요. 환경적 요인이라고 하는 것에도 외부적인 것이 있고 내부적인 것이 있는데, 내부적인 요인 가운데 가장 중요한 것은 사람들의 의식이에요. 환경적 요인 중에서 아주 중요한 부분이죠. 역사가 진보한다는 것을 전제로 애길 해 보면 진보의 동력은 뭐냐, 결국 사람들의 의식이다. 난 이렇게 생각해요.

사람의 의식에는 사상도 있고 정서도 있어요. 이런 것을 통틀어 문화라고 할 수 있지 않겠어요? 결국 역사의 진보는 문화적인 변화가 함께 가지 않으면 안 되는 것이죠. 근데 여기서 사람들이 의식적으로 움직일 수 있는 부분이 어디까지냐. 결국은 정치의 영역에서는 사상밖에 없어요. 사람들의 사상에 작용하는 수밖에 없어요. 문화라는 것은 자발적인 것이어서 누가 함부로 만들고 부수고 할 수가 없어요. 근데 문화도 바뀌거든요. 이건 사람들의 의식작용의 결과라고 해야 합니다. 그지요? 그중에서 시민의 역할과 영역을 생각해 볼 수 있어요. 같은 문화적 환경이라도 정치사상과 제도에 따라 움직이고 있는데, 우리가 지금 움직이려고 하는 것이 바로 그거지요.

민주주의가 아직까지 완전히 현실화되진 않았지만, 민주주의의 정신이 현실에서 충분히 구현되고 있지 않은 것은 사실이지만, 그러나 시민들의 생각대로 간다 하는 수준까지는 온 거 아닌가요? 옛날에는 시민들의 생각대로 가기엔 너무 많은 제약이 있었는데 지금은 그런 점에서는 많은 제약이 상당히 풀려 있는 것이죠.

근데 왜 못 가냐? 왜 아직도 우리가 못 넘어서고 있느냐? 옛날에 '영웅이 시대를 만드는가 시대가 영웅을 만드는가' 하는 명제를 ……. 그 명제 자체가 엘리트주의죠?(웃음) 그러나 그 질문의 방식은 여전히 유효하거든요. 시민인가 지도자인가.

행동하는 시민 없이 민주주의 없다

내가 시민이란 말을 많이 쓰는데, 시민은 민주주의의 적대 개념이 아니고 민주주의의 핵심 개념입니다. 사회주의사상을 좀 호의적으로 생각하는 사람들 사이에서는 시민이라는 말을 좀 적대적인 개념으로 써 왔어요. 말하자면 그들만의 시민, 시민의 범위가 그리스의 시민에서부터 계몽주의 시대의 시민까지, 근대 민주주의의 시민까지 그 범위에 있어서 제한적인 사람을 대상으로 한 거는 맞아요.

그러므로 시민이 주도하는 시민 민주주의가 민주주의의 정당성 부분에서 상당히 많이 의심을 받고 있는 것은 사실이지만, 그래서 자연히 시민 개념을 좀 멀리하고 적대시한 건 사실이지만, 그러나 나는 시민 개념을 회복하지 않고는, 시민 개념을 인정하지 않고는 민주주의가 성립되지 않는다, 민주적 방식이 성립이 불가능하다는 쪽입니다.

내가 말하는 시민이라는 것은 자기와 세계의 관계를 이해하는 사람, 자기와 정치, 자기와 권력과의 관계를 이해하고 적어도 자기의 몫을 주장할 줄 알고 자기 몫을 넘어서 내 이웃과 정치도 생각할 줄 아는 사람입니다. 이런 것을 일반화해서 정치적 사고와 행동을 하는 사람이 시민이라고 보는 것이죠. 이런 개념에서는 행동을 하는 사람이 시민이고 그 시민 없이는 민주주의가 성립되지 않는다, 이렇게 생각하는 것이죠. 그래서 시민의 숫자가 적다면 시민의 숫자를 늘려야 한다는 것이죠.

시민의 개념을 넓힐 필요가 있다

시민의 범위를 넓혀 나가자는 것이 진보주의, 시민의 범위를 넓혀 나가는 과정을 민주주의라고 할 수 있을 겁니다. 근대 민주주의에서 시민이라는 개념은 주권자라는 개념과는 조금 다릅니다. 주권자로서 행동하는 사람이라는 뜻도 있지만 권리에 투철한 사람을 일컬어 시민이라고 하는 것이거든요. 근데 그 속성이 개인주의와 인간의 자유보다는 재산권의 자유를 강조하는 것, 근대 시민의 속성은 이렇습니다. 거기에 투철한 사람. 근데 그 시민 개념 가지고는 오늘날 이 복잡한 문제를 해결하기가 어려운 거 아니냐. 시민이라는 개념이 근대 상공 계급의 자유론에서 나온 것인데, 한계가 있지요.

　제러미 리프킨의 책을 보고 있는데 그 사람은 공감이라는 것을 내세워요. 신앙과 이성, 그다음 단계를 공감이라고 이렇게 내세우고 있어요. 자기 계급이나 자기들 신분의 해방과 자유, 권리를 주장하는 수준이 아니고 이제 인류 사회에 닥쳐오는 위협에 공감하는 사람들, 그 사람 책에는 '취약성'이라고 써 놨는데 위협에 공감하는 사람들⋯⋯.

　내가 1990년대 초반에 그런 얘기를 하고 다녔거든요. 기아와 질병, 전쟁의 공포, 환경의 파괴, 자원의 고갈, 그다음에 도덕의 타락인가? 하여튼 그렇게 얘기하고 다녔어요. 그것을 주제로 한 강연이 수십 회가 넘어요. 그 강연에서는 계급의 문제가 아니라 인류 사회 보편적 위협을 얘기한 것이지요. 그중에 계급에 해당되는 것이 빈곤과 질병이겠죠. 그렇게 얘길 했는데, 이 사람 얘기에 적용시켜 본다면 그 모든 것은 인류 사회에 대한 보편적 위협이거든. 이런 문제의 해결은 근대 이성주의로 해결되는 것이 아니라 보편적 위협에 대한 공감이 필요하다 이런 것이죠. 근대의 이성주의가 두 가지 측면에서 문제가 있다. 근대의 이성주의가 재산권과 너무 결부돼 있다는 것과, 이성주의라는 것은 논리를 말하는 것인데 우주의 질서를 논리로 설명할 수 있느냐, 하는 문제 제기가 있는 것이죠.

　포스트모더니즘의 경향들이, 사회문제를 전부 이성적 논리로 규정하려고 하는, 하나의 사상으로 세계를 통일하려고 하는, 공산주의든 자본주의든 하나의 사상으로 모든 것을 해명하려고 하는, 근대 계몽주의에 대한 비판이거든요? 그러나 포스트모더니즘이 문제는 제기했는데 답이 없다는 거죠.

아마도 리프킨은 그런 이성주의에 대한 문제 제기 속에서 새로운 해답을 시도하는 것인지도 모르죠. 그 해답으로 위협에 대한 공포의 공감을 얘기하는 것이겠죠. 인간이 본성적으로 공감하게 돼 있다는 거죠. 거기에서 문제 해결의 실마리를 함께 찾아 나가자, 그래서 이제 권리가 아니다, 이렇게까지 가면 나도 답이 없는데……(웃음)

국경은 무너지고 주권은 제약된다

근대 민주주의의 과제가 여러 가지가 있는데, 지금 우리 근대 민주주의의 또 하나의 문제가 국가주의를 내세우는 것이거든요. 민족국가죠. 민족국가라는 것은 현실이 아닌데 그걸 민족국가라고 부릅니다. 미국만 해도 민족국가는 현실이 아니잖아요. 그러나 어떻든 민족국가라는 것이 오늘날 대단히 강한 가치 체계를 형성하고 있어서 그게 불가침처럼 돼 있습니다. 그런데 이미 이것이 낡아서 무너지고 있다, 한계에 봉착했다는 것이에요.

왜 한계에 봉착했냐 하면 민족국가라는 것이 주권, 영토, 국민을 토대로 하고 있거든요. 민족 혹은 국민이란 실체가 있고 영토라는 실체가 있고 그 위에 배타적 권력을 행사하는 것이 민족국가의 개념이고, 민주주의 정치의 기본 단위이고 모든 가치 체계의 정점에 있는데…… 이것이 허물어져 가고, 더 이상 맞지 않게 돼 있는 여러 가지 현실이 존재하는 것이죠. 거기에 대한 가장 커다란 위협이 다국적 기업들입니다. 돈입니다, 돈. 돈이 돌아다니면서 국경을 무너뜨리고 있거든요. 옛날엔 돈이 돌아다니면서 국경을 만들었죠. 돈의 필요에 의해서 영토를 크게 묶어 내고 국가를 만든 것이거든 요. 중세까진 국가 개념도 희박했잖아요? 이렇게 돈의 필요에 의 해서 국가라는 개념이 나왔는데 오늘날 돈이 국경을 무너뜨리고 있거든요.

그다음 옛날에는 국경과 민족이 일치했는데 지금은 그게 다 무너지고 있죠. 멕시코에서 넘어와 있는 미국인이 진짜 미국인이 냐 멕시코인이냐? 옛날에 그 백호주의[33]가 무너지고 난 다음에 호 주에서 내세웠던 정책이 뭐죠? 다문화주의? 호주하고 캐나다가 복합 민족주의 내지 다문화주의라는 그 노선을 선언한 일이 있습 니다. 인종적 민족 우월주의를 가지고 있다가 이민을 받아들이기 시작했는데 이 이민을 어떻게 취급할 거냐, 하는 선택의 문제에서 완전 동화주의 대신 다문화주의를 선택한 것이죠.

그 국가정책이 어떻든 간에 오늘날 경향을 보면 유럽 주요 도 시 안에 이슬람 신자들이 10프로, 15프로를 넘어섰단 말이지요. 근 데 그 사람들은 그들 고유의 문화를 계속 가지고 가려고 하지요. 미국에 있는 이민자들은 자기 본국으로 송금을 하고 말이죠. 멕시 코의 사례를 보면, 미국에 있는 멕시코인들이 커뮤니티를 만들어 서 멕시코 도시의 개발계획을 세우고 개발을 합니다. 멕시코 지방 정치인들이 미국에 와서 사업 계획을 하고 자금 유치하고 그러는 것이죠.

---

33. 백호주의(White Australia policy)
    1901년부터 1973년까지 호주 정부가 일관되게 유지했던 비백인의 호주 이민 제한 정책을 말한다.

그래서 결국은 민족국가라는 것이 점점 해체되어 가고 있는 것이죠. 다국적 기업들 때문에 주권이 무너지고 있어요. 주권이 제약을 받는 것이죠. 주권 중에 가장 중요한 것이 입법의 권리 아니겠습니까? 법과 제도들 중 상업 거래에 관련된 법 제도가 제일 먼저 통일돼 나가고 있죠. 심지어 과세권에 대한 간섭까지 옵니다. 또 각종 규제 제도에 대해서도 간섭을 하기 시작하는데, 오늘날 신자유주의 혹은 세계화 반대라는 것이 이런 규범에 대한 국제적 간섭에 따른 것이라고 할 수 있습니다. 여기에 아직까지 규범화되고 있지 않은 여러 가지 주장들이 있는데 시민사회기구라고 하죠? CSO(Civil Society Organization). NGO를 소극적 개념이라고 CSO로 하자고 하던데, 이런 단체들이 개입을 하면서 각종 규범적 효력을 만들어 냅니다. 예를 들면 고래를 잡지 마라 뭐 이런 것이 국제사회의 공감을 얻고 있는데 이게 국가 차원에서는 일종의 간섭이죠.

이렇게 한쪽에서는 자본에 의해서 국가의 주권이 침해를 받고, 한쪽에서는 시민사회에 의해서 주권이 무너지고, 이렇게 규범 통합으로 그만큼 주권이 제약을 받게 되는 겁니다. 그 대표적인 것이 전방위적으로 제도화되고 있는 유럽연합이라고 할 수 있죠.

내가 EU 통합에 관심을 갖는 것은 동북아 통합에 관한 문제이고, 동북아 통합을 왜 우리가 얘기했냐 하면 두 가지거든요. 하나는 다른 지역으로부터 낙오된다는 것이 문제이고, 하나는 세계가 국가주의의 차원을 넘어서는 과정으로서도 동북아가 필요하고, 세계 속에서 동북아의 낙오를 문명적 낙오라고 얘기할 수도 있는 것이죠. 문화적 낙오. 정치 문화에서 낙오를 어떻게 극복해 갈 거냐 하는 두 가지 문제가 중첩적으로 존재하는 것이거든요. 그래서 국가주의 문제를 어느 수준에서 수용하고 어느 수준에서 우리가 이를 극복해 가야 하느냐는 문제 제기, 민족주의 문제에 대한 근원적인 얘기를 좀 할 수 있는 것이죠.

그다음에 이제 우리의 삶이라는 것이 과연 지속 가능한가에 대해서 새로운 문제 제기가 필요해요. 단순한 환경의 문제일 수도 있고, 그것을 넘어서는 철학적 토대까지……. 인간과 자연, 인간과 지구의 관계가 뭐냐 하는 데 대한 근본적인 질문까지 시작할 수 있는 것이죠. 거기에 대해 답을 내려고 하는 것이 아니고 문제 제기를 해 줘야 되는 것이거든요.

국가적 사고를 넘어 세계 시민으로

우리가 여기서 '이것이 답이다' 할 수 있는 건 뭐냐? 답이 뭐냐? 한쪽에선 반세계화 운동을 하는데 이건 자본의 힘을, 시장의 힘을 너무 우습게 본 겁니다. 문이 저절로 닫히는 게 아니거든요. '과연 닫힐까? 닫으면 어떻게 될까?' 도덕적으로 다 통제할 수 없는 현실적 질서, 경쟁의 질서 때문에 견딜 수가 없게 돼요. 다 망하잖아. 다 무너지잖아, 그죠? 다 무너지면 가난해진 백성은 자기의 자유를 지켜 내질 못해요.

그래서 문을 닫을 수는 없다. 그럼 어떻게 할 거냐? 나도 모르겠어요. 결국 손실을 감수하고 기술을 배워야지요. 답이 될 수 있을지 모르지만 낮은 기술이라도 배우고, 정치력을 키워서 강대국과 다국적 자본의 일방적 주장에 대해서 저항해 나가야 되는 것이죠. 문을 닫는 것이 아니라 그들의 횡포를 최대한 견제해 나가는 현실주의 노선을 걸을 수밖에 없지 않느냐는 겁니다. 세계적으로 사고하는 시민들의 공감을 불러일으키기 위한 끊임없는 노력을 약소국 시민들은 해야 한다는 겁니다. 양심에 호소해야 한다는 거죠. 아까 말했다시피 인류가 처한 공통의 위협 앞에서 그 위협을 극복하기 위한 인간의 노력, 이런 것들을 강대국이 정치적 가치로 받아들이도록 끊임없이 압력을 가해 나가야 하는 것이죠.

다른 선택이 가능할까? 근데 이 노선의 가장 큰 문제점은 너무 효과가 느리다는 것입니다.(웃음) 너무 화끈하지 않다는 것입니다. 전망이 너무나 불확실하고, 불투명하고, 또 어떤 측면에선 강자의 선의에 의지해야 되는 측면도 있고……. 일깨우는 방법 중에는 투쟁도 있을 겁니다.

이미 이와 같은 운동은 도처에서 시작되고 있는 게 사실입니다. 현실을 설명하고 있을 뿐이죠. 그러나 그 설명이 중요하다 이거죠. 왜냐하면 미약한 힘을 강화시켜야 하고, 그건 여러 개의 선택 중에서 가능한 선택을 하는 사람이 많아져야 한다는 것이고, 그 가능한 선택이 주도적인 힘이 되도록 모아 나가는 것이 우리가 할 수 있는 일입니다. 없는 것을 만들어 내는 것이 아니라 여러 실험들 속에서 힘을 모아 나가는 것이 대답일 수밖에 없지 않은가…….

시민이 민주주의를 주도해야 한다

그래서 그걸 누가 할 거냐? 음, 시민이라 이거죠. 어떻든 시민이라는 개념은 이미 승리한 개념입니다. 부분적일지라도 승리한 개념이거든요.(웃음) 부분적일지 몰라도 우리가 민주주의를 폐기하지 않는 한 민주주의를 주도할 사람은 여전히 시민일 수밖에 없는 거 아니냐…… 시민도 두 가지가 있는데, 먼저 재산권을 중심으로 하는 권리주체로서 시민이 이젠 인간의 행복에 관한 권리로 그 범위를 좀 더 보편화하자는 것이고요, 또 하나는 그동안의 시민은 국민이었거든요. 국가적으로 사고하는 사람들. 이젠 그것을 뛰어넘어 시민사회로 가야 되는 것이고, 세계의 추세가 이미 국가주의를 넘어서고 있는 거 아닌가…….

나는 김대중 대통령을 인터뷰 한번 해 봤으면 좋겠어요. 혹시 누가 한번 신청해서 인터뷰 좀 해 보라고. 옛날에 김대중 대통령이 '민족주의 시대에서 보편적 세계주의 시대로'라는 글인가를 기고한 일이 있어요. 기억하죠? 내 가까운 사람들은 내가 그 얘기를 하도 많이 인용해서 기억하고 있을 것 같은데, 그런 글을 기고했던 일이 있습니다. 『코리아타임스』에 기고하고 그 뒤에 『한국일보』에서 그걸 풀어서 쓰고 했던 것 같은데……. 그게 무슨 말인지 한번……. 김대중 대통령이 무슨 뜻으로 그 얘길 했는지…….

보편적 가치와 국익 사이에서, 대통령이라는 자리

근데, 대통령이라는 자리가 참 불쌍한 지위라는 생각이 들어요. 자기의 생각하고 자기가 하는 거하고 너무 동떨어진 행동을 하고 다닐 수밖에 없거든요. 내가 이렇게 얘기하고 있으면 듣는 사람이 '도대체 당신 대통령 할 때 한 게 보편적 가치 이런 거하고 맞느냐? 안 맞는 게 너무 많지 않느냐? 한번 생각해 봐라' 이럴 것도 같은데

……. 예를 들어 달라이 라마 방한을 내가 못 받아들였죠. 잘한 건지 못한 건지 모르겠지만 어떻든 내가 지금까지 얘기했던 뭐 이런 것 하고 달라요. 국가의 외교적 이해관계라고 할까, 티베트의 독립이라는 것이 진짜 티베트 인민들의 행복의 조건이냐 이렇게 되면 복잡해지는 것이고.

근데 이라크에 파병했죠. 그죠? 그것 말고도 국가적 이익이라는 이름으로 내가 말하는 사리에 맞지 않는 일을 한 게 있을 거예요.

진짜 생각해 보면 역시 정치라는 것이 사상보다는 확실히 어려운 건 맞는 것 같아요. 사상적으로 어떤 문제를 설명하는 것보다는 정치가 훨씬 더 어려워요.

여하튼 역사의 진보라고 할 때 그 진보의 개념을 가지고 얘길 한다면 '민주주의가 진보다', 지금 현재 민주주의는 아직 멀었다, 이런 얘기를 하고 싶어요. 진보는 계속돼야 한다, 그 주체는 누구인가? 시민이다. 이런 얘기를 하고 싶은 거죠.

진보의 역사를 밀고 가는 주체

2008.12.29.

오늘날 현실에서 민주주의는 여기까지 왔는데…… 제도는 뭐 어느 정도 국민이 결정하게 돼 있는데, 왜 국민의 이익과는 대치되는 이런 선택들이 계속되고 있는가에 대해서도 설명을 해 봐야 할 것 같아요.

국가의 역할에 대한 것은 지금 이 시대의 정치, 그리고 정책이 중요합니다. 누가 결정하는가의 문제거든요. 국가의 역할을 누가 선택하는가, 이제 거기에 정치의 과정, 정책의 과정이 중요하게 되죠.

진보라는 것은 민주주의에 내재된 사상인데, 왜 오늘의 현실은 뒤집어져 있는가라는 것을 얘기하는 것이거든요? 오늘의 현실은 왜 뒤집어져 있는가? 왜 역사의 방향과 역행하거나 머물러 있는 것인가, 그리고 왜 전망이 보이지 않는가…….

왜 국민의 이익과는 반대로 가는가

결국은 민주주의의 문제예요. 민주주의가 철저하지 못해서 그렇다, 성숙하지 못해서 그렇다는 것이죠. 민주주의라는 것이 지금까지 이념 그리고 제도를 끊임없이 발전시켜 왔습니다. 운영하는 사람들, 말하자면 이제 지도자들 그리고 선택하는 사람들을 제약하고 있는 역사적 조건과 지배 구조가 있는 것이죠.

왜 국민들의 주권 행사가 국민의 복지로 돌아오지 않는가, 국민들이 투표를 하는데 왜 그 투표 결과가 자기 복지를 향상시키는 결과를 이끌어 내지 못하는가? 국민의 복지는 곧 복지를 위한 정책이 중요한데 복지를 위한 정책은 누가 선택하는가, 누가 결정하는가? 그게 권력이거든요. 권력이고, 아직도 권력의 성격이 지배수단의 성격을 완전히 벗지 못하고 있기 때문입니다. 권력 수단이란 뭔가? 사람의 생각을 움직이는 힘이죠. 공권력과 돈과 정보라고 말할 수 있는 것이죠.

　권력이란 뭔가? 결국은 어떤 결정에 영향을 미칠 수 있는 힘을 말하는 것이고, 흔히들 우리가 거버넌스라고까지 얘기를 하지요. 제도화되고 조직화되어 있는 권력보다는, 분산되고 네트워크로 연결되어 있는 이런 권력 속에서 결국 중요한 결정에 영향을 미치는 힘을 말하는 것이거든요. 권력, 돈, 정보…….

지배권은 자본에게 넘어갔다

역사적으로 이 권력 수단들이 어떻게 작용하고 변해 왔는지를 보면, 옛날 맨 처음에는 권력이 사유화하면서 폭력이 되기 시작하거든요. 그 권력이 돈을 지배했던 것이죠. 그 권력은 돈을 지배할 권력을 포함하고 있었거든. 그지요? 잉여생산물을 마음대로 처분할 수 있는 권력을 포함하고 있었고, 그 권력은 집단화되고 조직화되는 것이거든요. 대장이 약탈한 것을 부하들한테 나누지 않으면 권력이 무너져요. 그 부의 분배 과정, 그것이 거꾸로 보면 매수 과정이거든요.

　과거 군대라는 건 거의 다 이해관계로 결합돼 있다고 볼 수도 있는 것이죠. 한 군인이 움직이는 것은 충성심이라고 하는 이데올로기, 전리품이라고 하는 이익, 그다음에 명령……. 그 지배 질서를 거역했을 때 생기는 불이익, 공포감, 이것이 결합돼서 결국은 더 큰 권력에 다 뭉치게 돼 있는 것이거든요.

근데 옛날엔 이데올로기가 아주 단순했어요. 그 이데올로기 발전사를 정확히는 모르겠는데, 어느 때부터인가 운명이라 하면서 하늘의 뜻을 차용하기 시작하거든요. 그다음에 신의 뜻을 차용하기 시작해요. 이데올로기라는 건 권력을 잡은 사람이 그렇게 포장하기 시작했다는 말이지요. 그 포장의 과정들이 권력의 역사죠. 그 권력의 역사에 균열이 생기고 싸움이 난 것이, 균열이 가고 저항이 생겨서 깨져 나온 과정이 민주주의로까지 오게 된, 우리가 말하는 '역사의 진보'라는 것입니다.

그런데 그때마다 항상 새로운 수단들을 개발해 왔어요. 수단이라는 면에서 보면 '권력은 나쁜 것, 돈은 좋은 것'이라는 생각들이 있어요. 현실적으로 감시 수단이 늘어났고, 현실적으로 투표에 의해서 국민들의 선택에 의해서 움직이게 돼 있기 때문에 공권력은 보기에 따라서는 중립화돼 있다고 볼 수 있죠.

지배권이 사실은 이제 자본에게 넘어간 것이죠. 시장이라고 얘기를 해 왔는데, 내가 시장 제도 자체를 말하는 것은 아닙니다. 오늘날 시장에서 현실적 지배 세력들이 이 모두를 다 집중시켜 나가는 것입니다. 그래서 우리가 자본주의 이전 시대는 국가권력이 모든 것을 통합적으로 지배했지만 지금은 자본, 자본의 논리가 통합적으로 지배를 하고 있다고 보는 거죠.

지도자를 바꾼다고 달라지진 않는다

옛날에는 왕에게 봉사하던 주술가나 제사장들이 오늘날은 자본에 봉사하고 있잖아요. 그 제사장이 옛날에는 신탁을 받는 제사장인데 오늘날은 정보를 주무르는 미디어잖아요. 미디어가 그렇게 결탁해 있는 구조가 결국 우리 국민들을 아직 자유롭지 못하게 하는, 주권자의 역할을 제대로 못하게 하는 것이죠.

여기에 우리 대책이 뭐냐? 이것과 관련해서 사람들이 정치권력에 너무 많은 기대를 가지고 있어요. 정치를 아주 나쁘게 보면서도 문제 해결점이 정치권력이라고 생각하는 사람들이 많이 있어요. 오바마가 매력 있는 사람이죠. 근데 오늘날 오바마가 모든 사람들의 꿈의 상징이 된 것은 뭘 의미하냐? 사람들이 정치 지도자에게 오늘날 이 많은 문제들을 해결해 줄 것이라는 믿음을 부여하고 있다는 뜻입니다.

물론 정치권력이 중요합니다. 중요한데, 과연 지도자가 할 수 있는 일은 어디까지냐는 것을 함께 고려해야 돼요. 우리가 케네디와 존슨, 또는 루스벨트 등 세계 역사에서 구체적인 의미로 볼 때 지도자의 업적이라는 것이 뭐냐? 결국은 그 시대의 정치 문화라고 할까, 세력 구조를 벗어나기가 어려워요.

정권이 어디로 가더라도 시민의 생각이 딴 곳에 있으면 그 시대 가치관이 압도적 다수를 벗어날 수 없어요. 그래서 이명박 정부를 반대하고, 지도자가 바뀌면 세상이 바뀔 것처럼 생각하지만 그건 그렇지 않아요. 거꾸로 얘기하면 노무현이 다시 들어가도, 내가 뭐 위대한 사람도 아니거니와 다시 들어가도 뭐…… 근본적으로 달라지기 힘들어요. 그 시기를 지배하는 국민들의 보편적 생각이라는 것이 중요하다는 것입니다.

시민들이 똑똑히 제 몫을 다하자

그 시민들의 생각이라는 것은 지식인 사회의 담론에 영향을 받기도 하고, 미디어 영향을 제일 많이 받고, 눈앞에 벌어지고 있는 현실에 영향을 받습니다. 다 영향을 받지만 결국 가장 중요한 것은 스스로 판단하고 생각하는 사람들입니다. 그들의 프레임으로부터 자유로운 사람, 무의식적으로 존재하고 있는, 역사적으로 존재하고 있는 지배 논리에 대해 스스로 생각하는 사람들이 중요한 거죠.

그야말로 역사의 진보를 밀고 가는 역사의 주체가 필요합니다. 민주주의의 이상과 목표를 분명하게 품고 성숙한 민주주의를 운영해 갈 수 있는 시민 세력이 필요한 것이죠. 그래서 답은 민주주의밖에 없어요. 지배 수단이라는 것을 놓고 정치와 권력을 좌지우지하지 않도록 시민들이 똑똑히 제 몫을 다하자, 그것 말고 달리 있겠어요?

다음 세대를 이끌어 갈 사상·제도·시민

2008.12.31.

지금 이제 전체적으로 우리가 얘기를 해야 할 것이 뭐냐면 정치 얘기죠. 왜 정치 얘기가 필요하냐? 국민의 삶, 나아가서는 우리 아이들의 삶에 정치가 매우 중요한 요소이기 때문이죠. 국가의 역할을 올바르게 하도록 하기 위해서 우리가 해야 하는 일이 뭐냐? 할 수 있는 일이 뭐냐? 그것이 정치예요.

시민 주권이 정부를 지배해야 한다

여기에서 이제 정치의 메커니즘, 정치의 원리와 메커니즘을 분석할 수밖에 없어요. 결국은 그것을 할 수 있는 힘이 권력 아니겠어요? 권력은 지도자들이 좌지우지하던 시대에서 이제 국민들 합의에 맡기는 민주주의 체제까지 와 있는데, 그런데도 왜 국민을 위한 정치라는 것이 제대로 작동하지 않는 것일까? 여기에는 정치 또는 권력이 가지고 있는 고유의 속성이 있기 때문입니다. 결국 민주주의 시대가 왔음에도 소위 구시대의 지배 논리, 지배적 사상이라는 것이 사람들의 의식 속에 또는 문화와 제도 속에 강하게 남아 있기 때문입니다.

정치가 기득권자·강자들의 지배 논리에 의해서 움직여 왔다는 사실을 설파하고 그것을 깨뜨리는 것이 민주주의이지만, 아직도 민주주의는 불완전한 단계에 있습니다. 진정한 의미에서 민주주의가 제대로 작동할 수 있기까지 우리가 해야 하는 일이 뭐냐? 국민의 권력이라는 것이 어떻게 작동할 것이냐? 거기에서 우리가 여러 가지 실험들을 거쳤지만, 다시 '시민'을 등장시켜 보자는 것입니다. 새로운 시민의 확대에 따른 권력의 이동이 필요한 것이죠. 권력의 이동에 관한 문제를 우리가 소위 '시민 주권'이라는 이름으로 얘기를 해 보자는 것 아닙니까? 그것은 결국은 투표를 하는 사람들의 사고와 행동이 정부를 지배하게 돼 있는 것이죠. 시민 주권이 지배하도록 하자.

세종대왕인가, 정도전인가

역사를 크게 바꾸어 왔던 것을 우리가 얘기해 보면 역사라는 것은 자연적·지리적 환경의 지배를 받아 왔다고 할 수 있죠. 인간은 자연을 지배하려고 하는데 실제로 사람의 역사라는 것은 자연환경에 지배를 많이 받아 왔습니다. 그러나 갈수록 자연적 조건의 지배력은 점차 그 중요성이 덜해 가는 것이고 사람의 요소가 커져 가고 있죠.

지난날을 돌아보면 소위 지도자 또는 지도자를 사칭한 지배자들이 역사에 끼친 영향이 굉장히 크죠. 그다음에는 사상. 많은 사람들이 사상이 세상을 바꾼다고 생각했고, 사상으로 세상을 바꾸려고 많이 시도했죠. 일정 범위에서 역사에 큰 영향을 미친 건 사실이죠. 사상과 가치 또는 사상과 별개로 정치와 정치가 만든 제도가 미친 영향이 굉장히 크죠.

조선의 역사에서 권력으로 국가를 지배해 온 경우 이외에 '이

넘과 제도'를 가지고 흔히 시대를 만들어 나간 사람들은 결국 사대부들이라고 할 수 있습니다. 개인적으로 얘기한다면 조선의 역사에 가장 큰 영향을 끼친 사람은 정도전이라고 생각합니다.

세종대왕과 정도전을 우리가 대비해 보면 세종대왕은 좋은 생각을 가지고 있었는데 혁명을 하지 못했어요. 세상을 바꾸지 못했어요. 선정을 했을 뿐이지요. 그건 유교의 영향력이 너무 컸기 때문에 그랬을 것인데, 어쨌든 사대부 계급의 가치와 이해관계를 극복하지 못했어요. 정도전이라는 사람도 개인이 한 건 아니겠지만, 가장 적절한 시기에 전제(田制)를 개혁했다는 것, 즉 제도를 개혁하고, 사대부의 지도 이념을 확실하게 만든 것이죠. 그 두 가지에 다른 여러 사람이 참여했겠지만 확실한 성공을 거둔 이는 정도전이죠.

정조를 얘기하지만 왕권을 강화해서 사대부 정치의 폐해를 극복해 보고자 노력했던 것이고, 그 과정에서 문예가 상당히 일어났다는 그런 정도이지, 역사를 바꾸는 데는 기여가 없었던 것이죠. 심지어는 대원군이 개혁가인데 그는 사대부 사상, 사대부 세력의 영향력을 넘어서지 못했어요. 소위 말해서 그 시대에 대세를 이루고 있는 시대정신을 뛰어넘지 못한 것이죠. 뛰어넘을 수도 없고 사상도 없고 제휴할 만한 사회적 세력도 존재하지 않았던 것이죠. 대원군이 그때 잘했니 못했니 많은 평가들이 있을 수 있지만, 그때 대원군이 처해 있던 환경 자체가 불가능한 것이었죠.

진보적 사상과 시민을 육성해야

내가 왜 이런 얘기를 하냐 하면 우리가 반독재 투쟁도 했고 한국의 민주주의를 이만큼 열었다라고 생각하고, 그다음 미래를 위해서 이런저런 모색을 하는 사람들 사이에서 우리가 앞으로 뭘 해야 할 거냐를 생각하자면, 역사적 관점을 가지고 가야 할 것 아니냐는 문제의식 때문이에요.

　　한때 감옥을 다녀온 사람들이 도덕적 권위를 가지고 각기 역할을 이루려고 했는데, 저항의 시대를 넘어서고 소위 이제 건설의 시대로 가니까 바닥이 보이고 한단 말이지요. 그런데 지금도 이명박 대통령을 비판하는 것이 우리 쪽의 동질감을 만들어 주고, 우리는 착한 사람이고 뭔가 미래를 위해서 기여한 것처럼 하는 그런 분위기가 지금도 여전한 것이 현실이에요.

　　오늘도 대중적 분위기에서 이명박 대통령을 비판하는데, 이명박 대통령이 역사를 가로막고 있는 거야? 한 개인이 그런 것이냐? 정당으로 표현되고 있는 세력이 그런 것이냐? 그 사상과 정책이냐? 그런 질문을 던지게 됩니다. 우리가 어떤 행동을 할 거냐에 대해서 과거 반독재 구호처럼 한 개인을 타도하는 것, 한 세력을 타도하는 것, 그것이 아니고, 다음 세대를 이끌어 가고 다음 세기를 지배해 나갈 수 있는 사람들의 가치 체계가 중요한 겁니다.

　　거기에는 반드시 제도가 따라야 하고 그 제도를 담고 반영할 테크노크라트가 따라가야 한다는 것이죠. 테크노크라트는 이념을 가져야 하고, 이념을 가진 사람이 테크노크라트가 될 수 있어야 하는 것이죠.

오늘날 제도라는 것은 대개 정치를 말하는 것입니다. 사상과 제도. 여기에 정통해야 합니다. 무슨 책에선가 보면 이런 것들로 논쟁한 것이 나오던데…… 아, 율곡 선생님에 대한 책을 얼핏 꺼내서 봤는데…… 거기 그런 얘기가 나옵니다. 과거제도가 사상을 숭상해서, 제도를 운영하는 실무 능력 없이 사상을 중시하니까 전부 사상을 공부하고 그래서 공허한 소리만 하는, 공히 공론(空論)이나 하게 된다든지…… 이런 것들이 율곡의 책문 속에 나오더라고요.

그런 문제의식은 옛날부터 있었던 것 같아요. 기발이승일도설(氣發理乘一途說)이던가요? 실질을 중요하게 생각하는 그런 것들이 중요합니다.

우리가 합의하고 계획할 수 있는 것이 사상과 제도예요. 국가가 뭘 해야 하나? 그렇게 사람들이 국가가 뭘 해야 한다고 생각하는 것 자체가 사상이니까요. 여기 국가가 뭘 해야 한다는 내용에 많은 제도들이 있는 것이죠.

군사가 있어야 작전을 하죠. 아무리 작전 계획이 정교해도 병사가 없으면 안 되거든요. 우리가 책을 쓰자는 것은 병사를 키우자는 것이거든요. 이러면 좀 섬뜩하나?(웃음) 어떤 병사냐 하면 그 사회의 통념을 지배할 수 있는 수준의 사상과 세력을 갖춰야 하는 것이죠. 진보적 사상과 시민을 육성하지 않고는, 그런 작전 계획만 갖고는 아무것도 안 됩니다.

노무현 대통령 연보

1. 유년과 성장

1946. 9. 1.   경남 김해시 진영읍 본산리에서 가난한 농부인 아버지
               노판석 씨와 어머니 이순례 씨 사이에서 3남 2녀 중
               막내로 태어나다.

1959   경남 김해시 진영읍 대창초등학교를 졸업하고
               진영중학교에 입학하다.

1960. 2.   이승만 대통령 생일 기념 글짓기 행사에서 동급생들과
               백지를 내다.

1961   부일장학생에 선발되다.

1963. 2.   진영중학교를 졸업하고 부산상고에 장학생으로
               입학하다.

1966. 2.   부산상고를 졸업(53회)하고 어망 회사 '삼해공업'에
               입사하다.

1966   봉하마을 뱀산에 토담집 마옥당(磨玉堂)을 짓고 고시
               공부를 시작하다.

1966   울산 건설 현장에서 막노동을 하다 산업재해를 당하다.

1966. 11.   '사법 및 행정요원 예비시험'에 합격하다.

2. 도전과 성취

1968. 3.	육군에 현역으로 입대하다.
1971. 1.	강원도 인제에서 육군 상병으로 만기제대하다.
1971	3급(현 5급) 공무원 1차 시험과 사법 고시 1차 시험에 합격하다.
1973	권양숙 여사와 혼인하고 장남 건호를 얻다.
1973	맏형 영현 씨 교통사고로 사망하다.
1975	제17회 사법 고시에 합격하고 사법연수원 7기 연수생이 되다.
1975. 8. 11.	장녀 정연 태어나다.
1976	아버지 노판석 씨 사망하다.
1977. 9.	대전지방법원 판사로 부임하다.
1978. 5.	부산에 변호사 사무실을 열다.

3. 인권 변호사

1981	『부산일보』에 생활법률상담 연재를 시작하다.
1981. 9.	부림사건 변론을 맡다.
1982	문재인 변호사와 공동 사무실(현 법무법인 부산)을 열다.
1982. 5.	부산 미국문화원 방화 사건 변호를 맡다.
1984	부산공해문제연구소 이사를 맡다.
1985	부산민주시민협의회 상임위원으로 활동하다. 울산, 마산, 창원, 거제도와 경북 구미공단 등을 다니며

노동운동을 변론하다.

1986. 5. '민주화를 위한 변호사 모임'의 모태가 된 정법회 창립에
참여하다.

1986. 6. 송기인 신부 권유로 천주교 세례(세례명 유스토)를
받다.

1987. 2. 고 박종철 군 추모 대회에서 연행되어 부산시경
대공분실에 구금되다.

1987. 5. 민주헌법쟁취국민운동 부산본부 상임집행위원장을
맡다.

1987. 9. 대우조선 고 이석규 씨 유족을 돕다가 '장례 방해',
'제3자 개입'으로 23일간 구속되다. 변호사 업무 정지
처분을 당하다.

1987. 11. 변호사 업무 정지 처분을 당하다.

1987. 12. '양김 분열' 속에 치러진 제13대 대선에서
공정선거감시운동 부산본부장을 맡다.

1988. 4. 제13대 국회의원에 당선(통일민주당, 부산 동구)되다.
국회 노동위원회에서 이상수, 이해찬과 함께 '노동위
3총사'로 활동하다.

1988. 6. 변호사 업무 정지 해제되다.

1988. 12. '제5공화국비리조사특별위원회'에서 '청문회 스타'로
각광받다.

1989. 3. 제도 정치에 한계를 느끼고 의원직 사퇴서를 제출하다.

4. 통합의 정치

1990   3당합당에 반대, '작은 민주당'을 창당하다.

1990   민자당의 방송법 등 날치기 처리를 규탄하며 김정길,
              이철, 이해찬 의원과 함께 의원직 사퇴서를 제출하다.

1991. 9.   야권 통합을 주도하여 통합민주당 대변인이 되다.

1992. 3.   제14대 총선(민주당, 부산 동구)에서 낙선하다.

1992   김대중 대통령 후보 청년특위 물결유세단장을 맡아
              제14대 대선에 참여하다.

1993   지방자치실무연구소를 설립하다.

1993. 3.   민주당 최연소 최고위원으로 당선되다.

1994   『여보, 나 좀 도와줘』를 출간하다.

1995. 6.   부산시장(민주당) 선거에서 낙선하다.

1996. 4.   제15대 총선(민주당, 서울 종로)에서 이명박, 이종찬
              후보와 경쟁하여 3위로 낙선하다.

1996. 11.   국민통합추진회의(통추)에 참여하다.

1997   SBS 라디오 '노무현 김자영의 뉴스대행진'을 진행하다.

5. 원칙과 소신

1997. 11.   새정치국민회의에 입당해 김대중 대통령 후보를 위한
              방송 연설을 하다.

1998   어머니 이순례 씨 사망하다.

1998. 7.   제15대 종로구 보궐선거에서 당선되다.

1998   정치 업무 표준화 시스템 '노하우 2000'을 개발하다.

1999	부산 출마를 선언하고 종로 지구당을 포기하다.
2000. 4.	제16대 총선(새천년민주당, 부산 북·강서을)에서 낙선하다.
2000. 4.	대한민국 최초의 정치인 팬클럽 노사모(노무현을 사랑하는 사람들의 모임)가 탄생하다.
2000. 8.	해양수산부 장관에 취임하다.

6. 신화를 만들다

2001. 11.	『노무현이 만난 링컨』을 출간하다.
2001. 12. 10.	『노무현이 만난 링컨』 출간 기념회 및 후원회 행사에서 대통령 선거 출마를 공식 선언하다.
2002. 3.	민주당 국민 참여 광주 경선에서 1위를 기록하며 노풍을 점화시키다.
2002. 4.	국민 참여 경선을 통해 민주당 대통령 후보로 선출되다.
2002. 10.	『노무현의 리더십 이야기』를 출간하다.
2002. 10. 20.	개혁국민정당이 창당 발기인 대회에서 노무현 후보 지지를 결의하다.
2002. 11.	국민통합21 정몽준 대표와 후보 단일화에 성공하다.
2002. 12. 19.	대한민국 제16대 대통령에 당선되다.

7. 대한민국 대통령

2003. 2. 25.   제16대 대통령에 취임하다.

2003. 4.   청남대를 국민들에게 돌려주다.

2004. 1.   균형 발전 3대 특별법 서명식을 갖고, 지방화와 균형
발전 시대 선포식을 갖다.
용산 미군기지의 평택 이전을 확정하고, 60년 만에
용산을 돌려받다.

2004. 3. 12.   한나라당과 민주당이 대통령 탄핵소추안을 의결하다.

2004. 4. 15.   열린우리당이 총선에서 과반 의석을 얻다.

2004. 5. 14.   헌법재판소가 탄핵소추를 기각하다.

2004. 5. 20.   열린우리당에 입당하다.

2004. 10.   과학기술부를 부총리 부처로 승격시키고 장관을
부총리로 임명하다.

2005. 3.   투명사회협약 체결식을 갖다.

2005. 7.   대화와 타협의 정치 문화를 위한 선거구제 개편과 함께
대연정을 공식 제안하다.

2006   한미 자유무역협정 협상을 시작하다.

2006. 2.   직접 개발에 참여한 청와대 업무관리 시스템
'e-지원'(e-知園)을 특허등록하고, 누구나 무상으로
활용할 수 있게 공개하다.

2006. 4.   독도 영토주권 문제에 대한 한일 관계 특별 담화를
발표하다.

2006. 8.   2030년까지의 국가 장기 발전 전략인 '국가비전
2030'을 발표하다.

2007. 1.	책임정치 구현을 위해 대선과 총선 시기를 일치시키는 원 포인트 개헌을 제안하다.
2007. 2.	당의 요구로 열린우리당 당적을 버리다.
2007. 6.	대통령비서실에서 『있는 그대로, 대한민국』을 출간하다.
2007. 7.	행정중심복합도시인 세종특별자치시의 기공식을 갖다. 수도권과 지방의 상생 발전을 위한 2단계 균형 발전 선포식을 갖다.
2007. 9.	『한국정치, 이대로는 안 된다』를 출간하다. 지방 균형 발전을 위한 혁신 도시와 기업 도시 기공식을 시작하다.
2007. 10.	평양을 방문하여 제2차 남북 정상회담을 개최하고 10·4공동선언을 발표하다.

8. 귀향, 그리고 서거

2008. 2. 25.	대통령 임기를 마치고 고향 봉하마을로 돌아오다.
2008	봉하마을에서 친환경 생태 농업과 하천 습지 복원, 숲 가꾸기 등 '아름답고 살기 좋은 마을 만들기' 프로젝트를 시작하다.
2008. 3.	봉하마을과 화포천을 자원봉사자들과 함께 직접 청소하다.
2008. 4.	광주 망월동 5·18묘역을 참배하고, 방명록에 '강물처럼'이라는 글을 남기다.
2008. 5.	김해 특산물인 장군차밭을 방문하여 제다(製茶) 체험을

하고, 봉하마을에 장군차나무를 심다.

2008	함평·진주·하동·광양·평창·영월·정선·영동·논산·금산·서천·함양 등 전국의 살기 좋은 마을 가꾸기 모범 사례를 직접 찾아다니다.
2008. 6. 14.	친환경 농사를 위해 논에 오리를 풀어놓는 행사를 갖다.
2008. 10.	10·4남북정상선언 1주년 기념식에 참석해 강연하다.
2008. 10. 20.	콤바인을 몰고 봉하오리쌀을 직접 수확하다.
2008. 12. 5.	봉하 방문객에게 마지막 인사를 하고 칩거하며 '진보주의' 연구와 회고록 준비를 시작하다.
2009. 4. 30.	검찰에 출두하다.
2009. 5. 23.	서거하다.